カエサル戦記集

アレクサンドリア戦記
アフリカ戦記
ヒスパーニア戦記

カエサル戦記集

アレクサンドリア戦記
アフリカ戦記
ヒスパーニア戦記

Bellum Alexandrinum
Bellum Africum
Bellum Hispaniense

高橋宏幸 訳

岩波書店

目次

凡例

一、本書は、著者不明『アレクサンドリア戦記』、『アフリカ戦記』、『ヒスパーニア戦記』の全訳である。翻訳に際し、『アレクサンドリア戦記』と『アフリカ戦記』についてはA. Klotz, *C. Iuli Caesaris Commentarii*. Vol. III. *Commentarii Belli Alexandrini, Belli Africi, Belli Hispaniensis*. Stuttgart/Leipzig 1927を、『ヒスパーニア戦記』についてはN. Diouron, *Pseudo-César Guerre d'Espagne*. Paris 1999を底本とし、「訳者解説」に掲げた他の校訂本を併せて参照した。

一、本文の区分は、「章」を漢数字で示し(段落冒頭の太字)、「節」をアラビア数字で示した(文字の右肩に付した小字)。訳注などで本文個所に言及する際は、「章・節」で示した(たとえば、三〇・二は第三〇章二節を表す)。

一、固有名詞について、同一子音の連続は促音、長音は音引き記号によって表記したが、地名については慣用に従った場合がある(ガッリア→ガリア、アイギュプトス→エジプトなど)。また、部族名の第三変化形語尾は短母音扱いとした。

一、本文中で用いた記号の意味は次のとおりである。

［ ］ 校訂者による削除提案

〈 〉 校訂者による補足

（ ） 訳者による補訳

一、人物の発話について、原文において直接話法が用いられている場合、訳文では前後を一行空け、全体を二字下げて表示した。訳文中に「 」で括って示した発話は、原文において間接話法によるものである。

詳細目次

『アレクサンドリア戦記』

『アフリカ戦記』

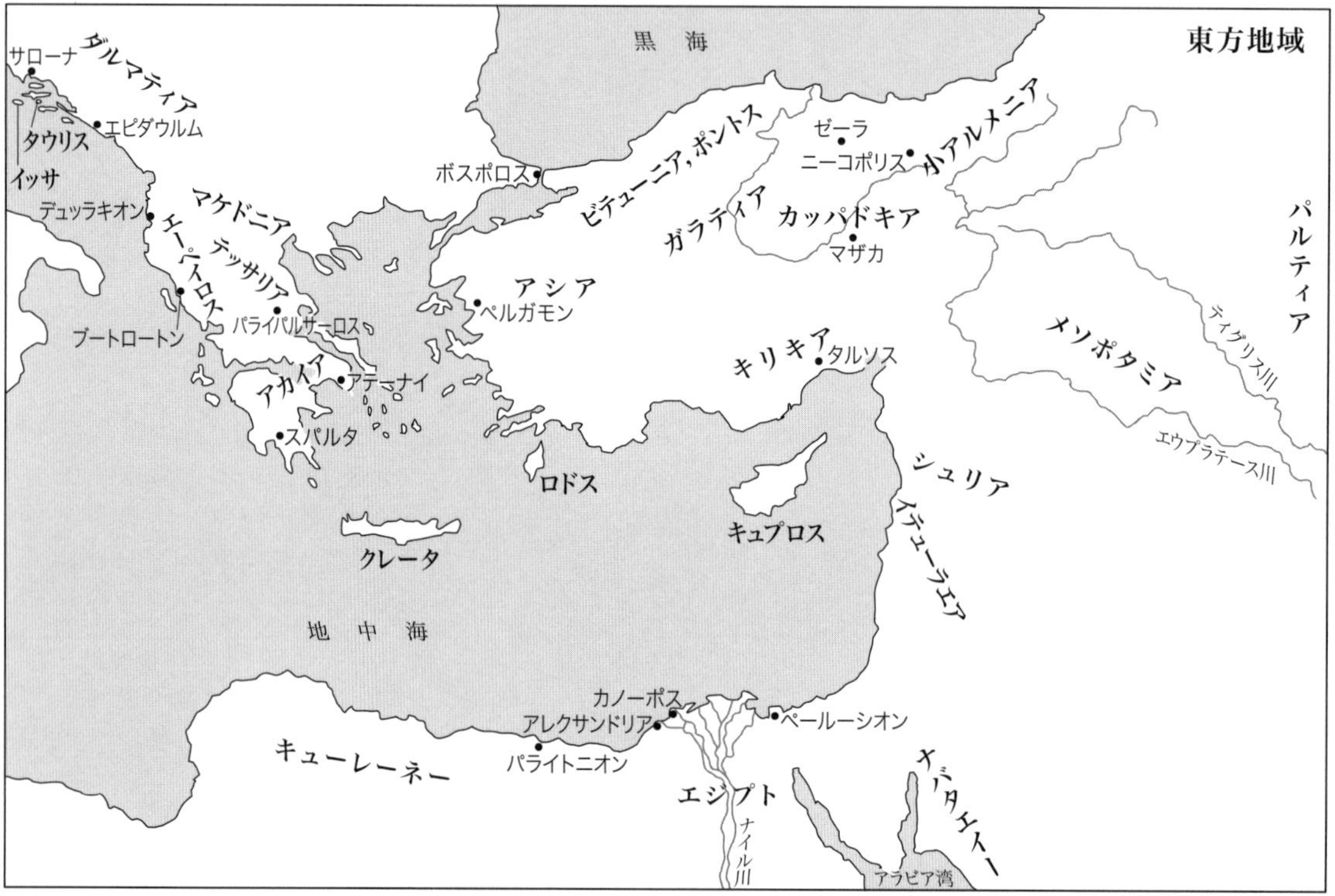
東方地域
黒海
ダルマティア
サローナ
エピダウルム
タウリス
イッサ
デュッラキオン
エーペイロス
ブートロートン
マケドニア
テッサリア
パライパルサーロス
アカイア
アテーナイ
スパルタ
ボスポロス
ビテューニア, ポントス
ガラティア
カッパドキア
ゼーラ
ニーコポリス
小アルメニア
マザカ
パルティア
アシア
ペルガモン
キリキア
タルソス
メソポタミア
ティグリス川
エウプラテース川
ロドス
キュプロス
シュリア
イテューラエア
クレータ
地中海
カノーポス
アレクサンドリア
ペールーシオン
パライトニオン
キューレーネー
エジプト
ナイル川
ナバタエイー
アラビア湾

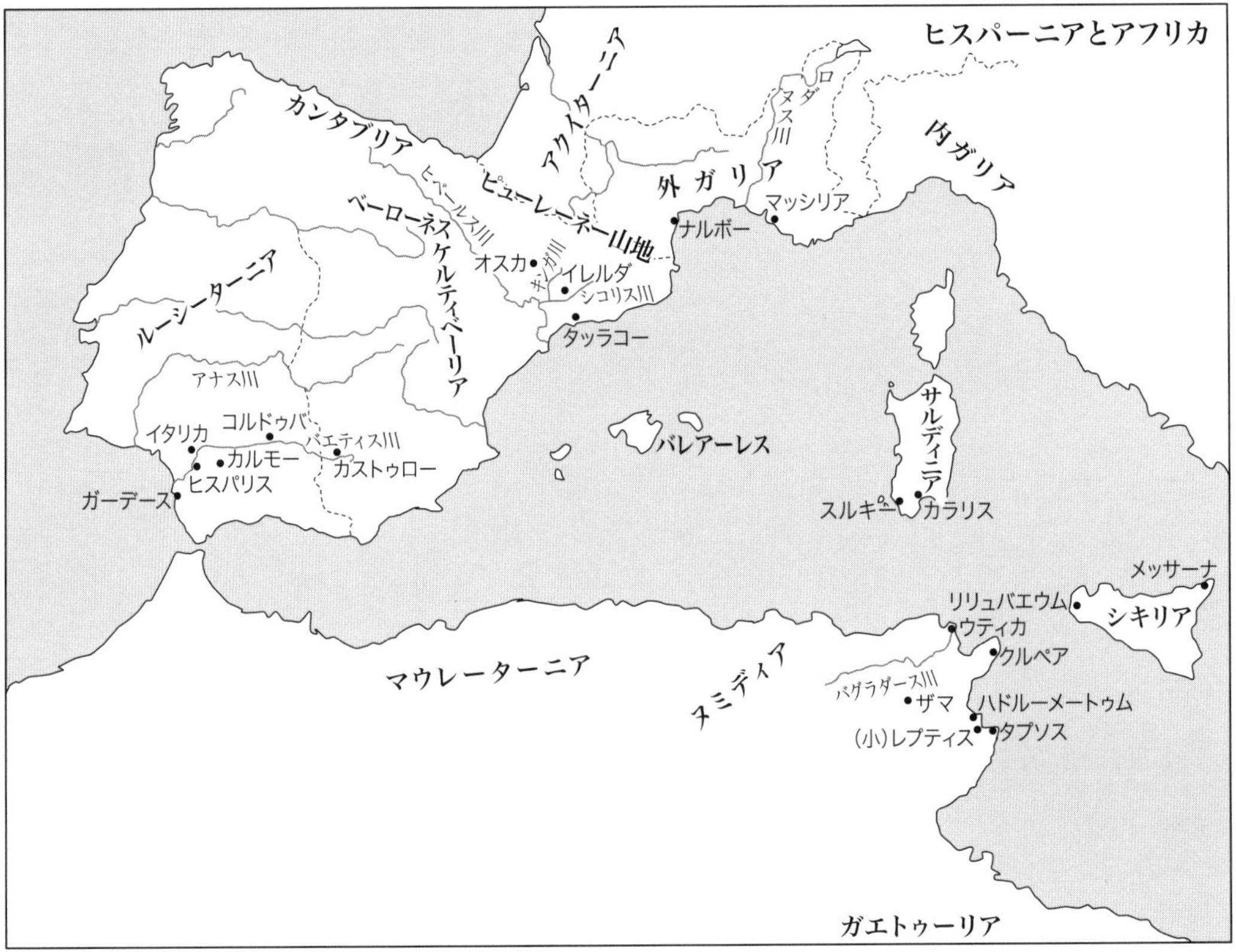
ヒスパーニアとアフリカ
カンタブリア
アクイターニア
外ガリア
内ガリア
ロダヌス川
ピューレーネー山地
ヒベールス川
ベーローネス
ケルティベーリア
ルーシーターニア
オスカ
シンガ川
イレルダ
シコリス川
タッラコー
ナルボー
マッシリア
アナス川
イタリカ
コルドゥバ
バエティス川
カルモー
カストゥロー
ヒスパリス
ガーデース
バレアーレス
サルディニア
スルキー
カラリス
メッサーナ
リリュバエウム
シキリア
ウティカ
クルペア
バグラダース川
ザマ
ハドルーメートゥム
(小)レプティス
タプソス
マウレーターニア
ヌミディア
ガエトゥーリア

アレクサンドリア戦記

一 [1]アレクサンドリアにおいて戦争の火が燃え上がったので、カエサルはロドス、シュリア、キリキアから全艦隊を呼び寄せた(1)。クレータからは弓兵を、ナバタエイー人の王マルクスのもとからは騎兵を徴兵した。いたるところに向けて、弩砲の調達、穀物の搬送、援軍の増派を指令した。[2]そのあいだに、封鎖線が毎日の工事で拡張される一方、町の守りが比較的弱いとおぼしき地点に亀甲車と小ネズミが配備された(2)。さらに、一つの建物の穴から隣の建物へ破城鎚が打ち込まれた。建物を突き崩すか打ち壊すかして空地を作っては、そこへ封鎖線が延伸するのであった。[3]というのも、火災に対してアレクサンドリアはほぼ安全な都であった。建物が木材の梁や柱を使わず、アーチ状の石組みで造られ、

---

(1) 作品冒頭はカエサル『内乱記』第三巻末尾、とくに一〇七・一の言辞と呼応して、本作品が『内乱記』のあとを引き継ぐことを示している。

(2) いずれも攻城具。亀甲車は鎧車の先頭に破城鎚を装備したもので、小ネズミは、矢玉を防ぐ箱形の移動式装備の中に兵士が入って敵の城壁へ近づくもの。

屋根には砕石板(3)かタイルを用いたからである。[4]カエサルがなによりも熱心に取り組んだのは、南部から入り込む沼地のために町がもっとも狭くなっている場所へ攻城具と鎧車を進めて、他の場所との連絡を断つことであった。[5]その目的は第一に、町の二つの区画に軍勢が分かれていても、これを動かす作戦と統率は同一のものとするため、第二に、一方が苦戦しているとき、町のもう一方の側から駆けつけて支援できるようにするためであった。しかし、一番の目的は十分な水(4)と糧秣の確保であった。というのも、水は蓄えが乏しい一方、糧秣はまったく手に入らない状況であったが、そのどちらも沼地から豊富に補えたからである。

二　[1]しかし、アレクサンドリア側も事態への対処に逡巡や遅滞を一切はさまなかった。彼らはエジプトの領土と王権に属する全域に徴兵のための使節と役人を派遣し、大量の矢玉と弩砲を町の中へ搬入し、無数の人員を召集していた。[2]それにとどまらず、都の中にもじつに大規模な武器工場が建てられていた。さらに、成人奴隷にも武器を持たせたが、これらは富裕層の主人が毎日の食事と給金を与えている者たちであった。[3]これらを大量動員して離れた場所の砦の守りに当てる一方、古参兵部隊は非番のまま都のもっとも賑やかな場所にいて、どの地区で戦闘が起きても救援に駆けつけ、温存した体力を発揮できるようにしてあった。[4]道路と路地はすべて三重の壁——四角の岩を組み上げたもので四〇ペース(5)以上の高さがあった——で封鎖され、都の低地部分は一〇層もあるじつに高い櫓で守りを固めてあった。[5]加えて、同数の層がある可動式の櫓をも製作した。車輪と引き綱を取りつけ、荷役獣を使い、広い道路を通って、どこでも適切と思われる地点へ移動させた。

三 都[1]はじつに生産力に富み、物資が豊かで、あらゆるものを作り出す備えを用意していた。住民も才覚があり、頭がよく切れる。わが軍がなにか作るのを見ると、決まってそれを、わが軍のほうが彼らの仕事を模倣したかと思われるほど巧妙に作り上げた。また、自分たちも多くの発明をした。わが軍の砦へ攻め寄せると同時に自軍の砦の防御もなした。指導者たち[2]は作戦会議や集会の場で次のような檄を飛ばしていた。「ローマ国民は王国占拠を少しずつ常態化させてきている。数年前[3]にはアウルス・ガビーニウスが軍隊をエジプトに駐屯させた。(6) ポンペイウスがエジプトへ逃げ延びた。(7) すると、カエサルが軍勢を率いてやって来た。ポンペイウスが死んでも事態は一向に好転せず、カエサルはここに居坐ったままだ。[4]彼を追い出さなければ、王国は属州と化すだろう。事は急を要する。というのも、いまカエサルは孤立している。荒天の季節のために海の向こうの援軍を呼び寄せられない

(3) モルタルにレンガ片や小砕石を混ぜて固めた板。
(4) あとの第五—六章では、ナイル川と結んだ水路から水を調達したとされており、ここでの言及と食い違う。
(5) ローマの長さの単位は、一マイル(ローマン・マイル)=約一・五キロメートル。一マイル=一〇〇〇パッスス、一パッスス=五ペース。
(6) プトレマイオス一二世を復位させるため、ポンペイウスはシュリア総督ガビーニウスに軍隊を率いてエジプトへ向かわせた。『内乱記』三・一〇三・五参照。
(7) ポンペイウスはパルサーロスの戦いでカエサルに敗れたあと、ミュティレーナイ、キュプロスを経て、エジプトに逃れた(『内乱記』三・一〇二・四—一〇三・一)のち暗殺された(同一〇四・一—三)。

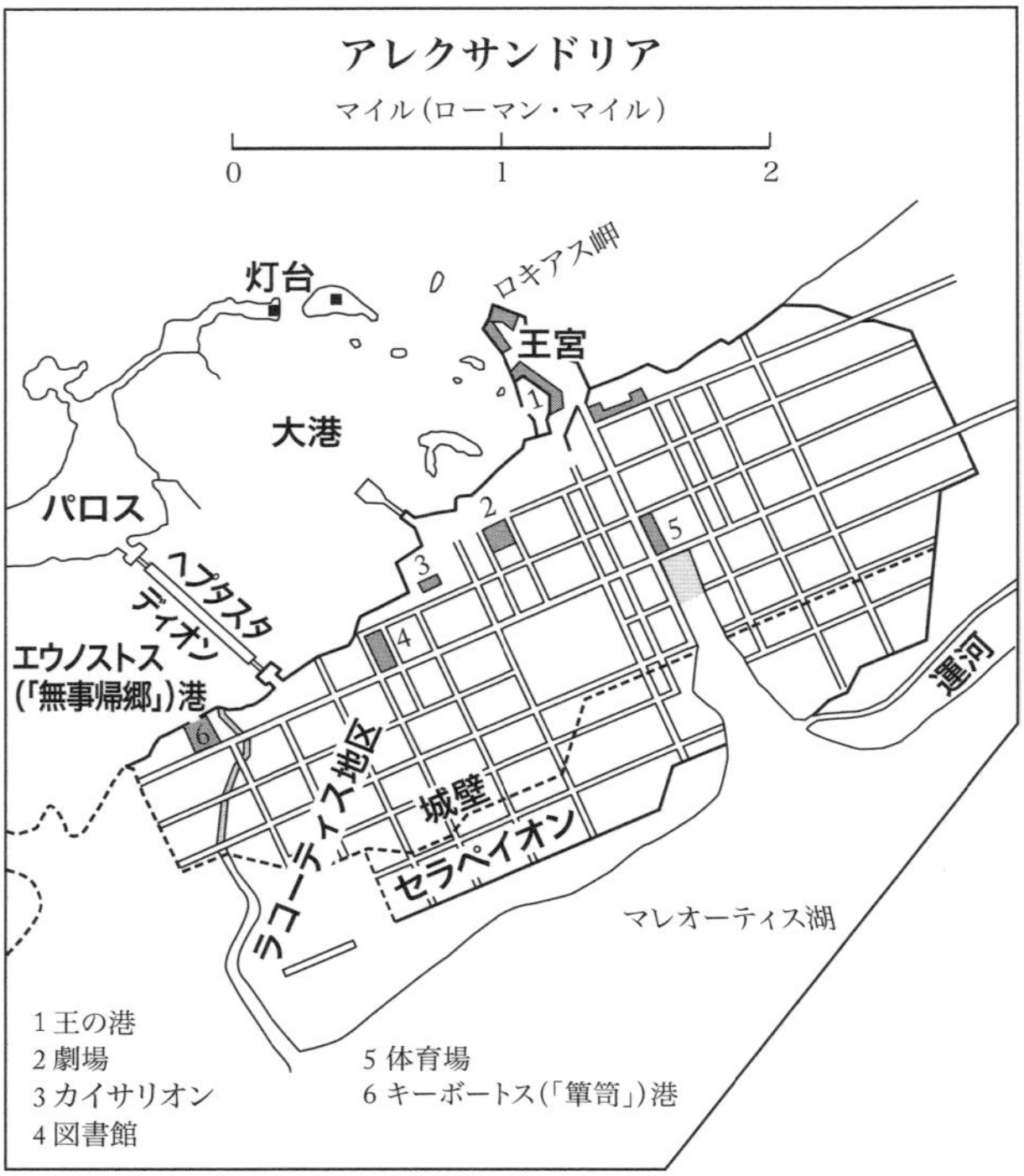
アレクサンドリア
マイル(ローマン・マイル)
0
1
2
灯台
ロキアス岬
王宮
大港
パロス
ヘプタスタディオン
エウノストス
(「無事帰郷」)港
ラコーティス地区
城壁
セラペイオン
マレオーティス湖
運河
1
2
3
4
5
6
1 王の港
2 劇場
3 カイサリオン
4 図書館
5 体育場
6 キーボートス(「箪笥」)港

からだ」。

四 [1]そのうちに、古参兵軍の指揮官アキッラースとプトレマイオス王の次女アルシノエーのあいだに意見の衝突が生じたことは既述したとおりだが(8)、どちらも相手に謀略をしかけ、それぞれ最高統治権の掌握を欲していたところ、アルシノエーが先手を打った。彼女の養育係で宦官のガニュメーデースを使ってアキッラースを殺害したのである。[2]アキッラースを殺してしまうと、アルシノエーは共同統治者も目付役も置かずに単独で全権を掌握した。軍隊はガニュメーデースに委ねられた。彼は任務を引き受けるや、兵士への給金を増やし、その他の面でもむらなく、まめに仕事をこなした。

五 [1]アレクサンドリアはほぼ全域の地下に水路(9)が掘られ、これがナイル川に通じて、個人所有の家へ水が引かれている。川水は時間を置くと少しずつ澄んで、澱《おり》が沈む。[2]これが邸宅の所有者とその家族がふだん使用する水である。というのも、ナイル川を流れる水はひどく泥混じりで濁っているので、

---

(8) 国王軍司令長官アキッラースはポンペイウス暗殺に関与したあと、カエサルとの戦争を指揮していた。アルシノエーはプトレマイオス一二世の娘で、当初、現王プトレマイオス一三世とともにカエサルのもとにいたが、すぐに王位を狙ってアキッラース側に走った。だが、すぐに二人のあいだには対立が生じたことが『内乱記』三・一一二・一一に言及される。

(9) ストラボーン『地誌』一七・一・四には、水路網によってナイル川からマレオーティス湖経由で水がもたらされたことが記される。

多くのいろいろな病気を引き起こすからである。しかし、庶民の多くはその水で十分としなければならない。都のどこにも水源がないからである。しかし、この川[10]がある地域はアレクサンドリア側に占拠されていた。[3] このことからガニュメーデースはわが軍の水補給を断てると思いついた。わが軍は封鎖線を守るために各地区に配置され、個人所有の邸宅の水路と井戸から汲み上げた水を使っていた。

六 [1] これが上策だと判断すると、ガニュメーデースは大規模で困難な工事に取りかかった。水路を塞ぎ、自軍が占拠している都の全域を閉鎖したうえで、大量の水を海から水車を使って引き揚げると、この水を高い場所からカエサルのいる地区へ間断なく流した。[2] そのために、その近くの邸宅から汲む水がいつもより少し塩辛くなり、どうしてそうなったのか、みんなが大いに驚くこととなった。また、どうにも合点がいかなかったのは、下流域の者たちの使っている水はそれまでずっと使ってきたのと同じ質と味のままだと言っていることだった。そこで、誰彼となく集まって話し合い、味見をしたところ、それぞれの水がどれほど違うかが分かった。[3] しかし、少し時間が経つと、近いほうの水がまったく飲めなくなる一方、下流の水も劣化が進み、塩辛さを増していることが気づかれた。

七 [1] このことから疑いは消え、大きな恐怖が襲った。極限的な危機に追い込まれたように思われ、カエサルは何を手間取って乗船命令を出さないのか、と言う者がある一方、さらに深刻に［災厄を］憂慮する者もあった。というのも、撤退の用意をアレクサンドリア側に気づかれずに行なうことは、これだけわずかの距離しか離れていない状況では不可能であり、そうだとすると、彼らにすぐ背後から追跡されながら船に乗り込むことは無理だったからである。[2]ただ、カエサルのいる地区にはアレクサンドリア住民が非常に多数いた。カエサルが立ち退かせずにおいたからで、彼らは表向きはわが軍に忠実であるように装い、同胞から離反したかに見えた。だが、私にはアレクサンドリア人を弁護しようがない。欺瞞的でも無謀でもないと言葉をいくら費やしても無駄であろう。(11) [3]実際、彼らの生まれ育ちと本性のいずれをも知れば、この民族の性向がなによりも裏切りに適していることを疑いうる者はない。

八 [1]カエサルは元気づけたり、理を説いたりして部下の恐怖心を減じた。彼は井戸を掘れば真水が見つけられると請け合った。「どの海岸でも真水の水脈があるのが自然の理である。[2]たとえエジプトの海岸の性質が他のどの海岸とも異なっていようと、それでも、われわれが制海権を握っている一方、敵には艦隊がない(12)のだから、われわれは支障なく、毎日でも船に乗って水を求めに、左方ならパラトニウムへ、右方なら島へ行ける。(13)このように異なる方向へ船を出せば、同時に逆風によって行く手を

(10) 「川」は原文どおりの訳だが、「水路」を指すものと考えられる。

(11) 「だが、私には」以下の文はテキストが乱れている。大意を訳出する。

(12) カエサルはアレクサンドリア軍の艦船を焼き払った（『内乱記』三・一一一・六）が、この言辞は、後出一〇・四、一二・四、また、ディオーン『ローマ史』四二・三八・二、四二・四〇・一の記述と食い違うように見える。

阻まれることも決してない。[3]逃げ出すなど、まったく論外だ。それは面目を第一に考える者ばかりでなく、なにより命のことしか考えない者についても同様だ。[4]敵の正面からの攻勢を支えるのは砦があってもたいへんなことだ。砦を捨てては地の利でも数の点でも対抗できない。[5]しかるに、船に乗り込むにはたいへんな手間と困難をともなう。とくに、艦載小艇から乗り移るときはそうだ。対するアレクサンドリア軍はきわめて敏速で、地勢も建物もよく把握している。[6]彼らはとくに勝勢となれば図に乗って先回りし、高い場所や建物を占拠することで、わが軍が船に向かう逃げ道を塞ごうとするだろう。だから、逃げ出すという考えは忘れることだ。なんとしても勝たねばならないと考えることだ」。

九 [1]このような演説を部下の前で行ない、全員の心を奮い立たせてから、カエサルは百人隊長たちに、他の仕事はしばらく措き、井戸掘りに専心して、夜間も一時たりとも休まぬようにという任務を与えた。[2]任務が着手され、全員が集中して労役に当たると、たった一晩で真水の大水脈が見つかった。かくして、アレクサンドリア軍が苦労して機械を投入したじつに大がかりな企ては短い時間の労役によって無効にされた。[3]それから二日後、ポンペイウス軍の投降兵のうちから第三七軍団(14)が穀物、武器、矢玉、弩砲を携え、ドミティウス・カルウィーヌスの指揮下に船に乗り込み、アレクサンドリアをわずかに越えたアフリカの海岸に辿り着いた。[4]この者たちの船は何日も吹き続けていた東風のために港へ入ることを阻まれていた。しかし、そのあたりはどこも投錨するにはこれ以上にない場所である。彼らは長く足止めされ、水の不足に苦しんでいたが、快速船でカエサルに知らせを送った。

一〇　[1] カエサルは、どうするのがよいか、現場で自分の判断を下すために船に乗り込んだ。全艦隊にもあとに続くよう命じたが、わが軍の兵士は一人も乗船させなかった。少し遠出をするので、砦の防備を薄くしたくなかったからである。[2] ケルソネーソスと呼ばれている場所(15)へ着き、水の補給のために漕ぎ手たちを上陸させたところ、そのうちの幾人かが略奪品を求めて船から遠くへ離れすぎたため、敵の騎兵隊に捕獲された。[3] 敵はこの者たちから、カエサルがじきじきに艦隊を駆ってやって来たこと、艦船には兵士が一人も乗っていないことを聞き出した。この情報をつかむと、敵は大戦果を挙げる絶好の機会を運の女神がもたらしてくれたと信じた。[4] そこで、出航の用意ができていた全艦船に攻撃隊を乗り組ませると、艦隊を率い、戻ってくるカエサルを迎え撃った。[5] カエサルは二つの理由から、この日は戦闘を交えたくなかった。一人の兵士も船に乗せていないことに加え、すでに第一〇昼間時(16)を過ぎていたので、夜になれば地理を知って自信のある敵がさらに強気になるだろうと思われたからで

(13)　パラトニウム(Paratonium)について、ストラボーン『地誌』一七・一・一四に言及されるパライトニオン(Paraetonium)とすると、二三〇キロメートル(一三〇〇スタディオン)西方で物資の補給先としては遠すぎる。水の補給は、結局、はるかに近いケルソネーソスで行なわれた(後出一〇・二)。また、島はパロスではなく、どこか東方の場所と推測される。

(14)　この軍団について他に言及は見られない。

(15)　アレクサンドリアの西一二キロメートルほどの岬と推測される。

(16)　日中は、日の出から日没までを一二に区切って時間を数える。したがって、第一〇昼間時は午後三時からの一時間ほど。

ある。さらに、カエサルは部下への激励も助けにならないと考えた。的を射た激励によって武勇を喚起し、怠惰を戒める余地がなかったからである。[6]こうした理由からカエサルは、船をできるかぎり陸揚げした。そして、敵が近づくことはないと見越した場所へ置いた。

一一　ただ[1]一隻、ロドス島から来た船だけはカエサルの右翼にあり、他から離れた位置を取っていた。これを認めると、敵は手を出さずにいなかった。それに向かって激しい勢いで甲板装備の艦船四隻と、さらに数隻の甲板なしの艦船が突進した。[2]これにカエサルは救援を送らざるをえなかった。〈敵の〉見ている前でぶざまな恥辱を蒙らないためであった。とはいえ、ロドスの船がひどい痛手を受けるとしても、みずから招いたことだと判断していた。[3]始まった戦闘でロドス人らはたいへんな奮闘を見せた。彼らはどんな戦闘においても戦術と武勇の両面にすぐれていたが、とりわけ、このときは迫り来る攻勢をすべてまともに支えることも厭わなかった。それによって、自身の過失のために損害を受けたとは見られまいとした。[4]かくして、戦闘はまたとない上首尾に終わった。敵の四段櫂船一隻を捕獲、一隻を撃沈、二隻から全水兵を追い散らした。加えて、他の艦船に乗り組んだ攻撃隊の多数を殺した。[5]しかし、夜のために戦闘が途切れなかったなら、敵の全艦隊をカエサルは手中に収めていたであろう。[6]この大敗北に敵は完全に怖じ気づいた。カエサルの艦船は勝利に湧いた。そして、穏やかに吹く向かい風のもと、輸送船(17)をアレクサンドリアへ曳航した(18)。

一二　[1]この損害がアレクサンドリア軍に与えた衝撃は大きかった。攻撃部隊の武勇でならまだしも、海兵の知識の差で味方が——高い場所からも援護がなされていたのに(19)——負けたのを見たからである。そのため、建物を根城に防御できるようにありったけの木材で障害物を作った。わが艦隊の侵攻が陸上まで及ぶと恐れたからである。[2]それでも、ガニュメーデースが集会において、艦船の失った分を補うだけでなく、数も増やそうと確約すると、希望と自信が増し、古い艦船の修復を始め、これに並々ならぬ熱意と心血を傾注した。[3]一一〇隻以上の軍船を港と船渠において失っていたけれども(20)、艦隊を復旧すべしとの考えを捨てなかった。[4]実際、彼らの見るところ、カエサルに援軍も物資も補給させないようにするには、自分たちの艦隊にその力があればよかった。加えて、都と海岸地域の人々は船をもっぱらとする人間であって、子供の頃から毎日乗り慣れて鍛えられていたので、生まれてこのかた身に染みついたこの長所を頼みの綱とすることを欲しており、小さな船をどれだけ役立てられるか分かっていた。そこで、全精力を艦隊の用意に傾注した。

(17)　第三七軍団が乗り込んできた船団。前出九・三参照。

(18)　ディオーン『ローマ史』四二・三八・三によれば、このとき、アレクサンドリア軍は港を封鎖していたという。ただ、港を最終的に封鎖したのはカエサル(後出一九・四)。

(19)　テキストが不確かで、欠落の想定、もしくは、移動と補いの提案が行なわれている。後者の提案の一つに従うと、「……味方が負けたのを見たので、建物を根城に防御できる自信がなくなった。援護はこれら建物とさらに高い場所からなされていた。そこで、ありったけの木材で障害物を作った」となる。

(20)　『内乱記』三・一一一・六参照。

一三　[1]ナイル川のすべての河口には、関税徴収のために警備艇が配置されていた。また、王宮内の外から見えない船渠には長年のあいだ航海に使っていなかった古い船があった。古い船は修理され、警備艇はアレクサンドリアへ呼び戻された。[2]櫂が足りなかったので、柱廊や体育場や公共の建物の屋根がはがされ、梁が櫂に転用された。その他にも工夫して、自然のものや都の資源で間に合わせた。[3]要するに、彼らは長距離航海の準備ではなく、当面の必要への対処を進めていた。会戦は他ならぬ港の中で起きるはずと見込んでいたからである。[4]かくして、彼らは数日のうちに誰の予想にも反して、四段櫂船二二隻、五段櫂船五隻を完成させた。これらに、より小さく、甲板のない船を数多く加え、港の中で漕いでみて各艇にどんな働きが可能か検証したうえで、適任の兵士を乗り組ませ、会戦へのあらゆる備えを整えた。[5]カエサルの保有する艦船はロドスからの九隻——派遣されたのは一〇隻だったが、一隻が航行中にエジプト沿岸で失われていた(21)——、ポントスからの八隻、〈シュリアとキ〉リキアから(22)の五隻、アシアからの一二隻であった。これらのうち、五段櫂船と四段櫂船が合わせて一〇隻、残りはそれらを下回る大きさで、ほとんどに甲板がなかった。[6]それでもカエサルは、兵士らの武勇に自信があったので、敵の戦力を認識していたが、決戦に向けて用意を整えた。

一四　[1]ここにいたって、両軍のいずれも自分の力に自信をもっていた。このときカエサルは艦隊を率いてパロスを回り、敵の正面に艦船を布陣した。右翼にロドスからの艦船を、左翼にポントスからの艦船を配し、それらのあいだに四〇〇パッススの距離をあけた。その距離があれば艦隊を十分に展開できると思われたためである。[2] そして、この第一列の後ろに残りの艦船を支援部隊として置いた。すなわち、各艇がどの艦船のあとについて支援すべきか定め、その指令を下した。[3] アレクサンドリア軍は逡巡なく艦隊を繰り出すや、隊形を組んだ。正面に二二隻を、残りを支援部隊として第二列に配する布陣である。[4] 加えて、多数の小型船や艦載小艇に火矢などの火器を積んで繰り出した。数にものを言わせて怒号と炎を用いれば、わが軍に臆病風を吹き込めようと考えたのであった。[5] さて、両艦隊のあいだには通過水域の狭い浅瀬があった(23)――これはアフリカ側に位置する浅瀬で、実際、アレクサンドリアの半分はアフリカに属すると言われている(24)――。そのため、両軍とも、どちらかが先に通過し始めるのを、かなり時間をかけて待った。というのも、そこへいったん入り込むと、艦隊を展開する場合も、困難な事態が生じて退却する場合も、動きが不自由になると思われたからである。

(21)『内乱記』三・一〇六・一参照。そこでは、一〇隻がアレクサンドリアへ到着した、と記される。

(22) 写本の読みは「リュキアからの(licias)」だが、リュキアはこのときローマ統治下でなかったことから、修正提案がなされている。

(23) ディオーン『ローマ史』四二・三八・三には、アレクサンドリア軍が封鎖のために船を沈めて入り口を狭めた、と記される。このことがここで含意されているかもしれない。

(24) ここでの「アフリカ」はローマ属州ではなく、大陸の意。言及の前提として、アジアとアフリカの境界がどこかという問題がある。ヘーロドトス『歴史』二・一六には、ナイルデルタが両者の境界というより中間地域であるという見方が示されている。

一五　[1]ロドスからの艦船はエウプラーノールが指揮していたが、大度と武勇の点でギリシア人というより、わが国の人間と比肩すべき男であった。[2]ひときわ名高い技量と大度ゆえにロドス人によって選ばれ、艦隊の指揮権を握っていた。[3]彼はカエサルの逡巡に気づくと、言った。

　私の見るところ、カエサルよ、ご心配は、この浅瀬に先頭の艦船を乗り入れると、そのまま交戦することを余儀なくされ、残りの艦隊を展開する暇がない、ということでしょう。[4]われわれにお任せください。われわれが戦闘を引き受けます。ご期待を裏切りません。そのあいだに残りの船があとに続くようにすればよろしい。まったく、われわれの面前であの者たちにこれ以上大口を叩かせるのは、われわれにとって大いなる恥辱であり、苦痛なのです。

[5]カエサルは彼に激励の言葉と惜しみない賛辞を与えて下がらせると、戦闘開始の号令を出した。艦隊が浅瀬の向こう側へ進み出たとき、ロドス艦隊の四隻をアレクサンドリア軍が取り囲み、攻勢をかけた。[6]しかし、四隻はこれを持ちこたえ、巧みな技術で戦闘隊形へ展開した。身につけた技能の高さゆえに、数的不利の状況でも側面を敵にさらすことがまったくなく、また、誰一人として櫂を流されることもなく、迫ってくる敵につねに正対して立ち向かった。[7]そのあいだに残りの艦船があとに続いた。こうなると水域が狭いため、必然的に技術を生かす余地は消え、戦いの帰趨はすべて武勇次第となった。[8]そのときアレクサンドリアにいた誰もが、わが軍の者でも町の住人でも、心を占めていることが

防御工事であれ戦闘であれ、どこよりも高い建物の屋上を目指し、状況全体が見渡せる場所を確保すると、祈りを捧げ、願掛けをし、不死なる神々に、味方に勝利を賜らんことを、と訴えた。(25)

一六 [1] しかし、戦いに懸けられたものはまったく釣り合っていなかった。わが軍の場合、駆逐されて敗れれば陸上にも海上にも逃げ道がない一方、勝利しても先の見えないことばかりが残る。敵の場合、艦船で優位を築けば、すべてを掌握できる一方、劣勢となっても、他の面で武運を試すことができる。[2] それと同時に心を重く暗鬱にさせたのは、ほんのわずかの者の働きが勝敗と全軍の存否を決定することであった。そのうちの誰であれ、決意と武勇のいずれかで怯んだ者がいれば、自分の身を護って戦う場が与えられていない他の者も危険を覚悟しなければならない。[3] こうしたことを、それまでの数日のあいだにカエサルは何度も繰り返し部下に説明していた。いっそう決意を高めて戦わせるために、全軍の存否が彼らに託されていることを理解させようとしたのである。[4] 同様のことをまた、誰もが戦友、友人、知人を送り出す際に懇請した。自分自身とみんなの期待を裏切るな、みんなの推挙で選ばれて戦いに向かうのだから、というのであった。[5] かくして、このような決意をもって戦いが行なわれた結果、海兵や水夫の熟練した技術も身の護りとはならず、艦船の数的優位も有利に働かず、あれほ

(25) 大勢が戦闘の帰趨を見守る叙述は『内乱記』二・五・三にも見られる。また、トゥーキューディデース『歴史』七・七一・一—四には、アテーナイ軍とシュラークーサイ軍の海戦を見守る両軍、とくにすべてを海戦に懸けるアテーナイ軍の陸上部隊についての叙述がある。

ど多数の中から武勇にかけて選り抜かれた戦士たちもわが軍の武勇に太刀打ちできなかった。[6]この戦闘で五段櫂船一隻、守備兵および漕ぎ手ともども二段櫂船一隻を捕獲し、三隻を撃沈、わが軍は全艇無事であった。[7]残りの敵船は間近の町へ逃げ込んだ。敵は突堤や張り出した建物から援護し、わが軍がそれ以上近づくのを阻んだ。

一七 [1]このようなことが何度も起きないように、カエサルはなんとしても(パロス)島と島に通じる突堤を自分の制圧下に置くよう力を尽くさねばならないと判断した。[2]実際、町の中では大部分の封鎖線が完成していたので、彼には島と都の両面作戦が可能だという自信があった。[3]方針が決まると、一〇個大隊と軽武装兵の精鋭、それに、ガリア人騎兵の中から適任と判断した者たちを小型船と艦載小艇に乗り組ませる一方、敵部隊を二分するために島の反対側へ甲板装備の艦船で攻め寄せ、最初に島を奪取した者に大きな褒賞を約束した。[4]敵も当初はわが軍の攻勢を両面で支えた。実際、建物の屋上からの応戦と武装兵による海岸の防衛――それでなくとも、険しい地形のためにわが軍が海岸へ近づくのは容易でなかった――、加えて、狭い水域での艦載小艇と軍船五隻による機動的かつ巧みな守備を同時に行なった。[5]しかし、地形が分かり、浅瀬も見当がついて、わが軍の数人が海岸に降り立ち、そのあとにまた別の者が続いて、平坦な海岸に陣取った敵に波状攻撃をしかけると、たちまちパロス島人全員が敗走した。[6]彼らは駆逐され、港の守備を放棄すると、艦船を居住地域の海岸に着け、建物を守るために船から飛び降りた。

一八 しかし、[1]そこを砦にして立て籠もることも長くはできなかった。たしかに、建物はアレクサンドリアの場合と――大小の差こそあれ――まったく同じ種類で、聳え立つ櫓が連なって城壁の代わりをなしている一方、わが軍は梯子や枝編細工その他、攻囲に必要な装備を用意して来ていなかった。[2]しかし、恐怖心は人間から考える頭を奪い、手足を使えなくする。それがこのときも起きた。[3]平坦な場所において対等に渡り合える自信のあった者たちが、いまや味方の敗走とわずかな戦死者ゆえに恐慌に陥り、三〇ペースの高さがある建物に踏み留まる気概すらなく、突堤から海へ身を投げるや、町まで八〇〇パッススの距離(26)を泳いで渡った。[4]それでも、そのうちの多くが捕らえられたり、殺されたりした。捕虜の数は総計六〇〇〇人であった。

一九 [1]カエサルは兵士らに掠奪を許可したうえで、建物を破壊するように命じる一方、パロスに近いほうの橋詰めに砦を構築し、そこに守備隊を置いた。[2]こちらの橋は逃走したパロス人によって放棄されていたが、町に近く、より強い(27)ほうの橋はアレクサンドリア軍が守っていた。しかし、この橋にもカエサルは翌日、同じ戦略にもとづいて攻め寄せた。これら二つの橋を手に入れれば、船舶の出航も

(26) 突堤はこの距離にちなんでヘプタスタディオン(ストラボーン『地誌』一七・一・六)と呼ばれた。『内乱記』三・一一二・二参照。

(27) 「強い(fortiorem)」は写本に従う底本の読み。「狭い(artiorem)」という修正提案もある。

不意の襲撃も、その芽をすべて摘めると見ていたからである。[3]そして、いまやその地点の守備についていた敵を艦載弩砲と弓矢で撃退して町の中へ押し込み、三個大隊規模の兵員——実際、それ以上は土地が狭く入り切らなかった——を上陸させた。残りの軍勢は船上で部署についた。[4]それがすむとカエサルは指令を下して、橋には敵の侵入を防ぐ障壁を築かせ、また、船が通れるようにアーチ状に組まれた橋の橋脚のあいだには石を詰めて封鎖させた。[5]後者の工事の完成によって、艦載小艇すら一隻たりとも通過不能となった一方、前者の工事が始まると、アレクサンドリア全軍が町から飛び出して、広々とした場所(28)に橋の防御設備と向き合って陣取ると同時に、それまでずっと橋の下を通って輸送船焼き討ちのために出撃させていた船を突堤のところへ配置した。[6]かくして戦闘はわが軍が橋と突堤から、敵は橋の正面の区域から、また、船から突堤に向けて出撃する形でなされた。

二〇 [1]カエサルがこの状況に心を奪われ、兵士らを激励しているあいだに、多数の漕ぎ手と艦隊兵がわが軍の軍船から突堤上へ飛び降りた。[2]その中には、戦闘を見届けたいとの思いに駆られた者もあれば、自分も戦おうと欲する者もあった。この者たちは最初こそ敵の船を大小の投石で突堤から撃退しようとし、大量の矢玉が大きな効果を上げているように見えた。[3]しかし、その場所の向こう側の無防備な側面に、アレクサンドリア兵がわずかながら下船する挙に出た。すると、わが軍の兵は、進み出たときに率いる軍旗もなく、隊形も定かでなく、戦術もなかったのと同様、やみくもに船へ退却し始めた。[4]この逃走に勢いづいたアレクサンドリア軍はさらに多くが船を下り、わが軍を混乱に陥れて、さらに激しい追撃をかけた。それと同時に軍船に留まっていた者たちが急いで梯子を引き揚げ、船を陸から離そうとした。敵に船を獲られまいとしたのである。[5]この一連の事態に、わが軍の三個大隊の兵士らが混乱に陥った。彼らは橋の上と突堤の先端に陣取っていたが、背後に叫び声を聞き、自軍の敗走を目にし、大量の矢玉を正面から受け止める状況となったからである。背後から包囲されはしまいか、船が去って退路を断たれはしまいかと恐れ、橋の上で着手した防御工事を放棄すると、全力で船へ向かって急いだ。[6]しかし、その一部は近くの船に辿り着きながら、多数の人間の重みで船もろとも海に沈んだ。一部は立ち止まって、どのような策を採るべきかためらっているうちに、アレクサンドリア軍によって殺された。ただ、相当数はそれより幸運な結果を得た。碇泊してすぐに動ける状態の艦船に追いつき、無事に逃げ延びたのである。また、幾人かは盾を掲げ持ち、とにかく近くの船まで行くしかないという決意で泳ぎ着いた。

二一 [1]カエサルは激励によって部下を橋詰めの封鎖線のもとに引き止めることはできたが、それでは同じ危険に直面するばかりであったので、どこを見ても誰もが後退しているのを認めると、撤退して自分の船に乗り込んだ。[2]ところが、そこへ多数の人間があとを追って飛び込んできて、操船も陸から離れることもままならなくなったため、カエサルはそのあと実際に起きることとなった事態を予想し

(28) 突堤と陸の接点にある埠頭。

て船から飛び降りると、そこより遠くに碇泊していた船まで泳ぎ着いた。(29) [3] ここから、苦闘している味方の救援に艦載小艇を派遣し、相当数を助けた。しかし、彼自身の船は多数の兵士たちの重みで沈み、人間もろとも失われた。[4] この戦闘での犠牲者は軍団兵が約四〇〇名、艦隊兵と漕ぎ手はそれよりさらに少し多い数だった。[5] アレクサンドリア軍はその地点に砦を築き、大規模な防御線と多数の弩砲で守りを固めるとともに、海から石を取り除いて、以後はこの地点を存分に使って船を航行させた。

二二 [1] この痛手によってもわが軍の兵士はまったく動揺しなかった。逆に、燃え立つように発憤し、大規模な攻撃をかけて敵の防御設備を攻め落とそうとした。[2] 毎日の戦闘において、機会がめぐってくるたび、アレクサンドリア軍が前進と突破を試みて〈交戦が可能になると、カエサルは戦果を挙げた。士気高く〉(30) 熱意に燃える兵士らのおかげであった。カエサルが広く発した激励に先回りするほど軍団兵の奮闘や戦闘への意欲は高まり、危険きわまりない戦いを避けるよう用心と抑制をもたせなければならないことはあっても、戦闘に駆り立てる必要などなかった。

二三 [1] アレクサンドリア軍は、ローマ軍が順境になれば兜の緒を締め、逆境になれば発憤するのを目にして、これらと異なるどんな戦況になれば自分たちが優位に立てるのか分からなかった。そこで、推測しうるかぎりでは、カエサルの守備隊に入っていた王の友人たちから助言を受けたか、さもなくば、密使を介して自分たちの発案に王の承認を得たかして、使節をカエサルのもとへ送ってきた。

「王を解放して、臣下のもとへ帰ることを認めよ。民衆はみな覚悟ができている。まったくうんざりしているのだ、王女にも、信託された王権(31)にも、ガニュメーデースの残酷きわまりない専制にも。みな王が下した命令を実行するつもりだ。王の指導のもとにカエサルの信義と友好に与《あずか》ることになるのなら、民衆は危害を加えられる恐怖に妨げられずに投降するだろう」。[2]

二四 カエサルは、[1]彼らが欺瞞的な民族で、いつも心中の考えと異なる見せかけをすることをよく知っていたが、赦しを乞う者を赦すことは有益であると判断した。というのも、もし彼らが心からそう思って要望している場合、王を解放しても忠誠を守るはずである一方、――このほうが彼らの性質に合致しているが(32)――戦争遂行の司令官として王を戴こうと欲している場合、カエサルにすれば避難民や逃亡兵の軍勢より王を敵として戦争を遂行するほうが誉れ高く立派なことと考えられたからである。

(29) スエートーニウス『皇帝伝』「カエサル」六四には、カエサルは海へ飛び込んだあと、近くの船へ二〇〇パッススを泳ぎきるまで、持っていた書類を濡らさないように左手を上げ、将軍外套を敵に奪われないように口にくわえて引っ張った、と記される。プルータルコス『対比列伝』「カエサル」四九・四―五、オロシウス『歴史』六・一五・三四にも同様の記述がある一方、ディオーン『ローマ史』四二・四〇・四とアッピアーノス『内乱史』二・九〇では、将軍外套について、カエサルが敵の矢玉の目標にし、敵に奪われた、とされる。

(30) テキストに乱れがあり、「交戦が可能になると、カエサルは戦果を挙げた。士気高く」は補いの提案の一つに従って訳出する。

(31) 王女アルシノエーからガニュメーデースへの信託とする解釈と、本来はプトレマイオス王のものである王権が他の者に委ねられている、とする解釈がある。

[2]そこでカエサルは王を激励して言った。「父祖の王権のために配慮せよ。どこにも負けぬ光輝あふれる祖国に仇なすな。その姿はいまや恥ずべき火災と破壊によって見る影もないが、まずは市民を正気に戻し、次には保護してやることだ。ローマ国民と私には忠誠を守れ。私はそなたへの心からの信頼にもとづいて武装した敵のもとへそなたを送り出すのだから」。そして、相手の右手を右手で握りながら、すでに青年期に入った少年王を解放しようとした。[3]ところが、王の心はどこまでも欺瞞に満ちた躾を受けていたので、民族のならいからはずれないように、泣きながらカエサルに対して懇願を始めた。「私を解放しないでくれ。私には王権などよりカエサルの姿を見られることのほうが嬉しい」。[4]カエサルは少年の涙をぬぐうと、心を動かされはしたが、「そのような思いでいるなら、すぐまた会える」と固く約束し、臣民のもとへ帰した。[5]すると王は、出走枠から自由な走路へ飛び出した競走馬のように、カエサルに対して激しく戦争を遂行し始めた。会談のときにこぼした涙が歓喜ゆえに流れたかと思われるほどだった。[6]この出来事をカエサルの副司令官、友人、百人隊長、兵士の相当数が面白がった。人が好すぎるから子供の謀《たばか》りにしてやられたのだというわけで、まるで、カエサルの動機が人の好さのみにあり、先の先を読んだ思慮ではないかのように見なした。

二五　[1]アレクサンドリア軍は司令官を得たのに、自分たちの戦意高揚も、ローマ軍の士気低下もないことに気づいた。兵士たちが王の若輩と優柔不断を馬鹿にすることに大いに心を痛めるだけで、何一つ前進が見られなかった。そのうえ、噂が立ち、カエサルのもとへ大増援軍(33)が陸路、シュリアとキリキアから向かっているという。ただ、この情報はまだカエサルの耳に届いていなかった。この状況で、アレクサンドリア軍はローマ軍の海上物資輸送を断とうと決断した。[2] このため、船隊を出動させ、カノーポス沖の適切な海域に配置して哨戒に当たらせ、物資を運ぶローマ軍の艦船を待ち伏せた。[3] このことがカエサルに報告されると、彼は艦隊全軍の出動、戦闘準備を命じた。艦隊指揮官にはティベリウス・ネロー(34)を据えた。出撃した艦隊中にはロドス人の艦船もあり、そこにはエウプラーノールといい、この者が加わらずに海戦の行なわれたことはなく、戦いが不首尾に終わったこともまたないという人物がいた。[4] しかし、運の女神は往々にして、他の誰よりも厚遇した人々にあまりに過酷な災厄を見舞うものであり、このときもエウプラーノールへの寄り添い方がそれまでとは一変していた。[5] カノーポス沖に到着し、両軍艦隊が戦陣を組んで相まみえたとき、エウプラーノールはいつものならいで先陣を切って戦い、敵の四段櫂船一隻に孔を穿って沈没させた。しかし、次にもう一隻を深追いしすぎ、他の後続艦船が敏速さに欠けていたため、アレクサンドリア軍に取り囲まれてしまった。[6] そこへ救援に向かう者はなかった。彼なら単独でも十分に身を護る武勇と幸運を持ち合わせていると思われ

---

(32) 『内乱記』三・一一〇・二―四参照。そこには、アレクサンドリアで妻子をもったローマ兵、海賊、山賊、罪人、逃亡奴隷などが軍勢をなしていたことが記される。

(33) 次章に記されるペルガモンのミトリダーテースが率いる軍勢。

(34) のちの皇帝ティベリウスの父。ここでは、戦果を挙げたエウプラーノールを見殺しにしたとも読める記述がなされているが、スエートーニウス『皇帝伝』「ティベリウス」四・一には、海戦での勝利に多大な貢献をした、と記される。

たためか、さもなくば、自分たちの身を心配したためであった。そうして、ただ一人だけその戦闘で戦果を挙げた者が、たった一人、勝利を収めた四段櫂船とともに命を落とす結果となった。

二六 [1]同じ頃、ペルガモンのミトリダーテース(35)がペールーシオンに到着した。彼は故国で高く貴ばれ、戦場での知略と武勇に長じ、カエサルとの友誼において信義と品位に優れる人物で、アレクサンドリアで戦争が始まったときにシュリアとキリキアに派遣されて援軍徴募に当たった。諸邦のじつに積極的な応召と彼自身の尽力で迅速に軍勢を集めると、徒《かち》で行軍し、[2]エジプトがシュリアと接する地点にあるペールーシオンに着いたのであった。町は要衝であることからアキッラース(36)の堅固な守備隊が占拠していた。実際、エジプト全体の防衛は海路に関してパロスが、陸路に関してペールーシオンが門の役割を果たしていると言える。そこをミトリダーテースは大軍で取り囲んだ。[多数の拠点で]頑強に防戦する敵に対し、豊富な兵員を生かして、兵士が負傷したり疲弊したりすると力を温存した兵と交代させながら、辛抱強く包囲攻撃を貫徹し、攻め寄せたその日のうちに町を自軍の制圧下に置き、守備隊を配置した。[3]この戦果を収めたあと、彼はアレクサンドリアのカエサルのもとへ急いだ。通過した地域のどこにおいても勝者の多くに備わる権威を発揮して平定を果たし、カエサル側へ服属させた。

二七 [1]その地域の中でもっとも名高いと言ってもよい場所がアレクサンドリアから遠からぬところに

あり、デルタと呼ばれている。その名はギリシア文字デルタに形が似ていることからついた。ある地点でナイル川が[互いに]二つの流れに分かれ、(37) 徐々に互いの間隔を広げて、海岸に達したときにもっとも離れる。[2]その場所へミトリダーテースが近づくのに気づいた王は、彼が川を渡らねばならないことが分かっていたので、迎撃の大軍勢を差し向けた。これによってミトリダーテースを打ち破って殲滅するか、そうでなくとも、押し止めることは間違いなくできると踏んでいた。[3]たしかに望ましいのは勝利であったが、カエサルから分断して押し止めるだけでも十分と考えていたのである。[4]この軍勢は、先頭部隊がデルタから渡河してミトリダーテースを迎え撃つことができたときに交戦を始め、後続部隊をしり目に、勝利を独り占めしようと逸《はや》った。[5]この攻勢に対してミトリダーテースは深い知謀を発揮し、ローマ軍常用の防壁で固めた陣営によって持ちこたえた。しかし、防壁へ攻め寄せる敵が用心や慎重さを欠いているのを見て取るや、前線の全面で突撃を敢行し、多数の敵を討ち取った。[6]残りの敵も、地勢についての知識を生かして身を護り、一部が渡河に使った船へ逃げ込むことがなかったなら、根こそぎ殲滅されているところだった。[7]彼らはその恐怖から少し持ち直すと、後続部隊と合流し、ミトリダーテースに対する包囲攻撃を再開した。

(35) 出自、経歴については後出七八・二―三を参照。
(36) アキッラース自身はこのときすでに殺されていた（前出四・一）。

(37) デルタ、つまり、「三角」の地形を説明するために単純化しているが、実際には、河口は数多く分かれる。

二八 [1]ミトリダーテースが派遣した伝令からカエサルは事態の報告を受けた。それと同じ情報を王も配下の者から得た。そこで、ほぼ同じ頃に王はミトリダーテース撃破のために、カエサルは彼を救援するために出撃した。[2]だが、ナイル川を船で進んだ王のほうが早かった。王は川筋に大艦隊の用意を整えていたのである。カエサルは同じ経路を取りたくなかったので、川の上での艦船の戦いを避けて迂回し、先述した(38)アフリカ側の海域を通った。しかし、カエサルが王の軍勢と会戦するより前に王がミトリダーテースに攻めかかることはできなかった。ミトリダーテースは無傷の軍隊ともども勝者(39)としてカエサルに迎えられた。[3]王は軍勢を率いて自然の要害(40)に陣取っていた。そこだけが高く聳え、四方がすべて平らな低地をなしていたが、三方に異なる種類の防備があった。一方はナイル川に接し、もう一方はもっとも高い部分が続いて陣営の一角と重なっており、さらにもう一方は沼地に囲まれていた。

二九 [1]この陣営とカエサルの進路のあいだには川が流れていた。川幅が狭く、両岸が非常に高く、ナイル川に注いでおり、王の陣営から約七マイル離れていた。[2]王にはこの経路でカエサルが進軍してくるのが分かっていたので、全騎兵と出撃態勢にあった精鋭歩兵をその川へ差し向けた。それによってカエサルの渡河を阻み、川岸の上から飛び道具によって有利な戦いをしかけようとしたのである。これなら、(ローマ軍が)武勇を発揮しても前進は望めず、(アレクサンドリア軍が)臆病でも身の危険がないというわけだった。[3]この状況にわが軍は歩兵も騎兵も熱く憤慨した。アレクサンドリア軍相手の戦いでこれほど長いあいだ戦況が拮抗するとは、というのであった。そこで、時を同じくして、ゲルマーニア人騎兵が散開して川の浅瀬を探しては、川岸が比較的低い地点で川を泳いで渡る一方、軍団兵は川の両岸に渡せる長さの大木を伐り倒してから放り出し、その上に急ごしらえの盛り土をして川を渡った。[4]この攻勢に敵はひどく怯え上がり、命あってのものだねと逃げ出した。しかし、それも無益であった。[5]逃走して王のもとへ避難した者はわずかばかりで、残りの大勢はほとんどすべて討ち取られた。

三〇 カエサルはこの赫々たる戦果に続き、急襲をかければ大きな恐怖をアレクサンドリア軍に吹き込めるだろうと判断したので、すぐさま勝勢に乗って王の陣営へ攻め寄せた。[1]しかし、陣営が大規模に築造した防壁と地形によって守りを固めていることに気づき、密集隊形の武装兵を数多く防壁の上に配置しているのが見えたため、カエサルは行軍と戦闘で疲れている兵士を陣営攻略に進ませることを望まなかった。[2]そこで、敵陣からさほど離れていないところに陣営を設営した。[3]王はすぐ近くの村に砦を築いていた。陣営から遠くなく、陣営の外塁を延長して連結させ、村を確保する目的のものであった。翌日、この砦をカエサルは全軍で攻撃し、攻め落とした。それだけの兵員を投入したのは、

(38) 前出一四・五「アフリカ側に位置する浅瀬」。
(39) 前出二六・二―三に記された勝利を踏まえる。
(40) 現在ではどの地点か同定が困難となっている。

少ないと任務達成が困難であると考えていたからではなく、その勝利でアレクサンドリア軍を怯え上がらせておいて直後に王の陣営を攻略する狙いをもっていたからである。[4] そこで、アレクサンドリア軍が砦から陣営へ逃げ帰るのを追撃して走ったそのままに、兵士らは防御設備へ攻め寄せ、そこで飛び道具による激烈このうえない戦闘が始まった。[5] わが軍には二方向から攻略の突破口があった。すなわち、陣営の一方が、上述のとおり(41)、楽に近づける他、陣営とナイル川のあいだにはほどよい隙があった。[6] しかし、アレクサンドリア兵の精鋭が大量に投入されて、突破がもっとも容易な方面を守っている一方、わが軍を撃退し負傷させることにもっとも成功を収めていたのが、ナイル川方面で防戦していた部隊であった。実際、多様な飛び道具が正面に相対する陣営の防壁の上から、また、背後の川からわが軍に打ち込まれた。川の上では多数の艦船に乗り組んだ投石兵と弓兵がわが軍に戦いを挑んでいた。

三一 [1] カエサルは、兵士たちがこれ以上は不可能というほど激しく戦いながら、地形の困難さゆえにあまり進展がないのを見て取ったが、気がつくと、陣営のもっとも高い地点からはアレクサンドリア軍が離れてしまっていた。なにもしなくても防護されているので、半分は戦いに、半分は様子見に気が逸って、そのとき戦闘が行なわれている場所へ駆けつけたからであろう。そこで、三個大隊(42)に陣営を迂回し、この高所を攻撃するように命じ、その指揮をカルフレーヌスに任せた。これは大いなる勇気と軍事経験に優れる人物である。[2] わが軍の兵士らはそこへ到達すると、防御線を守る少数の敵に対してじつに激しく戦った。異なる場所で生じた喊声と戦闘に驚愕したアレクサンドリア軍は怖じ気を震って陣営のあらゆる方向へ駆け出した。[3]その混乱ぶりにわが軍の士気は大いに高まり、ほとんど同時にすべての方面から陣営へ〈突撃するほどであった〉(43)。だが、最初に陥落したのはもっとも高い地点だった。そして、ここから駆け下った部隊が陣営内で多数の敵を討ち取った(44)。[4]この危険から逃れようとして、ほとんどのアレクサンドリア兵は折り重なるように防壁の上から川に接した一画へ飛び降りた。[5]最初に飛び降りた者たちは壕の中で大きく崩れ落ちた防御設備の下敷きになったが、他の者はそれだけ逃げやすくなった。[6]王自身は、陣営から脱出して船に逃げ込んだが、大勢の者が近くの船へ泳いで乗り込んだため、船が沈んで命を落としたことが分かっている。

三二 [1]最大級の戦果をじつに迅速に挙げ、カエサルは勝利への確信を強めた。最短の陸路を経て騎兵とともにアレクサンドリアへ急ぎ、敵の守備隊が確保している地区へ勝勢そのままに乗り込んだ。[2]彼の作戦は的中した。敵は戦闘の結果を聞くと、もはや戦争のことは考えようとさえしなかった。[3]到着

---

(41) 前出二八・三を踏まえると思われるが、指示対象が必ずしも明瞭ではない。
(42) 写本の読み(illo)は意味がとれないので、底本の採用する修正(III)に従う。
(43) 次の文とともに、テキストは意味が不明瞭だが、底本の補いに従って訳出する。
(44) オロシウス『歴史』六・一六・一はアレクサンドリア軍の戦死者二万、捕虜一万二〇〇〇、カエサル軍の戦死者五〇〇という数字を挙げている。

するや、カエサルは武勇と剛毅にふさわしい果実を手にした。町の民衆の誰もがこぞって武器を投げ出し、防御線を放棄した。君主に赦免の嘆願をするときにいつも着る衣服を身にまとい、王が機嫌を損ねて立腹したときにその神聖さにかけて祈願する習慣である聖物を捧げ持ち、カエサルの到着を出迎え、投降した。[4]カエサルは彼らの服属を認めて元気づけたのち、敵の防御線を突き抜けて自軍の地区へ入り、部下の大歓呼を受けた。彼らはこの大戦争を決する戦いのみならず、このようにカエサルの帰還も上首尾であったことを喜んでいた。

三三 [1]カエサルはエジプトとアレクサンドリアを掌握すると、王としてプトレマイオスが遺言(45)に書き記し、ローマ国民に誓って変更はないと宣言した者たちを擁立した。[2]すなわち、二人の子供のうち年上で王とされたほうが死去したので、年下の子と、それに、二人の娘のうち年上のクレオパトラに王権を継承させた。クレオパトラはずっと忠誠を守り、支援を続けていたのである。年下のアルシノエーについては、ガニュメーデースが彼女の名を借りて長いあいだ無節操な統治を行なっていたことは既述のとおり(46)であるので、王領から退去(47)させる決定を下した。それは、王の統治確立に必要な時間が経過する前に、秩序を乱す輩《やから》を介してまた新たな不和が生じるのを防ぐためであった。[3]カエサルは諸軍団のうち、古参兵からなる第六軍団だけ自身が率いて連れ帰り、残りはその地に残し、それによって統治を強化しようとした。かの王たちがずっとカエサルと友好関係にあったために臣民から親愛を得ることができなかっただけでなく、王として擁立されて短時日であるため歳月を重ねて備わる権威も持ち合わせられなかったからである。[4]それと同時にカエサルの判断では、ローマの支配の威信を増し、国家の利益に資するために肝要なのは、王たちが忠誠を守り続けるかぎり、ローマ軍が彼らの安泰を保つこと、彼らが恩知らずな場合には同じローマ守備軍が抑え込むことであった。[5]こうして、すべての措置(48)を済ませて[陸路]カエサルはシュリアへ進発した。

三四 [1]エジプトがこのような状況であったあいだに、カエサルがアシアおよび近隣属州の運営を任せていたドミティウス・カルウィーヌスのところへデーイオタルス王がやって来て懇願した。「私の王領である小アルメニアとアリオバルザネースの王領であるカッパドキア(49)と、どちらに対するパルナケース(50)の占領蹂躙も放置しないでくれ。この災厄から解放されなければ、われわれは命令の実行も、カ

(45)『内乱記』三・一〇八・四参照。先王プトレマイオス一二世は、二人の息子と二人の娘のうち、それぞれ年長者を相続人として定めていた。いま、年上の息子プトレマイオス一三世が死んだので、カエサルは年下の息子にプトレマイオス一四世として、年上の娘クレオパトラとともに、王位を継承させようとしている。

(46)前出四・一、二三・二参照。ただ、五・三、一二・二の記述からは有能であったことも窺える。

(47)このあとアルシノエーは、前四六年にローマでのカエサルの凱旋式に捕虜に混じって登場した(ディオーン『ローマ史』四三・一九・二―三)。次いでエペソスに移され、その地で前四一年にアントーニウスによって殺害されたという(アッピアーノス『内乱史』五・九)。

(48)この中には、クレオパトラとともにナイル川を遡ってエジプトを探索して数カ月を費やした旅が含まれる。スエートーニウス『皇帝伝』「カエサル」五二・一、アッピアーノス『内乱史』二・九〇参照。

(49)デーイオタルスとアリオバルザネースはいずれもポンペイウス軍に味方して内乱に参戦していた(『内乱記』三・四・三)。

エサルに約束した金銭の支払いもすることができない」。[2]ドミティウスは軍事費用をまかなうためにその金が必要であると考えただけでなく、外国の王による同盟国や友邦の王領の占拠はローマ国民にとって恥辱であり、ガーイウス・カエサルと自分にとって名折れになるとも判断した。そこで、ただちに使者をパルナケースのもとへ送り、「アルメニアとカッパドキアから退去せよ。ローマ国民が内乱で手の回らないのに乗じて、その権限と尊厳を侵害するな」と伝えさせた。[3]この通告の効力を強めるには、それらの地域へ軍隊を率いて近づけばよいと考え、ドミティウスは軍団のもとへ(51)赴くと、三個軍団のうち第三六軍団のみを自分の指揮下に引き連れた。残る二個軍団はカエサルから書簡で求められていたのでエジプトに派遣したが、一個軍団はアレクサンドリア戦争中には着かなかった。シュリアを通る陸路で派遣されたためである。[4]グナエウス・ドミティウスは第三六軍団にデーイオタルス王のもとから二個軍団――これらは王が数年来ローマの軍紀と装備のもとに編成して保持していた(52)ものである――と騎兵一〇〇騎(53)、それに、アリオバルザネース王のもとから同じく一〇〇騎を加えた。[5]また、プブリウス・セスティウスを財務官ガーイウス・プラエトーリウスのもとへやり、ポントスで急募された兵士からなる一個軍団を引き連れてくるように指示させる一方、クイントゥス・パティシウスをキリキアへ派遣して増援部隊を徴募させた。これらの軍勢はすべてが迅速にコマーナに集結してドミティウスの指揮下に入った。

三五 [1]そのあいだに使節がパルナケースのもとから返答を持ち帰った。彼が言うには、自分はカッパドキアから退去したが、小アルメニアを取り戻した。それを保有するのは父から受け継いだ当然の権利だ。結論として、この王領に関する事案は白紙の状態でカエサルの手に委ねよう。自分にはカエサルが下した決定に従う用意がある、ということであった。しかし、ドミティウスが見たところ、彼のカッパドキアからの退去は自発的ではなく、必要に迫られてのことであった[2]。アルメニアのほうが自国領に接しているので遠く離れたカッパドキアより防衛が容易である一方、彼はドミティウスが三個軍団すべてを率いてくるものと考えていたのである。ところが、そのうち二個軍団がカエサルのもとへ派遣されたと聞き、彼はいっそう気を大きくしてアルメニアに居坐ったのであった。そこで、ドミティウスはパルナケースにアルメニア領からも退去するよう頑強に要求した。「カッパドキアとアルメニアで権利問題に相違はない。カエサルが到着するまで問題を白紙のままにして決着を先送りせよ、という要求に正当性はない。白紙というのは、それ以前の状態がそのままであることを言うのだ」。[3]このような返答をすると、ドミティウスは上述の軍勢を率いてアルメニアへ進発し、高地を行軍経路

(50) ミトリダーテース王(六世)の息子で、王がポンペイウスに敗れたあと、前六三年にポントスの王に据えられていたが、内乱に乗じてかつての王国領を取り戻そうと動いていた。

(51) おそらく、エペソスに駐屯していた。キケローは、デーイオタルスがドミティウス軍を支援し、エペソスにいたドミティウスに資金を送った、と証言する(『デーイオタルス弁護』一四)。

(52) 王の軍隊のローマ式編成については前五〇年二月二四日付のキケローの書簡(『アッティクス宛書簡集』六・一・一四)にすでに言及がある。

(53) 一〇〇(C)では少ないことから、五〇〇(D)もしくは六〇〇(DC)という修正の推測もある。

とした。というのも、ポントスのコマーナからは高い森がちの山稜が小アルメニアへ通じており、この山稜がカッパドキアとアルメニアの境界をなしているのである。この経路には明確な利点がある〈と分かっていた〉。すなわち、高地にあるので、敵からの急襲を受ける恐れがない点、また、カッパドキアがこの山稜の麓にあるので、そこから物資を豊富に補給できる点であった。

三六 そのあいだに[1]パルナケースがドミティウスのもとへ繰り返し使節を派遣し、和平交渉を行なわせるとともに、ドミティウスに王からの贈り物を届けさせた。[2]しかし、ドミティウスはそのすべてを断固として拒絶し、自分にとってなにより大切なのはローマ国民の威信と友邦の領地を回復することだ、と使節に返答していた。[3]彼は休みない強行軍を貫徹し、いまやニーコポリスに着こうとしていた。これは小アルメニアの城市で、城市自体は平地にあるが、城市からかなり距離を置いたところに聳える山地が二つの側面で障壁をなしている。彼はニーコポリスから約七マイル離れた地点に陣営を置いた。[4]この陣営を出ると、狭隘で通行困難な場所を通過しなければならなかった。そこで、パルナケースは歩兵の精鋭と騎兵のほぼ全騎で待ち伏せの態勢を取る一方、指示を出して、その隘路に多数の家畜を散らばらせると同時に、この場所で地域や城市の住人が見かけられるようにした。[5]その狙いは、一方で、ドミティウスが友好的に[であれ、非友好的にであれ]隘路を通過する場合は、待ち伏せについて疑いを抱かせない、つまり、農地にいる家畜も人も友人がやって来たかのように振る舞う姿を見せることにあった。他方、彼が〈非友好的に〉敵領地へ入ってきた場合は、戦利品を奪い取るために兵士らを散開させるであろうから、散開したところを討ち取ることを意図していた。

三七 [1]こうした手だてを講じながら、パルナケースはひっきりなしに平和友好交渉の使節をドミティウスのもとへ送り続けた。こうすれば、それだけ容易に相手を騙せると考えたからであった。[2]ところが逆に、講和の見込みはドミティウスに同じ陣営に留まる理由を与えた。かくしてパルナケースは目の前にあった機会を逃した。待ち伏せが気づかれたかと心配して、部下を陣営に呼び戻したからである。[3]ドミティウスは翌日、さらにニーコポリスに近づき、町のすぐそばに陣営を置いた。ローマ軍が陣営の防備を固めているあいだに、パルナケースは彼自身のいつもの流儀で戦列を組んだ。[4]前面は直線一列の戦列で、これを両翼に置いた三重の控え部隊で固め、同様に中央にも三重の控え部隊が配置されるが、その左右にできた二つの隙間は一列のみの布陣であった。[5]ドミティウスは着手した陣営の工事を終えると、軍勢の一部を防壁の前へ陣立てした。

三八 [1]夜になってパルナケースは文書送達兵を捕捉した。この者たちはアレクサンドリアの状況を記した手紙をドミティウスへ届けるところであった。カエサルが重大な危機にあること、ドミティウスに対し、可能なかぎり早急に増援軍をカエサルのもとへ送るとともに、ドミティウス自身はシュリアを通ってアレクサンドリアへ近づくよう要請していることが分かった。[2]この情報からパルナケースは、勝利を確実にするには時間稼ぎができればよいと考えた。ドミティウスには迅速に退去する必要があると推量したからである。そこで、[3]ローマ軍にとって戦いを挑むために城市の中でもっとも近づきやすく有利な地点と思われたところから二本の壕を、あいだにあまり距離を置かず、真っ直ぐに、四ペースの深さで引き、それより遠くへ自軍の戦列を繰り出さないことに決めた。[4]戦列はつねにこの二本の壕のあいだに組む一方、全騎兵は壕の外側の両翼に配置した。そうしなければ、騎兵が役に立たなくなるからである。これらはわが軍の騎兵よりはるかに数的優位に立っていたのである。

三九　[1]対するドミティウスは、自身の危険よりカエサルの危険を心配していたが、安全に退去しようとすれば、一度拒絶した講和条件をあらためて求めることも、理由なく退去することもできないと考えた。そこで、近くの陣営から軍隊を繰り出して戦列を布いた。第三六軍団を右翼に、ポントスの軍団を左翼に配した。[2]デーイオタルスの諸軍団を戦列中央に集めたが、前面の幅はできるだけ狭め、残りの兵は控え部隊として配置した。このように両軍の戦列が布かれ、戦いに踏み出した。

四〇　[1]号令が両軍同時に下り、合戦が始まった。戦いは激しく、曲折があった。第三六軍団は壕の外側から王の騎兵へ攻勢をかけ、作戦を成功させたことから、城市の城壁に攻め寄せ、壕を越えて、背を向けた敵を攻撃した。[2]その一方、ポントスの軍団は反対側で敵に少し背を向けて後退したものの、壕を迂回して越えることで敵の盾の防ぎがない右側面を攻撃しようと試みた。しかし、まさに壕を越えるときに身動きを封じられ、圧倒された。デーイオタルスの諸軍団は攻勢をほとんど支えられなかった。[3]王の軍勢は自軍の右翼と戦列中央でこのように勝利を収めると、矛先を第三六軍団に向けた。しかし、第三六軍団は勝ち戦の敵の攻勢を勇敢に支えた。敵の大軍勢に包囲されながら、闘志を決して失わずに円陣を組んで戦いつつ、山の麓へ撤退した。そこまで追撃することをパルナケースは険阻な地形のために望まなかった。[4]こうしてポントスの軍団がほぼ全滅し、デーイオタルスの兵士の大半が討ち取られ、第三六軍団は高地に撤収して二五〇名以上を失った。[5]この戦闘で命を落とした中には輝かしい戦歴で名高いローマ騎士も少なからずいた。しかし、この災厄を蒙ってもドミティウスは、散り散りになった生き残りの軍を集めると、無事に行軍してカッパドキアを抜け、アシアへ撤収した。(54)

四一 [1]パルナケースは戦果に意気上がり、対カエサルに関しては望みどおりになると皮算用して、ポントスを全軍勢で占領した。その地で征服者にして残忍きわまりない王となり、父の隆盛を父より幸運な結果のもとに得ることを自分の使命と定めると、多数の城市を攻め落とし、ローマ市民とポントスの住人の財産を奪い去り、[2]容姿と若さを長所とする者たちに対して死よりも惨めな処罰(55)を下した。ポントスを防衛しようとする者はなかった。彼は父王の領地を取り戻したと嘯《うそぶ》いてこれを占領した。

---

(54) ディオーン『ローマ史』四二・四六・三には、「冬が近づく頃」であったと記される。

(55) 去勢の罰。後出七〇・六参照。

四二　同じ頃[1]、イッリュリクムで災厄が起きた。それ以前の数カ月、この属州の治安は恥辱と無縁であるばかりか、称賛を受けてもいた。[2]ここには夏に二個軍団を率いてカエサルの財務官であるクイントゥス・コルニフィキウスが法務官格総督として派遣されていた。この属州は軍隊をまかなうための蓄えが決して豊かではなかった。隣邦との戦争や叛乱で疲弊し、荒れ果てていたのである。それでも、コルニフィキウスは知恵を絞り、心血を注いだ。たいへんな注意を払い、不用意に軍を進めぬようにし、属州を復興し、防衛した。[3]たとえば、相当数の砦が高台に置かれ、砦に陣取る者たちが地の利を生かし、攻め下りてきては戦争をしかける仕儀となっていたが、彼はこれらの砦を攻め落とし、戦利品を兵士らに与えた。戦利品はわずかであったとはいえ、属州の絶望的状態に照らせば、とくにそれが武勇によって獲得されただけに、喜ばしかった。また、オクターウィウスがパルサーロスの戦いから落ち延び、大艦隊を率いて湾の一つを拠点としたときには、イアーデラの町の人々――彼らの共和国への忠義はつねに変わることがなかった――のわずかの艦船でオクターウィウスの散開した艦船を手中に収め、その結果、艦隊を組んでの戦いができるようになった。捕捉した艦船を友邦の艦船と連合させたからである。[4]勝者カエサルが世界のまったく異なる場所でグナエウス・ポンペイウスを追跡していたとき、敵対者の相当数が、マケドニアも近いことから、イッリュリクムへ敗残兵を集めて逃げ込んだことをカエサルは耳にした。そこでカエサルは書簡による指令をガビーニウスへ送った。「最近徴募された新兵からなる軍団を率いてイッリュリクムへ進発せよ。クイントゥス・コルニフィキウスと軍勢を統合し、属州に危険が迫った場合、撃退せよ。属州が大軍勢に頼らずとも安全な場合は、マケドニアへ軍団を引き連れよ」。カエサルは、グナエウス・ポンペイウスが生きているかぎり、その地域のどこからも戦火が再燃するに違いないと考えていたのである。[5]

四三　ガビーニウスがイッリュリクムに着いたのは冬の困難な季節であった。[1]属州の備えがもっと豊富であると考えていたからか、カエサルの勝運に大きな力を見ていたからか、あるいは、自身の武勇と技量によって何度も戦場での試練を乗り越え、己れの統率と指揮によって大戦果を挙げてきた自信ゆえかは分からない。いずれにせよ、彼は属州から物資の支援を受けられなかった。属州は荒廃しきっているか信頼できないところばかりだったからである。また、悪天候で海路が遮断されているために物資を運び入れることもできず、多大な困難を余儀なくされた。このため、本意に反して、やむをえず戦争を遂行した。[2]こうして、物資欠乏のために、じつに厳しい悪天候のもと砦や町の攻略をせざるをえなかったが、彼は何度も敗北を喫した。そして、蛮族から甚だしい恥辱を蒙ったため、サローナという、沿岸にあって、じつに勇敢で忠実なローマ市民が住む城市へ撤収を余儀なくされ、退却しながらの戦いとなった。[3]その戦闘で二〇〇〇名以上の兵士、三八名の百人隊長、四名の軍団士官が失われた。彼は残りの軍勢とともにサローナへ撤収したが、あらゆるものについて極度の困窮に苦しみ、数カ月後に病死した。[4]彼の存命中の不運と突然の死を見て、オクターウィウスは属州を手中に収める希望を大きく膨らませた。しかし、彼の成功がそれ以上続くことを、戦争においてもっとも大きな力を揮う運の女神も、コルニフィキウスの抜かりなさも、ウァティーニウスの武勇も、ほっておかなかった。

四四　[1]ウァティーニウスはブルンディシウムにいるとき(56)、イッリュリクムで起きていたことを知り、コルニフィキウスから度重なる書簡で属州へ援軍を連れてくるよう求められていた。マルクス・オクターウィウスが蛮族と盟約を結んだことも聞いた。いくつもの場所でわが軍の兵士が守る砦を攻め落とそうとして、一部はみずから率いる艦隊を、一部は蛮族の陸上部隊を用いているという。そこでウァティーニウスは、重病に冒され、なかなか体力が気持ちについていかなかったが、勇気によって体の不調にも、冬期に急に用意を整えねばならない困難にも打ち克った。[2]彼自身が港に保有していた軍船は少数しかなかったので、書簡をアカイアにいるクイントゥス・カレーヌスに送り、艦隊を回させようとした。[3]しかし、それでは遅すぎて、わが軍の危機にとうてい間に合うはずがなかった。わが軍はオクターウィウスの攻勢を支えられなかったのである。そこでウァティーニウスは、数は十分そろっているものの、大きさはまったく戦闘に適さない快速船に衝角を取りつけた。[4]これらを軍船に加えて、艦船数を増やし、古参兵を乗り込ませた。古参兵は全軍団から大量に調達できた。軍隊がギリシアへ渡るときに傷病兵に勘定されてブルンディシウムに取り残されていた(57)からである。こうして彼はイッリュリクムへ進発した。沿岸部族のいくつかが離反してオクターウィウス側に寝返っていたので、味方に取り戻したものもあったが、考えを変えないところはそのまま通り過ぎた。どのようなことであれ手間取る用事には関与せず、できるだけ速やかなオクターウィウス捕捉こそを目指したのである。

[5] このときオクターウィウスは味方の守備隊が置かれたエピダウルムを陸と海から包囲攻撃していたが、ウァティーニウスが到着すると、包囲の放棄を余儀なくされ、ウァティーニウスは味方の守備隊を救出した。

四五 [1] だが、オクターウィウスはウァティーニウスの艦隊が大部分は小さな快速船からなることを見て取ると、自軍の艦隊に自信をもち、タウリス島に碇泊した。その海域でウァティーニウスは追撃の航海を進めていたが、それはオクターウィウスがそこに踏み止まったのを知ってのことではなく、オクターウィウスがずっと遠くまで進んでも追撃すると決めていたからであった。[2] タウリスの近くへ来たとき、ウァティーニウスの艦船は分散してしまった。天候が荒れていたと同時に、敵がいるとは思わなかったためである。そこへ突如、正面から自分に向かってくる船、帆桁を帆柱の中程まで下ろし、戦闘員を乗り組ませた船があるのにウァティーニウスは気づいた。[3] それを見るや、彼は速やかに帆を畳んで帆桁を下ろすこと、および、兵士の武装を命じた。同時に旗印を掲げたが、これは彼が戦闘開始の合図としていたもので、彼の船のすぐうしろで艦隊の先頭に位置する艦船に向けて、同じことをせよ、という指図であった。[4] ウァティーニウス軍が不意を突かれて態勢を整えようとしたとき、オク

---

(56) デキムス・ラエリウス指揮下の艦隊に対抗してブルンディシウムを守っていた。『内乱記』三・一〇〇・二参照。

(57) 『内乱記』三・二・三参照。

ターウィウス軍はすでに戦闘態勢で続々と出港してきていた。両軍とも陣形を組んだとき、オクターウィウス軍がより整った布陣である一方、兵士らの士気はウァティーニウス軍のほうが高かった。

四六 [1]ウァティーニウスは艦船の大きさでも数でも自軍が不利であることに気づいたとき、時の運に賭けることを選んだ。そこで、先頭を切って自身の五段櫂船をオクターウィウスの五段櫂船へ突っ込ませた。[2]相手もじつに迅速果敢に漕ぎ進めたため、二隻は正面から衝角と衝角でぶつかった。その激しさのあまり、オクターウィウスの船は衝角が折れ、木材が絡んだ。[3]他でも激しく戦いが交えられたが、とりわけ両指揮官のもとでの衝突は際立っていた。それぞれが自分の指揮官を支援しようとして、狭い範囲の海上に至近距離で大規模な戦闘となった。[4]船と船が繋がって、組み打つ機会が多くなればなるほど、ウァティーニウス軍が優勢に立った。彼らには感嘆すべき武勇があった。自軍の船から敵の船へ乗り移ることをためらわず、戦う条件を対等にしたうえで、はるかにまさる武勇によって戦果を挙げていった。[5]オクターウィウス自身の五段櫂船も沈没したほか、多くの艦船が捕獲されるか、さもなくば衝角で孔を開けられて沈んだ。オクターウィウス軍の戦闘員は船上で殺された者もあり、海へ飛び込んだ者もあった。[6]オクターウィウス自身は逃げ延び、艦載小艇に乗ったが、そこへさらに大勢が逃げ込んだので、この艦載小艇は沈んだ。それでも、負傷しながら自分の軽量軍船まで泳ぎ着いた。[7]彼はそれに乗り込むと、夜の闇が戦いの幕を下ろしたため、大嵐の中、帆を上げて落ち延びた。そのあとに従う彼の配下の船も数隻あった。たまたま難を免れていたのである。

四七　他方[1]、ウァティーニウスは戦果を収め、引き揚げの合図を響かせた。全軍無事なまま勝利の帰投を果たした。向かった先はオクターウィウスの艦隊が戦いに出撃した港であった。[2]この戦闘でオクターウィウス軍から捕獲したのは五段櫂船一隻、三段櫂船二隻、二段櫂船八隻、それに、相当数の漕ぎ手であった。ウァティーニウスは翌日をその地で自軍の艦船と捕獲した艦船の修理にあててから、三日目にイッサ島へ向けて急いだ。そこがオクターウィウスの落ち延び先だと考えたからである。[3]島にはその地域でもっとも名高く、どこよりもオクターウィウスとの絆が深い町があった。[4]ウァティーニウスが到着すると、町の人々は命乞いしながら投降した。しかし、オクターウィウス自身は少数の小型船で、追い風に乗り、ギリシア方面へ向かったことが分かった。そこからシキリアへ、さらにはアフリカへ辿り着くつもりであろう。[58] [5]そこで、短期間に赫々たる戦果を挙げ、取り戻した属州をコルニフィキウスに返すと、ウァティーニウスは敵の艦隊を沿岸一帯から駆逐したうえで、無傷の軍隊と艦隊を率いてブルンディシウムに帰還した。

四八　さて[1]、カエサルがデュッラキオンでポンペイウスを包囲し、次いでパライパルサーロス[59]で戦果

(58) 実際、アフリカへ着いて艦船をウァールスの艦隊と合流させた(『アフリカ戦記』四四・二)。

(59) パルサーロスとして知られる戦場の、おそらく、正式の名称。

を挙げ、さらにアレクサンドリアで大きな——噂では実際よりも大きいと騒がれた——危険に直面しながら戦っていたのと同じ頃、クイントゥス・カッシウス・ロンギーヌスはヒスパーニアに法務官格総督として外ヒスパーニア属州確保の目的で残っていた(60)。彼は生来の性分のせいか、財務官のとき(61)に不意打ちを受けて負傷したことからこの属州に憎しみを抱いていたせいか、ひどく嫌われる結果を招いていた。そのことを彼も——うしろめたい思いから、属州のほうも自分について同様の気持ちであろうと考えていたからか、あるいは、憎悪を隠すのが苦手な人々から多くの兆候や証言が得られたからか——認識していた。そして、属州が抱く悪感情を軍隊が寄せる敬愛で埋め合わせたいと思っていた。[2]そこで、軍隊を一個所に集めるや、一〇〇セステルティウスを兵士らに約束した。それからまもなく、ルーシーターニアにおいて、メドブリガの城市と、メドブリガの住民が逃げ込んだヘルミニウス山を攻略し、将軍として歓呼を受けたとき、一〇〇セステルティウスを兵士らに贈るとともに、それぞれに多大な褒賞を渡した。[3]このことによって、そのときだけ軍隊はうわべの敬愛を寄せたものの、気づかぬうちに少しずつ軍の規律が厳格さを減じていった。

四九 [1]カッシウスは各軍団をそれぞれ冬期陣営へ配置すると、裁判を行なうためにコルドゥバへ赴いた。そして、以前(62)に背負った借金について、属州にきわめて重い負担をかけることで清算することに決めた。だが、ばらまきを続けることによる必然として、太っ腹という見かけを保つために、ばらまきの元手がさらに多く必要となった。[2]富裕者に金銭の提供命令が出され、（カッシウス・）ロンギーヌスはその金額を自分への支払い分とするだけでなく、取り立て分ともした。(63) 富裕者のあいだに争議を起こすために(64)貧民を入り込ませ、どんな類でも収入になるなら、額が大きくて明確なものでも、けちくさいはした金でも見過ごさなかった。そのために将軍の自宅と審判席が関わらないことはなかった。[3]誰であれ、損失を蒙る余地のある者なら、保釈金を取られるか、被告人の一人に数えられずにいなかった。こうして、身の危険についての大きな不安が、私財に関する損失や痛手のうえに加わった。

五〇 [1]このことから、ロンギーヌスが総督となっても、財務官のときと同じことを行なったため、彼の殺害に関する同様の計画が属州の人々によって再び立てられることとなった。[2]彼の友人の中にも人々の憎悪を強める者があった。この者たちは一緒になって収奪に関わったにもかかわらず、自分たちの悪事の頭目を憎んだ。自分たちが収奪したものは自分たちの収入とし、失われるか取り損なったものはカッシウスの勘定に入れた。[3]彼は一個軍団を徴募して、第五軍団とした。憎悪はこの徴募と軍

(60) 前四九年八月にヴァッロー軍が降伏したあと、四個軍団(ヴァッロー指揮下にあった現地出身兵の軍団と第二軍団、および、イタリアから派遣した第二一および第三〇軍団)とともに属州の指揮を任された。後出五三・五、『内乱記』二・二一・四参照。

(61) おそらく、前五二年のこと。

(62) 「以前に(antea)」は底本の採用する修正に従う。写本の読みは「そこ(属州)で(in ea)」。

(63) 原文の表現は不分明だが、後出五六・三の記述と同様の内容と解して訳出する。

(64) 「争議を起こすために(simultatium causa)」は写本の読みに従う。「うわべを装うために(simulationis causa)」という修正提案があり、底本も採用している。

団追加による出費でなお高まった。三〇〇〇騎の騎兵がそろえられ、たいへんな費用をかけて装備が整えられた。属州は息をつく暇がなかった。

五一　そのうちに[1]カッシウスはカエサルからの書簡を受け取った。軍隊をアフリカへ渡し、マウレーターニアを通ってヌミディア領まで行け、との内容だった。ユバ王がグナエウス・ポンペイウスに大規模な援軍をすでに送り、さらなる大軍派遣を予定していると考えられるからであった(65)。[2]この書簡を受け取ると、カッシウスは不遜な喜びで浮き立った。新たに属州とどこよりも豊穣な王国を手にする機会がもたらされたというわけである。[3]そこで、彼みずからルーシーターニアへ向けて出発し、軍団を呼び出し、援軍を引き連れようとした。同時に、穀物と艦船一〇〇隻の準備、資金の割当と調達を任務として部下に指示し、自分が戻ったときにまったく手間取らずにすむようにした。彼は誰の予想よりも迅速に戻った。[4]実際、とりわけ目標があるときのカッシウスには活力と精気があった。

五二　[1]軍隊を一個所に集め、陣営をコルドゥバに置くと、彼は集会で兵士を前に、カエサルの命令に従って何をなすべきか説明し、マウレーターニアへの移動を終えたら、各員に〈一〇〇〉(66)セステルティウスを与えると約束した。また、第五軍団はヒスパーニアに残る、と言った。[2]集会後、彼がコルドゥバに引き返し、その日の午後に公事堂(67)へ行くと、ミヌキウス・シローというルーキウス・ラキリウスの子飼いの者が、請願の用向きがある兵士を装い、彼に文書を手渡した。それから、カッシウスの脇を固めていたラキリウスの後方で返事を求めるようにしていたが、隙ができるや、素早く体を入れ、左手で背後からカッシウスをつかまえながら、右手で二度短剣を突き刺した。[3]叫びが上がり、共謀者が一斉に襲いかかった。ムナーティウス・フラックスが隣にいた先駆警吏を剣で貫き、この殺害に続いて副司令官クイントゥス・カッシウス(68)に傷を負わせた。[4]そこへティトゥス・ウァーシウスとルーキウス・メルケッローというフラックスの同郷人が同様の剛胆ぶりで加勢した。実際、一味全員がイタリカ出身であった。だが、ロンギーヌスその人はルーキウス・リキニウス・スクイッルスが飛びかかり、倒れたところに軽傷を負わせただけだった。

五三 [1]そこへカッシウスを護ろうと人が駆け寄る。実際、彼は四六時中ベーローネス族出身古参兵の相当数に武器をもたせて身辺に置いていた。[2]この護衛によって、殺害しようとあとに続いた他の者たちは制止された。その中にはカルプルニウス・サルウィアーヌスとマーニーリウス・トゥスクルスがいた。[3]ミヌキウスは道に転がっていた岩のあいだを逃げようとして取り押さえられ、自宅へ運ばれた

(65)　ヌミディア王ユバはアフリカでクーリオー軍を殲滅させた(『内乱記』二・三九―四二)が、ポンペイウス指揮下の軍勢リスト(同三・三―五)には王が派遣した援軍についての記述は見られない。

(66)　写本には金額を示す数字が欠けている。前出四八・二の記述から補う。

(67)　総督が裁判など公務を行なう建物。

(68)　まぎらわしいが、総督のカッシウス・ロンギーヌスとは別人。

カッシウスの前へ連行された。ラキリウスはすぐ近くの友人宅へ逃げ込み、そこにいるあいだにカッシウスが仕留められたか確実な情報を得ておこうとした。[4] ルーキウス・ラテレンシスは間違いなく仕留めたと思ったので、嬉々として陣営まで駆けつけ、現地出身兵士と、とくにカッシウスを憎んでいるのを知っていた第二軍団の兵士に祝いの言葉を述べた。[5] 実際、誰であれ、現地出身者軍団兵のように属州生まれの場合でも、長年の暮らしで属州の人間同然——その中に第二軍団も含まれる——の場合でも、カッシウスに対する憎悪の点で属州全体と考えを同じくしない者は一人もなかった。というのも、第三〇軍団と第二一軍団は数カ月前にカエサルによってイタリアで徴募されてロンギーヌスに割り当てられていたのに対し、第五軍団は最近属州で編成されたばかりだったからである。(69)

五四 [1] そうするうちに、しかし、ラテレンシスにカッシウス生存の知らせが入った。この知らせに彼は動揺したというより、ひどく悔しがったが、すぐに気を取り直すと、カッシウスの見舞いに出かけた。[2] 事態を知って第三〇軍団はコルドゥバへ進軍し、将軍の救援に当たろうとした。第二一軍団も同じ行動を取り、そのあとに第五軍団も続いた。[3] 残る二個軍団が陣営内に残っていたが、第二軍団の兵士らは、自分たちだけが取り残され、そのために自分たちの考えが分かってしまうことを恐れ、他の軍団の行動に従った。現地出身兵の軍団だけが考えを貫き、恐れから立場を崩すことはなかった。

五五 [1] カッシウスは殺害の共謀者として名前の挙がった者たちの逮捕を命じた。諸軍団は陣営へ戻し、第三〇軍団の五個大隊だけ残した。[2]彼はミヌキウスの自白によってルーキウス・ラキリウス、ルーキウス・ラテレンシスのような身近な人間、また、アンニウス・スカプラという誰にも劣らぬ威信と人望がある属州人が殺害の密謀を企てたと知ると、憤激を長く心に留めず、彼らの処刑を命じた。[3]ミヌキウスについては解放奴隷に引き渡して拷問させ、カルプルニウス・サルウィアーヌスも同様に処した。カルプルニウスは自白をして密謀加担者の数を増やしたが、自白は真実という見方をする人々もある一方、強要だと異を唱える人々もあった。同じ責め苦を受けた者にはルーキウス・メルケッローがいる。[4]スクイッルスはさらに多くの名前を挙げた。その者たちの処刑をカッシウスは命じたが、身代金を払った者は除外した。[5]たとえば、カルプルニウスとは六万セステルティウスで、スクイッルスとは五万セステルティウスで公然と一件落着とした。(70)これら極悪の罪人に対して、罰金が科されたとはいえ、命を脅かされ、負傷した憤激が金銭で緩和したことには、残忍さと貪欲さの拮抗が示されていた。

五六　[1]数日後、カッシウスはカエサルから送られた書簡を受け取った。それによって、ポンペイウスが会戦で敗れ、軍勢を失って逃走したことを知った。[2]この知らせは彼を悲しみと喜びの入り交じった

(69)　カッシウス指揮下の軍団については注(60)参照。ここでは、現地徴募の兵士の忠誠心がきわめて低かったことを述べる。

(70)　法外な高額であるが、ウァレリウス・マクシムス『言行録』九・四・二に同様の記述が見られる。

気持ちにした。勝利の報は喜びを引き出した一方、終戦はこれまでの勝手放題を打ち切らせるからであった。そのため、恐れることが何一つないことと、どんなことでも勝手にできるのとどちらがよいのか心を決めかねた。[3]傷が癒えるとカッシウスは自分に対して債権を有する者全員を呼びつけ、その債権額を債務に書き直すよう命じた。(71)そして、課した負担が少ないと思われた者たちには、さらに多額の提供を命令した。[4]彼はその一方でローマ騎士に対する徴兵に着手した。そして、あらゆるローマ市民協会(72)や植民市から徴募された人々が海外での軍役に恐れおののくと、軍役の誓約を免除金で購《あがな》うよう呼びかけた。これは大きな収入となったが、それにもまして大きな憎しみを生んだ。[5]これが済むとカッシウスは全軍の閲兵式を行ない、アフリカへ率いてゆく予定の諸軍団と補助軍を出港地へ送り出した。[6]彼自身は準備中の艦隊を査察するためにヒスパリスへ向かい、そこに留まった。というのも、彼は属州全体に、金銭提供を命じられながら届けていない者は出頭せよ、という布告を出していたからであった。この呼び出しには誰もがひどく悩まされた。

五七　[1]そのあいだに、ルーキウス・ティティウスという、そのとき軍団士官として現地出身兵の軍団に属していた者から報告が入った。この軍団は第三〇軍団とともに副司令官クイントゥス・カッシウスの指揮下にあったが、イリパの町近郊に陣営を置いていたとき叛乱を起こし、陣営撤収を認めようとしなかった百人隊長数人を殺したのち、第三〇軍団から離脱し、別経路で海峡へ進んでいた第二軍団のもとへ急いだ、という。[2]この報告を受けると、カッシウス・ロンギーヌスは夜のうちに第二一軍団の五個大隊を率いて出発し、朝方にナエウァに到着した。ここで、どのような状況か見きわめるため、一日留まってからカルモーへ急いだ。[3] そこに第三〇、第二一軍団、第五軍団の四個大隊、それに全騎兵が集結したとき、知らせがあり、四個大隊が現地出身兵の部隊によってオブクラ近郊で制圧されたのち、ともに第二軍団のもとへ到着、そこで全員による連合軍を編成し、イタリカ出身のティトゥス・トリウスを指揮官に選んだ、という。[4] カッシウスは、ただちに作戦会議を開き、財務官マルクス・マルケッルスをコルドゥバへ、副司令官クイントゥス・カッシウスをヒスパリスへ、それぞれ町を確保する目的で派遣した。[5] 数日後に届いた知らせでは、コルドゥバのローマ市民協会が離反し、マルケッルスも、自分の意志によるものか、強要されてのものか、さまざまに取り沙汰されてはいるが、コルドゥバ住民側についた(73)、という。また、第五軍団の二個大隊も、それまでコルドゥバの守備に当たっていたが、行動を同じくしている、ということだった。[6] カッシウスはこの事態に激昂した。陣営をたたんで進撃し、翌日、シンギリス河畔にあるセゴウィアの町へ到着した。彼はそこで兵士の集会を開き、士気を確かめようとした。それで分かったことは、兵士らはカッシウス自身のためではなく、不在のカエサルのためにカッシウスにどこまでも忠実であり、どんな危険も厭わず、自分たちの力で

(71) 前出四九・二参照。
(72) 交易などで海外に暮らすローマ市民の団体。
(73) ディオーン『ローマ史』四二・一五・二―五には、マルケッルスはコルドゥバ住民とポンペイウス派に属していた兵士によって指揮官に担ぎ上げられたが、事態がどちらに転んでもよいように、風見鶏的な対処をしていた、と記される。

カエサルのために属州を取り戻そうとしている、ということであった。

五八 そのあいだにトリウスはコルドゥバへ古参兵の軍団を率いた。[1]そして、叛乱の火種が秩序を乱そうとする兵士らと自分自身の性向にあったと思われないように、また、クイントゥス・カッシウスがカエサルの名を借りている分、自分より大きな力を揮っているように見えたのに対して、同等の強い威信をもって対抗できるように、自分はグナエウス・ポンペイウスのために属州を取り戻したいのだ、と公言して憚らなかった。[2]彼がこうした行動に出たのは、おそらく、カエサルへの憎しみとポンペイウスへの敬愛ゆえであった。ポンペイウスの名はかつてマルクス・ウァッローが保持していた諸軍団(74)のあいだで大きな力があった。しかし、その心中は誰でも察することができた。少なくとも、トリウス自身は先述のように語っていた。[3]また、兵士らははっきり明言していたので、グナエウス・ポンペイウスの名を盾に刻むことまでした。[4]この軍団の前へ市民協会の者がこぞって進み出た。男たちばかりでなく、婦人たちや未成年の者までが懇願した。「敵としてコルドゥバを襲い、荒らさないでくれ。自分たちも反カッシウスという点ではみんなと同じ考えだ。だが、反カエサルの行動を取るよう強要しないでほしいのだ」。

五九 [1]じつに大勢の住民から涙ながらに懇願され、軍隊は心を動かされた。カッシウス追及のためにグナエウス・ポンペイウスの名前と記憶はまったく必要がないことに気づいた。カエサル派もポンペイウス派と同様に誰もがカッシウスを憎んでいると同時に、市民協会もマルクス・マルケッルスもカエサルの敵にはまわれないのであった。そこで、兵士らはポンペイウスの名を盾から削り取ると、カエサルの名分を擁護すると明言していたマルケッルスを指揮官に任じて法務官と呼ぶことにし、市民協会と連帯してコルドゥバ近郊に陣営を置いた。[2]カッシウスは二日のうちにコルドゥバから約四マイル離れたバエティス川の此岸の町が見渡せる高い場所に陣営を築いた。書簡をマウレーターニアの王ボグス(75)と、内ヒスパーニア総督マルクス・レピドゥスのもとへ送り、カエサルのためにできるかぎり早く自分と属州の救援に来てくれるよう求めた。その一方で、自身は敵地に対するようにコルドゥバ人の農地を荒らし、建物に火を放った。

六〇 [1]この醜悪で下劣な行為を見て、マルケッルスを指揮官に立てていた兵士らは彼のもとへ駆けつけると、戦場へ率いていってくれ、と懇願した。「すぐにも会戦の機会を与えてくれ。さもないと、たいへんな侮辱を受ける。コルドゥバ住民のじつに名高く大切な財産がわれわれの見ている前で掠奪と剣と炎によって消え失せてしまうのだ」。[2]マルケッルスは会戦をきわめて遺憾なことと考えた。勝

(74) 第二軍団と現地出身兵軍団。注(60)、前出五三・五参照。

(75) マウレーターニアの王。底本の綴り(Bogus)に従うが、ボグド(Bogud)とも綴られる。前四九年にカエサルによって王位を認められ、その後ずっとカエサルを支持し、前四四年のカエサル暗殺後はアントーニウス側についた。

者も敗者も損失を蒙ればどちらのつけもカエサルにまわるし、……[76]彼の手にあまることでもあったからである。それでも、彼は軍団にバエティス川を渡らせ、戦列を組んだ。[3]対抗してカッシウスが自陣の前、高台に戦列を組んだ様子が見えたとき、マルケッルスは、向こうが平地に下りてこないことを理由にして、兵士たちに陣営へ引き揚げるよう説き伏せた。こうして彼は軍勢を連れ戻し始めた。[4]そのとき、カッシウスは自軍の強みであり、マルケッルスの弱みと分かっていた騎兵[77]で襲いかかり、退却中の軍団兵最後尾の相当数を川岸で討ち取った。[5]この痛手から渡河がどんな躓《つまず》きや困難をもたらすか分かったので、マルケッルスは陣営をバエティス川の向こう岸へ移した。両軍は何度も兵士に戦列を組ませたが、地形が険しいために交戦することはなかった。

六一　[1]マルケッルスの軍勢は歩兵のほうがずっと強力であった。実際、軍団は古参兵ぞろいで、戦闘経験が豊富であった。対して、カッシウスは兵士らの武勇より忠誠心を頼りにしていた。[2]そのため、双方の陣営が対峙し、マルケッルスが格好の場所に砦を築き、カッシウス軍の水利を断とうとしたとき、(カッシウス・)ロンギーヌスはもしや包囲の輪に封じ込められないかと恐れた。まわりは馴染みがなく、自分に敵意を抱く地域なのである。そこで彼は夜のうちに音も立てず陣営から出発すると、早足でウリアへ急いだ。その城市は自分に忠実であると思ったのである。[3]城市に着くと、陣営を城壁に接合して築き、それによって地形——ウリアは高い山の上に位置していた——とともに町の防御設備も用いて周囲のどこから攻められても安全であるようにした。[4]マルケッルスは彼のあとを追い、ウリアに可能なかぎり近づくと、敵陣営に対峙させて陣営を置いた。そして、地形を見きわめると、もっとも望ましいと考えていた作戦を必然的に採ることになった。すなわち、交戦しない——交戦できる状況なら気の逸る兵士らを制止するのは不可能だった——と同時に、カッシウスに広範囲に動き回ることを許さず、コルドゥバ住民が蒙った被害をさらに多くの町が受けないようにする作戦であった。[5]適切な地点に砦を配し、城市の周囲に封鎖線の工事を行ない、ウリアとカッシウス(の陣営)を包囲した。[6]しかし、それが完成しないうちに、ロンギーヌスが自軍の全騎兵を脱出させた。彼の考えでは、騎兵を大いに活用するには、マルケッルスが行なう糧秣と穀物の調達を阻ませればよい一方、包囲されて籠城すれば役に立たず、なけなしの穀物を食い潰すだけで大いに足を引っ張ることになるからであった。

六二　[1]数日後、クイントゥス・カッシウスの書簡を受け取ったボグス王が軍勢を率いて到着した。彼は自身が引き連れていた一個軍団に数個大隊のヒスパーニア兵補助軍を加えていた。[2]というのも、内乱においては決まって起きるように、このときもヒスパーニアの町のいくつかがカッシウスを支持していた一方で、それより多くがマルケッルスに肩入れしていた。[3]ボグスは軍勢を率いてマルケッルス

(76)　テキストに欠落が想定され、「戦いを望む兵士の意志に逆らうことは」といった補いが考えられている。

(77)　カッシウス軍の騎兵が三〇〇〇騎(前出五〇・三参照)であったのに対し、マルケッルス軍にはほとんど騎兵がいなかった。

利を双方のあいだで移し替えた。しかし、マルケッルスが防御設備から退けられることは決してなかった。

軍の外側の封鎖線へ攻め寄せた。双方が激しく戦い、戦いは何度も重ねられ、運の女神はしきりに勝

六三 そのあいだにレピドゥスが内ヒスパーニアから第三五軍団の数個大隊、多数の騎兵その他の援[1]軍を率いてウリアに到着した。彼の意図はどちらにつくこともなく、カッシウスとマルケッルスの紛争を収拾することにあった。彼が到着すると、マルケッルスが躊躇なく身柄をレピドゥスに預けたの[2]に対し、カッシウスは守備領域内に立て籠もった。マルケッルスより自分のほうが重い裁きを受けねばならないと考えたためか、あるいは、レピドゥスの心が敵方の従順さゆえに先入見に囚われたのではないかと恐れたためであった。レピドゥスはウリア近郊に陣営を置き、すべてにおいてマルケッル[3]スと行動を一にした。戦いを禁止し、カッシウスに城市から出てくるよう誘い、約束はすべて守ると請け合った。カッシウスはどうすべきか、どこまでレピドゥスを信頼すべきか長いあいだ迷ったが、[4]このまま同じ方策を貫いても、突破口を見出せそうになかった。そこで、封鎖線を打ち壊して、自分が自由に出て行けるようにすることを要求した。休戦協定が結ばれただけでなく、いまやほとんど[5]〈講和も〉成立して、防御設備は崩して平らにされ、封鎖線の警護も引き揚げられた。すると、（ボグス）王の援軍が王の陣営直近にあったマルケッルスの砦に対し、誰も予想していなかったことに——ただ、「誰も」というのは、カッシウスを別にしてのことである。彼には共謀が疑われていたのであ

るから——、攻撃をしかけ、相当数の兵士を圧倒した。[6]これに対して憤激したレピドゥスが迅速に援軍を送って戦闘をやめさせなかったなら、さらに大きな災厄を蒙るところだった。

六四 [1]いまやカッシウスに道が開けたので、マルケッルスはレピドゥスと陣営を統合した。レピドゥスとマルケッルスが軍勢を率いてコルドゥバへ向かうのと同時に、カッシウスはカルモーへ進発した。[2]同じ頃、トレボーニウスが執政官格総督(78)として統治するため属州にやって来た。カッシウスは彼の到着を知ると、指揮下の軍団と騎兵にはそれぞれ冬期陣営に向かわせてから、素早く自分の持ち物すべてをかき集めてマラカへ急いだ。その地で、季節が航海に不向き(79)にもかかわらず船に乗り込んだ。その意図は、彼自身の言では、レピドゥスとトレボーニウスとマルケッルスに身柄を預けないようにするためであった。その一方、彼の友人のあいだでよく言われていたところでは、属州の大部分が彼から離反しているので、そこを通ることで威信を損なわないためであり、また、他の人々の見方によると、搾取のかぎりをつくして貯め込んだ金が他の誰かの手に渡らないようにするためであったという。[3]冬期のわりに順調な天候のもと船を進めたが、夜の航行を避けるためヒベールス川へ船を寄せたあと、少し天候が荒れてきた。それでも、航海に危険はないだろうと考えて船を出したが、河口で正面から

(78) 実際には、法務官経験しかなかった(『内乱記』三・二〇・一参照)。執政官就任は前四五年。

(79) 前四八年末から前四七年初めの冬。

高波がぶつかってきた。ちょうど川と海の境で、川の勢いのために向きを変えることも、大きな高波のために針路を真っ直ぐ保つこともできず、船が沈み、彼は命を落とした。

六五 [1]カエサルがエジプトからシュリアに着いたとき(80)、ローマから彼のもとへやって来た人々からの伝聞や、都からの書簡を通じて、ローマでは政務の多くがひどい機能不全をきたし、国政のどの部門も十分適切には運営されていないことが分かった(81)。すなわち、護民官のあいだの反目から危険な紛争が生じる一方、軍団士官や軍の指揮官らの懐柔策や手抜き(82)のために、しきたりや慣例に反することが数多く行なわれた結果、厳格な規律が骨抜きにされたのだという。これらのことはどれも自分に早い帰還を促すものとカエサルは見て取ったが、いま自分が到着した場所を離れる前に優先すべきはこの属州と地域の体制整備、すなわち、国内の紛争を解消し、法治を受け入れさせ、外敵の脅威を振り払うことだと考えた。[2]このことをカエサルはシュリア、キリキア、アシアにおいて敏速に成就できると見込んでいた。これらの属州には戦争の重圧がなかったからである。しかし、ビテューニアとポントスではもっと大きな重荷がのしかかってくることが分かっていた。[3]実際、カエサルはパルナケースがすでにポントスから退去したとは聞いていなかったし、これから退去するとも思っていなかった。パルナケースは対ドミティウス・カルウィーヌスとの戦闘に勝利して大いに意気上がっていたからである。[4]カエサルは重要度の高い町のほとんどすべてに滞在して、貢献のあった個人にも町全体にも褒賞を授け、以前からあった係争について審査して裁断を下した。王や僭主や君主など属州近隣から彼のもとへ集まった者に対しては、すべてを服属させてから帰した。属州の警護と防衛を行なうという条件を課し、カエサルとローマ国民の最良の友とした。

六六　[1]この属州で数日を費やしてから、カエサルは友人であり、血縁もあるセクストゥス・カエサルに軍団の指揮とシュリアの統治を任せると、自身は到着のときと同じ艦隊を率いてキリキアへ出発した。[2]そして、属州の全市にタルソスへの呼び出しをかけた。タルソスはキリキア全体の中でももっとも名高く、もっとも勇敢な城市である。[3]ここで属州と近隣諸市の問題すべてを処理すると、カエサルは戦争遂行に進発すべく気が逸り、それ以上は留まらなかった。カッパドキア縦断の強行軍を進め、二日間マザカに滞在したのち、コマーナ(83)に着いた。ここにはカッパドキアでもっとも古く、もっとも神

(80)　前四七年七月。

(81)　ローマの政治的混乱は経済的要因が大きく、前四八年にも法務官カエリウス・ルーフスの失態が政情不安を招いた（『内乱記』三・二〇—二二参照）。このときは、ルーキウス・トレベッリウスとプブリウス・コルネーリウス・ドラベッラという二人の護民官がそれぞれ債権者と債務者の主張を代弁して対立し、騎馬長官（独裁官代行役）マルクス・アントーニウスと元老院の権威も蔑ろにして、武力抗争に及んだ。また、このあいだに、カエサルがイタリアに先発させた軍隊に命令不服従の動きが見られたことから、マルクス・アントーニウスはルーキウス・アントーニウスにあとを任せてローマを去り、兵士らのもとへ駆けつけたが、このことが事態をより深刻化させた。この騒動はカエサル自身がローマに戻って対処するまで続いた。ディオーン『ローマ史』四二・二九—三三。

(82)　「手抜き(indiligentia)」は写本の読みに従う。「甘やかし(indulgentia)」という後世写本の読みを採る校本もある。

聖なベッローナ神殿があり、たいへんな信仰を集めているため、女神の神官は尊厳、支配、権勢の点で王に次ぐというのが民族の一致した見方である。[4]その神官職にカエサルはきわめて高貴な生まれのビテューニア人リュコメーデース(84)を指名した。彼はカッパドキア王家出身だが、祖先の不運と家系の変転があったために、継承権に疑いはないものの、長い中断期間があることから、この神職回復を求めていた。[5]その一方、アリオバルザネースの兄弟アリアラテースには——兄弟のいずれもローマへの貢献があったので、王位継承にアリアラテースが心を動かされることも、王位継承権者としてアリオバルザネースを脅かすこともないように——小アルメニアの一部を与えたうえで、アリオバルザネースの支配と治権下にあるものとした。そうしてカエサルは行軍を再開し、同様の迅速さで行程を踏破した。

六七 [1]ポントスとガッログラエキアの境界へさらに近づいてみると、デーイオタルスが——このときガッログラエキアの四分領太守にすぎないのに、全土を掌握していたので、これについて他の四分領太守が法的にも慣習的にも認められないと主張していたが、彼がローマ元老院から小アルメニア王の称号を与えられたことは疑いなかった(85)——王の徽章をはずし、私人の衣服をまとっただけでなく、被告人の身なりをしてカエサルのもとへ嘆願にやって来た。「私をお赦しください。私の治める地域はカエサルの軍隊による守護がまったくないので、武力による命令の前にやむをえずグナエウス・ポンペイウスの陣営に加わったのです。(86)[2]私にはローマ国民の紛争に判断を下すことはできず、目の前で下される命令に従うしかなかったのです」。

六八 1 これに対して、カエサルは執政官のときに(87)公の決議にもとづいて彼に授けたじつに数多くの恩恵を思い起こさせたうえで、デーイオタルスの離反は無知を理由に釈明できないと譴責した。「そなたほど知力も気力もある人間なら分かるはずではないか。誰が都とイタリアを掌握しているのだ。元老院とローマ国民、また、国家はどういう立場をとっているのだ。さらには、誰がルーキウス・レントゥルスとガーイウス・マルケッルスのあとに執政官となっているのだ(88)。しかし、私は今度のことは

---

(83) カッパドキアのコマーナとすると、マザカからでは大きく遠回りすることになる。ストラボーン『地誌』一二・三・三二―三四とアッピアーノス『ミトリダーテース戦記』一一四、一二一の記述はポントスのコマーナを指示している。

(84) ポントス王ミトリダーテース六世の将軍で、ポントスのコマーナのベッローナ神殿の神官であったアルケラーオスを祖父とし、父は同じくベッローナ神殿の神官で、アルケラーオスという名であったが、前五六年にエジプト女王ベレニーケーと結婚し、前五五年、プトレマイオス一二世を復権させようとして侵攻したガビーニウスによって殺された。アッピアーノス『ミトリダーテース戦記』一一四、ストラボーン『地誌』一二・三・三四、一七・一・一一参照。

(85) 元老院がデーイオタルスに「王」の称号を与えたことについては、キケロー『デーイオタルス弁護』一〇、ストラボーン『地誌』一二・三・一三を参照。なお、四分領太守は部族内で統治権を分有する首長。

(86) 『内乱記』三・四・三参照。

(87) 前五九年。

(88) レントゥルスとマルケッルスは前四九年の執政官。カエサルとセルウィーリウス・イサウリクスが前四八年の執政官。

大目に見る。これまでの私への貢献、昔からの主客の契りと友情、そなたの地位と年齢、デーイオタルス赦免を求めて大挙馳せ参じた縁者や友人に免じよう。四分領太守のあいだの争いについては後日に調査する」。カエサルはこう言うと、デーイオタルスに王の衣服を戻してやった。(89) [2]その一方、デーイオタルスが自国の市民をローマ式の武装と訓練をもって編成した軍団(90)については、全騎兵ともども戦争遂行のために率いてくるよう命じた。

六九 [1]カエサルはポントスに到着すると、全軍勢を一個所に集めたが、その兵員数と実戦での鍛錬は平均的であった。例外はカエサル自身がアレクサンドリアから率いてきた第六軍団で、古参兵からなり、幾多の苦難と危険をくぐり抜けてきていたが、多くの兵士を一部は困難な行軍と航海のために、一部は度重なる戦争で失い、一〇〇〇人以下の兵員しかなかった。他に三個軍団があったが、デーイオタルスの一個軍団と、上述したグナエウス・ドミティウスがパルナケースと交えた戦闘に参加した二個軍団(91)であった。[2]このとき、パルナケースが派遣した使節がカエサルのもとに着くと、なによりもまず懇願を始めた。「あなたの到来を敵対的なものとしないでいただきたい。パルナケースは何を命じられようともすべてそのとおりに行なうだろうから」。[3]とくに強調したのは、パルナケースがカエサルに対抗する援軍をポンペイウスに与えなかったことで、デーイオタルスは援軍を送ったのに、それでも謝罪を受け入れられたではないか、と言った。

七〇　カエサルは、パルナケースが約束を履行するつもりなら、完全に公正な措置を取るだろう、と答えた。[1]その一方、いつものように穏やかな言葉で使節に注意した。[2]「私の前でデーイオタルスを非難すべきではない。ポンペイウスに援軍を送らなかったことも恩着せがましく自慢しすぎぬがいい。[3]悔いて嘆願する人々に赦しを与えることほど私にとって嬉しいことはない一方、属州の公益に対する侵害については、私に忠実であった人々でも赦免することはできない。[4]それどころか、おまえたちが強調した忠誠にしても、裨益したのはパルナケース自身にだ。それによって彼は敗北を避ける配慮をしたのだから。その利益は不死なる神々から勝利を授けられた私にもまさる。[5]そこで私は、ポントスにおいて商売をしていたローマ市民に対する重大な不正行為については、旧に復することはできないのであるから、パルナケースを赦す。[6]実際、殺害された人々に失われた命を、また、去勢された人々に男性を取り戻すことはできない。まったく、ローマ市民が耐え忍んだこの刑罰は死よりも酷いものだ(92)。[7]しかし、パルナケースはただちにポントスから退去せよ。徴税請負人の使用人を返還せよ。その他、彼にできるかぎりの損失回復を盟友とローマ市民に対して果たせ。[8]そのことを為し終えたら、私に献上品を届けよ。見事な戦果を挙げた将軍たちが盟友から受け取るのをならいとしてきた品々だ――こう言ったのは、以前にパルナケースはカエサルに黄金の冠を届けたことがあったからである

(89)　カエサルはデーイオタルスを赦免したものの、ガラティアと小アルメニアの領地を取り上げた(後出七八・三、キケロー『占いについて』二・七九)。

(90)　前出三四・四参照。

(91)　前出三四・三―五、四〇・五参照。

(92)　前出四一・二参照。

――」。カエサルはこのように返答すると使節を送り返した。

七一 [1]ところが、パルナケースはなんでも気前よく約束したものの、カエサルは先を急いで焦っているから自分の約束を進んで信用するだろう――それが確かだと思える状況ではなくても、そのほうがより迅速かつ公正に緊急性の高い問題に対処するために出発できるのだから――と期待した。実際、じつに多くの理由からカエサルが都への帰還を求められていることを知らない者はなかった。そこで、パルナケースは遅延策に出た。退去の期日延期を求め、種々の合意条件を差しはさみ、要するに約束を反故にし始めた。[2]カエサルは相手の狡猾さを見て取ると、これまではいつも自然にしてきたことを今回はやむをえない仕儀に立ち至って断行した。誰の予測よりも迅速に干戈を交えたのである。

七二 [1]ゼーラはポントスにある城市で、平地に立つ割に防備は固い。というのは、自然の高台があたかも人の手で造られたかのように周囲のどこも高くせり上がり、その上に城壁が構えられているからである。[2]この城市の周囲には、高い丘があいだに渓谷を刻みながら数多くあった。そのうち一つ抜きん出て高い丘が、ミトリダーテスの勝利、および、トリアーリウスの悲運とローマ軍の損失(93)ゆえにその地域ではたいへん有名であるが、城市とは高所の道で通じており(94)、ゼーラから三マイルも離れていない。[3]この地点をパルナケースは全軍勢を率いて占拠し、かつて父が勝運に恵まれた陣営の防御設備を修復した。

七三　カエサル[1]は敵から五マイルのところに陣営を置いたのち、王の陣営の防備をなしている渓谷を目にして、同じ間合いによって自軍の陣営の防備ともしようと目論んだ。それには、この地点を敵によって先に占領されなければよいことを見て取ったが、ただ、そこは王の陣営のほうにずっと近かった。そこで、防御線の内側に攻城登坂路の資材を運び込むよう命じた。迅速[2]に搬入を済ませると、その夜、第四夜警時(95)に全軍団兵に戦闘態勢を取らせた。輜重を陣営に残し、明け方に敵の不意を突いて問題の地点を占領した。ミトリダーテースがトリアーリウスに対して戦勝を収めた例の場所である。陣営[3]から運び込んであった攻城登坂路の資材すべてをこの場所へ移すことをカエサルは奴隷たちに命じた。これは一人の兵士も防御設備の工事から外さずに済ますためであった。というのも、敵の陣営とカエサルが工事を始めた陣営とは、あいだの谷によってわずか一マイル足らずしか離れていなかったからである。

(93)　ルーキウス・リキニウス・ルークッルス(前七四年の執政官)が前七三年から指揮したミトリダーテース王(六世)との戦争において、副司令官を務めたガーイウス・ウァレリウス・トリアーリウスは前六七年に壊滅的敗北を蒙った(プルータルコス『対比列伝』「ルークッルス」三五・一―三、アッピアーノス『ミトリダーテース戦記』八九、ディオーン『ローマ史』三六・一二―一三)。

(94)　テキストに乱れがある個所。修正の読みに従う。

(95)　夜間は四交代制の夜警に合わせて、日没から日の出まで四等分した時間で区切られた。したがって、昼と夜が同じく一二時間とすると第四夜警時は午前三時から六時頃の間。

七四　パルナケース[1]は明け方になって急な事態の展開に気づくと全軍勢を布陣した。しかし、地形上の不利が明瞭であるので、敵の軍勢布陣はむしろ広く行なわれている常套戦術であるとカエサルは考えた。つまり、カエサル軍の工事を遅らせるために臨戦態勢の兵士を増やさざるをえなくするためか、もしくは、王の自信を誇示するために、防御設備に頼るよりむしろ、戦って防衛を果たそうとしているように見せるためのものと思われた。そこで[2]、カエサルは怯むことなく、防壁の前に第一戦列を布陣しただけで残りの兵士には防御工事を行なわせた。ところが[3]、パルナケースは、勝運のある場所が刺激となったのか、のちにわれわれが聞いたとおり、彼が忠実に従ったという予兆やお告げなどに心を動かされたのか、臨戦態勢を取るわが軍の兵士が少ないと見て取ったためか――というのは、毎日の仕事であるかのように攻城登坂路の資材を運んでいた多数の奴隷を彼は兵士だと思い込んでいたのである――、あるいは、二二回の合戦に勝利を収めたと彼の副司令官らが自慢していた配下の古参兵軍にも自信があり、同時にドミティウス指揮下のローマ軍を駆逐した記憶からわが軍を侮ってもいたからか、決戦を挑む作戦に出て、急峻な渓谷を下り始めた。しばらくのあいだ[4]、カエサルは王をせせら笑っていた。空虚な見せかけだけの動きだ、兵士らが密集している場所はまっとうな考えのある敵なら誰も近づかないところではないか、と考えたのである。だが、そのうちにパルナケースは急峻な谷を下ったのと同じ歩調のまま、戦列を組んだ軍勢とともに正面の険しい丘を登り始めた。

七五　無謀なのか自信満々なのか、パルナケースの信じがたい動きにカエサルは動揺した。[1]予想もせず、備えもないところを突かれ、ただちに兵士らに防御工事を中止して武装するよう命じ、軍団で応戦すべく戦列を布いた。しかし、このように急に慌てたことがわが軍の兵士をたいへんに怯えさせた。[2]まだ戦列が整わないうちに、混乱している兵士らが王の軍の鎌を装備した四輪戦車によって蹂躙された。それでも、戦車は素早く大量の飛び道具によって制圧された。[3]だが、敵の戦列が次に続いた。鬨《とき》の声が上がり、激しい戦闘に突入した。だが、わが軍には地形と、なによりも不死なる神々の恩寵が大きな味方となっていた。神々は戦争のどのような局面にも関わるけれども、とりわけ、人知をもっては対処しきれない事態に関わるのである。

七六　[1]激烈な白兵戦が行なわれたが、右翼に配置されていた古参兵ぞろいの第七軍団から勝利が生まれ始めた。敵はこの方面で坂の下へ押し返された。それよりもずっと時間がかかったが、やはり神々が味方して左翼と戦列中央でも王の軍勢全体が打ち砕かれた。[2]敵勢は不利な地点への接近が容易であっただけ、不利な地形のために踏み止まることができず、撃破されるのも早かった。かくして、多数の敵兵が討ち取られたり、転げ落ちてくる味方に押し潰されたりした。速い走りで逃げおおせた兵士も、川を渡るときに武具を投げ捨てたので、高所に立ってからも丸腰では何一つ有効なことができな

(96)　イタリアの古暦には八月二日と記録される。

かった。対して、わが軍は勝利に意気が上がり、不利な場所に近づいて防御線に攻撃をかけることを躊躇しなかった。[3]そして、陣営を防衛する守備部隊もパルナケースによって残されてはいたが、わが軍はたちどころに敵の陣営を掌中に収めた。指揮下の大軍のすべてが、討ち取られるか捕虜にされるかしたため、パルナケースは少数の騎兵とともに落ち延びた。[4]陣営を攻略されるあいだにまだ落ち延びる機会がつかめたが、そうでなければ、生け捕りにされてカエサルの前に引き立てられていただろう(97)。

七七 [1]何度も勝利を収めたことのあるカエサルも、この勝利には信じられないほどの喜びに浸った。たいへんな大戦争をこれほど迅速に完遂した(98)からであった。また、不意に襲った危険を思い起こすにつけ、じつに困難な局面からやすやすと勝利を手にしたことがいっそう喜びを大きくした。[2]ポントスを取り戻し、王からの略奪品すべてを兵士に与えたのち、翌日、カエサル自身は軽武装の騎兵とともに進発する一方、第六軍団には褒賞と栄誉を受けるためにイタリアへの出発を命じ、デーイオタルスの補助軍は故国へ帰還させ、二個軍団をコエリウス・ウィーニキアーヌスとともにポントスに残した。

七八 [1]こうしてカエサルは、ガッログラエキアとビテューニアを通過してアシアへ進軍し、それらすべての属州において係争問題を調査し、裁定を下した。また、四分領太守、王侯、都市国家にそれぞれ法治権を授けた。[2]さて、ペルガモンのミトリダーテースについては、エジプトにおいて挙げた迅速な戦果の次第を先述したが(99)、彼は王家の出身で、躾と教育も王家で受けた。というのも、彼は幼いときに高貴な生まれのために全アジアの王ミトリダーテースによってペルガモンから王の陣営に移され、そこに長年のあいだ留められたのであった。彼をカエサルはボスポロスの王に立てた。ボスポロスはそれまでパルナケースの統治下にあったが、これによりカエサルは蛮族や敵対的王侯とのあいだにきわめて友好的な王を配することでローマ国民の諸属州の防備を固めた。[3] このミトリダーテースにはまたガッログラエキアの四分領太守権を民族の掟と同族の継承権に従って授けた。この四分領太守権は数年前にデーイオタルスが手に入れて掌握していたものであった。[4] とはいえ、カエサルはどこにおいても決して長居はしなかった。都の騒乱という緊急時の前にその暇はないと思われたからであった。[5] 最上の成果をじつに迅速に達成したのち、カエサルは誰の予想よりも早くイタリアへ到着した(100)。

(97) パルナケースについて、アッピアーノス『内乱史』二・九二は、かつてポンペイウスによって割り当てられたボスポロスの王領へ逃げた、と伝える。

(98) この迅速さをカエサルは「われ来たり、われ見たり、われ勝ちたり(VENI・VIDI・VICI)」の三語で表現したとされ、この言葉がスエートーニウスによればポントス祝勝の凱旋式のとき銘文に刻まれ(『皇帝伝』「カエサル」三七・二)、プルータルコスによればローマにいる友人に書き送られた(『対比列伝』「カエサル」五〇・二)という。

(99) 第二六—二八章。

(100) 前四七年一〇月。

アフリカ戦記

一　カエサルは通常の行軍旅程で数日のあいだ一日も休まずに進んだのち、一二月一七日(1)にリリュバエウム(2)に到着すると、ただちに艦船に乗り組む意思を明らかにした。一個軍団にも満たない新兵と六〇〇そこその騎兵を抱えるだけであったが、波打ち際の海岸ぎりぎりに兵舎を設営した。[2] このようにした狙いは、ゆっくりする暇があるなどという期待を誰にも与えず、全員に一日一刻を争って準備を整えさせることにあった。[3] 季節は航海に適した天候が得られない時期に当たっていた。それにもかかわらず、カエサルは漕ぎ手と兵士を船に乗り込ませたままにし、出航の機会を逃さなかった。[4] それというのも、とくに属州の住民から敵の軍勢に関する報告が入っていたからである。すなわち、騎兵

(1)　前四七年。日付はほぼ太陰暦に対応する前ユーリウス暦によるもので、現在の暦より二カ月ほど進んでいた──したがって実際は一〇月であった──と考えられる。

(2)　シキリア西端の港。ここからアフリカへ渡ろうとしている。

の数は計り知れず、王の率いる四個軍団、軽武装兵の大兵力、スキーピオー指揮下の一〇個軍団、象一二〇頭、相当数の艦隊であった。しかし、カエサルに怯みはなく、勝つという気概、勝てるという自信があった。[5]そうするうちに、日一日と軍船の数が増え、輸送船も同じ場所へ集結し、新兵の〈四個〉(4)軍団と古参兵からなる第五軍団、および、二〇〇〇騎にのぼる騎兵が集まった。

二 [1]六個軍団と騎兵二〇〇〇騎が集結したが、軍団は到着したところから先に軍船に、騎兵は輸送船に乗り込ませた。[2]そうして大半の艦船に、先発してリリュバエウム岬沖のアポニアナ島へ向かうよう命じた。[3]〈カエサル自身はそのまま数日間〉留まり、若干名の住民の財産を売却して国家の収入としたのち、シキリア総督となった法務官アッリエーヌスに、他のすべてに加え、とくに残りの軍勢を迅速に乗船させることについて指示を与えた。[4]指令伝達が済むとカエサルも乗船した。一二月二五日のことで、他の艦船にすぐに追いついた。[5]風も堅調で、航海はそのまま速やかに進み、三日後にカエサルは軍船数隻とともにアフリカを望むところまで来た。というのも、残りの輸送船が数隻を除いて風のために散り散りになって航路をはずれ、別の場所へ向かってしまったからである。[6]カエサルはクルペア、次いでネアーポリスの沖を通り過ぎ、その他にも海から近い相当数の砦や城市をあとにした。

三 [1]ハドルーメートゥムに到着すると、そこには敵の守備隊が置かれ、ガーイウス・コンシディウスが指揮を執っていた。(5)また、クルペアからハドルーメートゥムへ海岸沿いに騎兵を率いてグナエウス・ピーソーが〈向かっており〉、マウリー人の軍勢約三〇〇〇騎の姿があった。そこでカエサルは、しばらく港の前で留まり、他の艦船が集結するのを待ってから軍を上陸させた。現状の兵員は歩兵三〇〇〇、騎兵六〇〇であった。カエサルは城市の前に陣営を築くと、誰にも危害を加えずに場所を確保し、全軍に掠奪を禁じた。[2]そのあいだに城市の住民は城壁の上を武装兵で満たす一方、城門の前に大挙して自衛のための構えをとった。その数は二個軍団相当の規模だった。[3]カエサルは城市の周囲を馬で回り、地形を調べると陣営に戻った。[4]ここでカエサルの落ち度と浅慮を言い立てる者もあった。カエサルが舵取りや隊長らにどの地点を目指すべきか指示していなかったうえに、それまでのいつものやり方を踏んで、封印した指令書を渡すことをしなかった——そのために、必要なときにこれを読んで所定の場所へ全員がそろって向かうことができなかった——からであった。[5]カエサルもそれを忘れていたわけでは決してない。実際は、アフリカの港は艦隊を寄せようとすると、敵の守備隊の攻撃から確実に安全なところは一つもないと考えていたので、上陸の機会が偶然めぐってくるのを待っていたのである。

四 [1]そのあいだに副司令官ルーキウス・プランクスがカエサルに、コンシディウスとの交渉権限を自

（3）ヌミディア王ユバ。

（4）第二五、二六、二八、二九軍団。後出六〇・一参照。

（5）前四九年の時点で一個軍団の兵力を有していた（『内乱記』二・二三・四）。

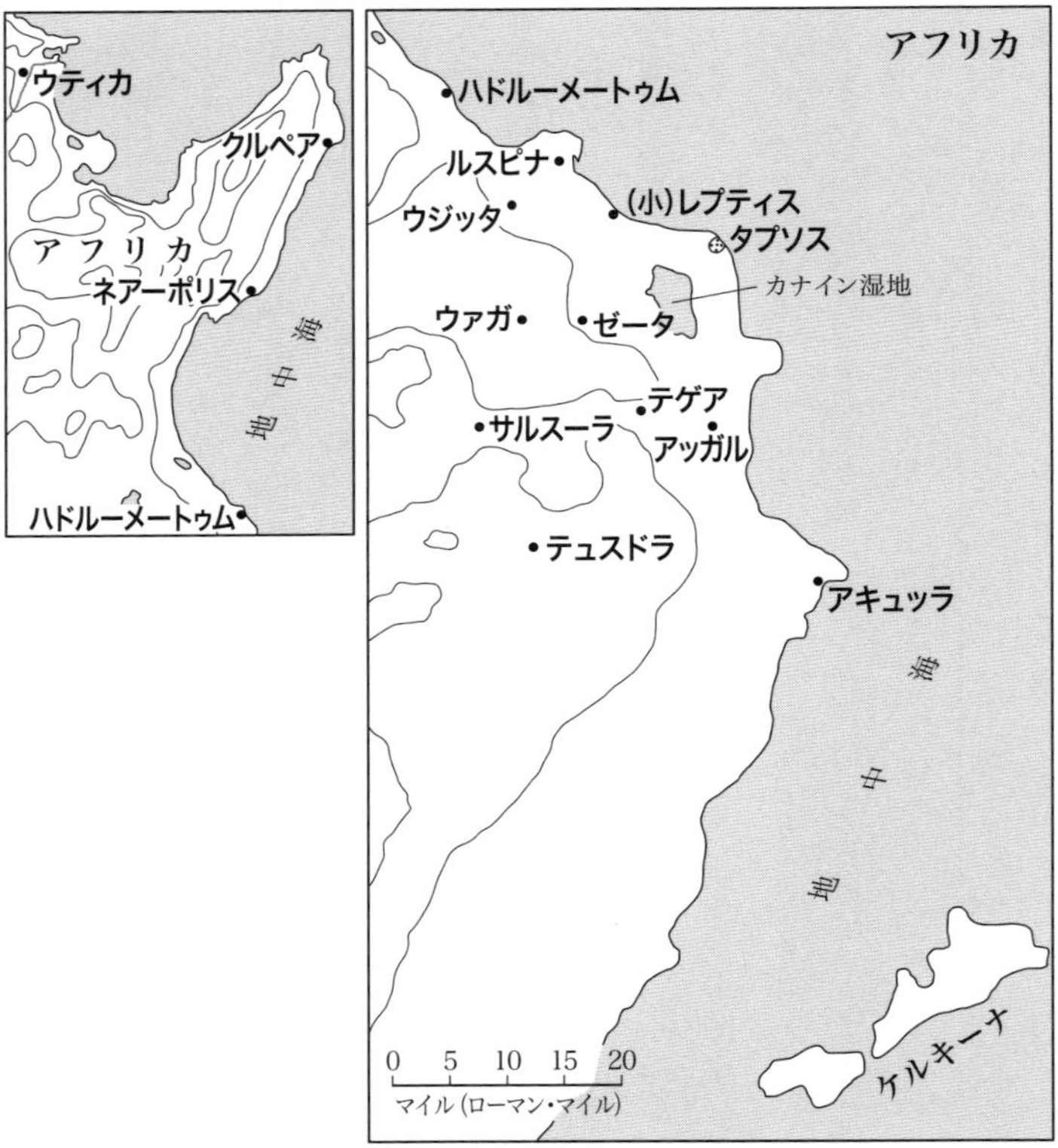
ウティカ
クルペア
アフリカ
ネアーポリス
地中海
ハドルーメートゥム
アフリカ
ハドルーメートゥム
ルスピナ
(小)レプティス
ウジッタ
タプソス
カナイン湿地
ウァガ
ゼータ
テゲア
サルスーラ
アッガル
テュスドラ
アキュッラ
地中海
ケルキーナ
0 5 10 15 20
マイル(ローマン・マイル)

分に与えてくれ、と求めた。なんとか彼をまともな考えに導けるかもしれない、というのであった。[2]そこで、彼に権限を与えると、カエサルは書簡をしたため、それを捕虜の一人に渡し、城市内のコンシディウスへ届けさせた。[3]捕虜は向こうへ到着するとすぐに、指示のとおり、手紙をコンシディウスに差し出そうとした。ところが、コンシディウスは受け取るより先に、

誰からのものだ。

と尋ねた。捕虜が、

カエサル将軍からです。

と答えると、[4]コンシディウスは、

現在、ローマ国民の将軍はスキーピオーただ一人だ。(6)

(6)『内乱記』三・三一・一参照。そこでは、スキーピオーが「将軍を自称」と記される。

と言った。それから彼はただちに自分の見ている前で捕虜を殺すよう命じ、まだ読んでもいない書簡を封印もそのままに、頼れる人間に渡してスキーピオーへ届けさせた。

五 城市近郊で[1]一夜と一日が経過したが、コンシディウスから何一つ返事がない一方、カエサルには他の軍勢による増援が到着せず、騎兵も多数ではなかった。城市攻略には不十分な兵力しかなく、しかも、新兵の軍勢であった。到着早々に軍隊の損傷は望ましくない一方、城市の防備はじつに堅固で攻略の道筋が険阻であるうえに、騎兵の大部隊が町の住民の支援に向かっているという報告があった。それゆえ、城市攻略のために留まることには理がないと思われた。この作戦に気を奪われているあいだに背後から敵の騎兵に包囲されて苦境に陥りかねなかったからである。

六 かくして[1]陣営を移動しようとしたとき、突如、城市内から大部隊が出撃し、それと同時に、この部隊の支援のために、たまたまユバ王が給金受け取りのために送っていた騎兵が駆けつけ、カエサルが移動の行軍を始めた陣営を占領するとともに、行軍隊列の最後尾を追撃し始めた。[2]この事態に気づくと、軍団兵らが急に立ち止まり、騎兵が数少なかったにもかかわらず、じつに多数の敵に向かって比類のない果敢さで突進した。[3]すると、信じられないことが起きた。三〇騎足らずのガリア人騎兵がマウリー人騎兵二〇〇〇を駆逐して、城市内へ敗走させたのである。[4]敵を撃退し、防御線の内側へ追い込んだのち、カエサルは予定していた行軍を急いで進めた。[5]しかし、敵は何度も同じことを繰り返した。追撃してきてはまた騎兵によって城市内へ押し戻された。そこで、カエサルは、自分が率いていた古参兵の数個大隊と騎兵の一部を隊列最後尾に配したうえで、他の兵とともにゆっくりと行軍し始めた。[6]そうして町から遠く離れれば離れるほど、ヌミディア軍の追撃の脚は鈍くなった。[7]そのうち、行軍中にあたりの町々や砦から使節がやって来て、穀物補給を約束し、カエサルの下命を実行する用意があると伝えた。そこで、その日はルスピナの城市近くに陣営を構えた。(7)

七　[1]一月一日、カエサルはそこから移動して自由自治市レプティスに着いた。城市から使節が出迎え、喜んでカエサルの望むところを実行すると約束した。[2]そこで、城市の門に百人隊長らからなる衛兵を立て、兵士が城市内に入って住民に危害を加えることがないようにしたうえで、城市から遠くない海辺に陣営を築いた。[3]そこへはまた輸送船団と軍船数隻がたまたま辿り着いていた。他の艦船は、カエサルに届いた報告によると、目的地がはっきりしないためにウティカを目指したようであった。[4]とりあえずカエサルは、迷っている艦船があるため、海から離れて内陸に向かうことをしなかった。また、騎兵をすべて船内に留めておいた。おそらく、人里の掠奪をさせないためと思われる。そして、カエサルは水を船に運び込むように命じた。[5]漕ぎ手らが水の調達に船から下りたとき、突如、マウリー人

(7)　ディオーン『ローマ史』四二・五八・四の記述では、陣営からも駆逐されてルスピナへ移動した、とされる。カエサルはハドルーメートゥムを攻めたが、撃退され、

騎兵がカエサル軍の不意を突いて襲いかかり、多数を投げ槍で負傷させ、数人を討ち取った。[6]彼らは涸れ谷に馬とともに身を隠して待ち構え、突如として姿を現す。平原で白兵戦をすることはない(8)。

八 [1]そのあいだにもカエサルは、伝令に書簡をもたせてサルディニアや他の近隣属州へ派遣した。書簡を受け取ったら、ただちに援軍、物資、穀物を届ける手配をさせるためであった。また、荷下ろしが済んだ軍船の一部をラビーリウス・ポストゥムスに指揮させて、第二陣の物資輸送のためシキリアへ派遣した。[2]他方、一〇隻の軍船に、残りの行方不明の輸送船を捜索するとともに、敵から海上の安全を守る目的で進発するよう命じた。[3]同じ目的で、法務官ガーイウス・サッルースティウス・クリスプスに、敵が占拠していたケルキーナ島へ、一部艦船を率いて向かうよう命じた。ケルキーナには穀物が大量にあると聞いていたからである。[4]この下命に際して、各人とも、実行可能にせよ、不可能にせよ、言い訳無用、逡巡して遅れをきたすな、と指示された。[5]その一方でカエサル自身は、逃亡兵や住民からスキーピオーや彼とともに自分に対して戦争を遂行している者たちに関する情報を得て、驚きを覚えていた。というのも、スキーピオーは(ユバ)王の騎兵のまかないを属州アフリカからの出費で行なっていたので、人間の心も狂いが甚だしければ、祖国で市民とともに恙《つつが》なく自分の財産に囲まれているより、王に税を払うほうを選ぶのか、と思ったのである。

九 [1]カエサルは一月二日に陣営を移動した。レプティスに六個大隊を守備隊としてサセルナとともに残し、カエサル自身は前日にそこからやって来たルスピナへ残りの軍勢とともに戻った。その地に軍の荷物を残すと、臨戦態勢の軍勢を率いて農園の周辺へ穀物調達に出発し、住民にすべての荷車と荷役獣とともに付き従うよう命じた。[2]こうして大量の穀物を見つけてカエサルはルスピナに戻った。彼が戻った目的は、察するに、自分の背後の沿岸城市を放置したままにせず、艦船の着岸場所となるよう守備隊を置いて堅固に防備を施すことにあった。

一〇 [1]かくして、この地には——最寄りの城市レプティスに残したサセルナの兄弟である——プブリウス・サセルナを一個軍団とともに残し、できるかぎり大量の木材を町の中へ運び入れるよう命じた。カエサル自身は、スルピキウスとウァティーニウス指揮下の艦隊で戦った古参兵のうち、七個大隊を率いてルスピナの城市を出発し、二マイル離れた港(9)へ向かい、その地で夕暮れ近くに軍勢とともに艦隊に乗り込んだ。[2]将軍の意図を軍の誰も知らず、誰も問い質さない一方で、大きな不安と鬱屈が兵士らの心を包んでいた。[3]実際、味方は兵員が少ないうえに新兵で構成され、しかも全員がアフリカに上陸したわけではなかったのに、敵は危険な民族の大軍が無数の騎兵とともに上陸したことが分かっていた。現状のうちに士気を高める材料も、味方の作戦のうちに支援となるものも、何一つ目に留まら

(8) このあとに欠落を想定し、マウリー人の戦法についての記述が続いていたとする見方もある。

(9) 現モナスティル(Monastir)の港と考えられる。

なかった。あるとすれば、他ならぬ将軍の表情に見られる精気と驚くほどの快活さだけであった。実際、カエサルはじつに意気軒昂としていた。彼ゆえに人々の気は休まり、誰もが彼の知識と思慮ゆえにすべて支障なく進むであろうと期待していた。

一一 [1]カエサルが一夜を船上で過ごしたのち、いまや空が白み始め、進発しようとしたとき、突如、案じられていた艦船の一部が、航路を迷った末にそこへ向かってきた。[2]このことを知るとカエサルは、敏速に命令を下して全員を下船させ、海岸で戦闘態勢のまま他の兵士を待たせた。[3]こうしてカエサルは遅滞なく艦船を港に迎え入れると、歩兵と騎兵の軍勢を率いてふたたびルスピナの町へ戻った。そこに陣営を築き上げてから、自身は三〇個大隊を戦闘態勢のまま率いて穀物調達に出発した。[4]このことから、カエサルの意図が分かった。彼は艦隊を率い、敵に気づかれずに航路をはずれた輸送船の支援に向かいたかった。それによって、味方の艦船がそれとは知らず偶然に敵の艦船の手中に落ちることを防ごうとしたのである。と同時に、この作戦を守備隊として残した兵士らにも知られたくなかった。彼らが、味方の無勢に対して敵が多勢であるゆえに怖じ気づいて離反することを防ぐためであった。

一二 [1]そのあいだにカエサルがすでに陣営を出て約三マイル進んだとき、偵察隊と先発騎兵から報告が入り、敵軍勢が遠くないところに見られたという。実際、報告が届くと同時に巨大な土埃が見え始めた。[2]これを知ってカエサルは敏速に命令を下した。現有兵員は多くないとはいえ、もてるかぎりの騎兵とやはり少数の弓兵を陣営から呼び寄せると、通常隊形で各軍旗をゆっくりと自分のあとに従わせ、自身は少数の武装兵とともに先に進んだ。[3]いまや遠くに敵の姿が捉えられたとき、兵士らに兜を被り、平地での戦闘準備の命令が下された。その数は三〇個大隊に騎兵四〇〇[10]、それに弓兵〈一五〇〉であった。

一三　他方[1]、敵がラビエーヌスとパーキデイウス兄弟の指揮下に布いた戦列は、驚くほどの長さに歩兵ではなく、騎兵を密集させたもので、騎兵のあいだに軽武装のヌミディア兵および徒歩の弓兵を配した。非常に密集した布陣であったので、遠くから見たカエサル軍はそれが歩兵の戦列だと思ったほどである。そして、右翼と左翼は騎兵の大軍で固めてあった。[2]その一方でカエサルは、少ない兵員で可能なこととして、一列の戦列を布いた。戦列の前に弓兵を置き、騎兵を右翼と左翼に立て、敵騎兵の大軍に包囲されないよう注意せよ、と指示した。というのも、敵歩兵とは戦列を組んで戦おうとカエサルは考えていたからである。

(10)「四〇〇(CCCC)」は写本の読みだが、前出二・一および一一・一―三の記述に照らして著しく少ない数字であるので、「二〇〇〇(∞∞)」という修正提案がある。また、写本には弓兵の数が示されていない。

一四　双方ともその時を待ち、カエサルも動かなかった。少数の味方が敵の大軍に対抗するには力より技をもって戦わねばならないことが分かっていたからである。そのとき突如、敵の騎兵が展開して横に広がり、高台を包み込んだ。カエサル軍の騎兵を横に広げて陣形の厚みをなくすと同時に、包囲する構えに入ったのである。[2]カエサル軍の騎兵は敵の大軍をかろうじて支えていた。その一方、両軍の戦列中央部分が激突しようとしたとき、突如、密集した騎兵部隊の中から軽武装のヌミディア人歩兵が騎兵とともに飛び出し、軍団兵の中へ投げ槍を打ち込んだ。[3]これを目標にカエサル軍が攻勢をかけると、いったん騎兵は逃走に転じたが、歩兵は踏み止まり、そのあいだに騎兵がまた新たに駆けつけて歩兵を救援した。

一五　[1]カエサルは、敵の新戦法に直面して味方の陣形が前進の際に乱れることに気づいた。実際、歩兵は、軍旗から離れて敵騎兵を深追いすると、そのあいだに側面に隙ができてすぐ近くのヌミディア兵の投げ槍で負傷する一方、敵の騎兵は歩兵の槍を走ってかわすのだった。そこでカエサルは、兵士が軍旗から四ペース以上離れて進まないよう隊列に指示をまわした。[2]その一方でラビエーヌスの騎兵は自軍の数の多さを恃《たの》みに無勢のカエサル軍を取り囲もうとした。少数のユーリウス軍騎兵は多数の敵を前に疲弊し、馬も傷つき、徐々に後退した。敵は勢いを増して迫ってきた。[3]そうして一瞬で全軍団兵が敵の騎兵に取り囲まれ、カエサルの軍勢は円陣を組むことを強いられた。全員が出口のない囲いの中に押し込まれて戦うことを余儀なくされた。

一六　[1]ラビエーヌスは馬上で兜を被らず、最前線に立ち、味方を激励すると同時に、ときにカエサル軍の軍団兵にも次のように呼びかけて言った。

どういうつもりだ、新兵よ。ずいぶん手荒いじゃないか。おまえたちもあの男の言葉に乗せられたのか。まったく、なんという危険におまえたちは押し込まれたことか。私はおまえたちが哀れでならない。

[2]すると兵士が言った。

私は新兵ではない。ラビエーヌスよ、私は第一〇軍団(11)の古参兵だ。

これにラビエーヌスは言った。

---

(11)　ガリア遠征以来、カエサルがもっとも信頼を寄せてきた軍団。パルサーロスの戦いでは右翼に配された(『内乱記』三・八九・一)。

第一〇軍団の軍旗が見当たらないぞ。

すると兵士は、[3]

私が誰かすぐに分からせてやる。

と言うと同時に兜を頭から投げ捨て、顔が相手に見えるようにするなり、力を込めて構えた槍をラビエーヌス目がけて放たんとし、馬の胸へ正面から激しく打ち込んだ。彼は言った。

ラビエーヌスよ、おまえを狙う者こそ第一〇軍団の兵士だと知るがよい。

しかし、[4]誰もが心を恐怖に捕らわれた。とりわけ、新兵はそうであった。実際、彼らはカエサルはどこかと見回し、することと言えば、敵の投げ槍を避けるだけになっていた。

一七 その一方、[1]カエサルは敵の作戦を見て取ると、戦列を横にできるだけ長く延ばすように命じ、部隊ごとに交互に反対方向を向かせた。一つが軍旗の背後を向くと、次は前を向くようにして、右翼と左翼で敵の封鎖線を二つに分断した。それぞれを騎兵によって切り離したうえで、戦列内から歩兵で攻めかかり、矢玉を打ち込んで敗走させた。だが、カエサルは伏兵を恐れて深追いはせず、自陣に戻った。これと同じことをもう一方の側でもカエサル軍の騎兵および歩兵部隊が行なった。[2] このような戦果を挙げ、敵に痛打を浴びせて遠くへ撃退したのち、カエサルは味方守備隊のもとへ陣形を保持したまま戻り始めた。

一八 [1] そのあいだに、マルクス・ペトレイウスとグナエウス・ピーソーが選り抜きのヌミディア人騎兵一六〇〇、同じくヌミディア人歩兵の大部隊を率いて行軍隊形からいきなり味方の支援に駆けつけた。[2] すると敵は恐慌から立ち直り、戦意を取り戻した。騎兵を差し向け、帰還中の軍団兵の最後尾を襲撃し、陣営への帰還を妨害し始めた。[3] これに気づいたカエサルは進路を転換し、平原中央での戦闘再開を命じた。[4] 敵が同じ戦法を用いて白兵戦に引き込まれまいとする一方、カエサル軍の騎兵は騎馬が最近の船酔い、渇き、疲労、少数であることの困難、負傷によって消耗しきっており、敵を追撃して走り続けるには脚力が鈍りすぎていた。また、昼間の時間も残り少なかった。そこでカエサルは歩兵と騎兵のあいだを回って激励した。「一気に突撃して、手を弛めず、そのまま向こうの端の丘まで敵を撃退して、丘を掌握しよう」。[5] かくしてカエサルは、敵の放つ矢玉が勢いを失い、散漫になったときに号令を下すや、不意に歩兵部隊と騎兵部隊を繰り出した。カエサル軍は一瞬のうちに造作なく敵を平原から撃退したのち、丘からも敵を駆逐して、この地点を確保した。そして、そこにしばらく留まってから、戦列を組んだまま、ゆっくりと自軍陣地へ戻った。同様に敵も、手荒くあしらわれてからようやく自軍守備隊のもとへ引き揚げた(12)。

一九 [1]このように事態が進み、戦闘が休止したあと、敵軍から全階級に及ぶかなり多数の逃亡兵が出た他、敵軍騎兵および歩兵の相当数が捕捉された。[2]この者たちから敵の作戦が分かった。敵の狙いと企みは、前例のない新戦法を用いることにより、新米で数も少ない軍団兵を混乱させ、対クーリオー(13)の場合同様、騎兵で取り囲んで制圧することにあった。[3]ラビエーヌス(14)は集会でこう演説したという。「どれほど大規模な補助軍を私は反カエサル軍に提供しようとしているか。カエサル軍が殺し続けて勝利を収めたと思ってもついには疲れ果てて敗れ去るほど、わが軍が打ち勝つだけの規模だ」。実際、彼は軍勢に自信をもっていた。なぜなら、第一に、ローマでは軍団古参兵が命令に服従せず、アフリカへ渡ることを嫌っていると聞いていたからであり、第二に、彼の指揮下の兵士についてはアフリカに三年間留めて(15)、慣れとともに忠誠心を高める一方、ヌミディア人の騎兵と軽武装兵からなるじつに大規模な補助軍、さらには、ポンペイウスの敗走後にラビエーヌス自身がブートロートン(16)から輸送したゲルマーニア人およびガリア人騎兵を抱えていたからである。また、そののち現地で混血児、解放奴隷、奴隷から徴兵を行ない、武器を与え、馬具を備えた馬の扱い方を教え込んであった。加えて、王の補助軍もあった。象は一二〇頭、騎兵は無数にいるうえに、さまざまな人間から徴募された軍団兵は一万二〇〇〇以上であった。[4]かくして勝利への期待と果敢な闘志でラビエーヌスは燃え立っていた。ガリア人およびゲルマーニア人騎兵一六〇〇騎、馬具を使わないヌミディア人騎兵七〇〇〇騎に、ペトレイウスが提供した増援騎兵一六〇〇騎が加わる他、歩兵と軽武装兵の数はその四倍、弓兵、投石兵、騎馬弓兵も相当数にのぼる。この軍勢が一月四日、カエサル軍がアフリカに着岸した六日後に、(17)かぎりなく平らで開けた原野において第五昼間時より日没まで交戦した。この戦闘においてペトレイウスは重傷を負って戦線から退いた。

(12) ディオーン『ローマ史』四三・二・一—三では、戦闘の結果がカエサル軍の敗北として記述される。丘に上ったカエサル軍が全滅していた可能性を記し、カエサルを震撼させた、としている。

(13) 『内乱記』二・三九—四二参照。バグラダース河畔の戦いでクーリオー指揮下の軍勢はユバ王の送り込んだ騎兵に背後を衝かれて殲滅された。

(14) 写本の読みは「ユバ」だが、ヌミディア王が兵士の前で語るのは奇妙であるので、修正提案に従う。ただ、「大規模な補助軍を……提供」という言葉は必ずしもラビエーヌスに適合しない。

(15) スエートーニウス『皇帝伝』「カエサル」七〇には、ローマで第一〇軍団の兵士が除隊と褒賞を要求して都を危険な状態に陥れたが、カエサルが一声かけると進んでアフリカへ向かう軍務に就いた、と記される。他方、ディオーン『ローマ史』四二・五二—五四、アッピアーノス『内乱史』二・九二—九四によれば、主としてカンパーニア駐屯の兵士が命令不服従を起こし、対処に当たった法務官サッルースティウスを殺害しかけたが、不服従を主導する兵士らの直談判にカエサルが応じて、問題を解決し、兵士らがアフリカでの軍務に就くことになったという。

(16) 写本の読みは一致してブルンディシウムだが、文脈に合わないため、修正提案に従う。

(17) 写本の読みは「三(III)日後」だが、それだと含み計算で「翌々日」を意味し、日時が近すぎることになるため、修正提案(VI)が採用されている。なお、このときの暦では、一二月は二九日までだったので、アフリカ着岸は一二月二八日ということになる。

二〇　他方、[1]カエサルはいつになく念入りに陣営の防備を固め、大軍勢で守備隊を強化した。防壁をルスピナの城市から海までと、陣営から同じく海までの二本築き、これによって出入りの安全を高め、援軍が危険なしに救援に来られるようにした。矢玉と弩砲を艦船から陣営に運び込む一方、艦隊から陣営へガリア人およびロドス人の漕ぎ手と水兵の一部を呼び出して武装させた。これは、もし可能なら、敵と同じ作戦を採って、軽武装兵として騎兵のあいだに組み入れる狙いであった。また、全艦船からシュリアのイテューラエア人など、人種を問わず相当数の弓兵を陣営に入れて軍勢を増員した。[2]実際、カエサルの聞くところ、戦闘のあった二日後にスキーピオーが接近し、ラビエーヌスおよびペトレイウスと軍勢を合流させているということで、その戦力は八個軍団と騎兵三〇〇〇騎と報告されていた。[3]カエサルは鍛冶工房を建てて、鏃《やじり》や矢玉の大量生産を手配した。また、鉛弾を鋳造し、杭をかき集めた。シキリアに書簡と伝令を送り、破城鎚に使う粗朶《そだ》や木材がアフリカでは不足しているので集めてくるように、さらに、鉄と鉛を届けるように指示した。[4]カエサルはまた、穀物もアフリカでは輸入しなければ手に入らないことに気づいていた。というのは、前年に敵方の徴兵があったため、貢税国の農夫が兵士になったことから、収穫が行なわれていなかった。[5]加えて、敵方がアフリカ全土で穀物をいくつかの厳重に防備を固めた城市へ運び込み、アフリカのどの地域も穀物倉が空になっていた。さらに、敵方が守備隊で護持できる以外の城市は破壊され、見捨てられたことから、それらの城市の住民は守備隊が守れる範囲内に移ることを強いられた[(18)]ため、農地に人手が入らず荒廃していたのである。

二一 [1]このような情勢から、やむなくカエサルは私人の立場の人々のところを走り回って懇《ねんご》ろに頼み、いくらかの穀物を自身の守備隊のもとへ集め、それを節約して使っていた。その一方で、毎日みずから防御設備を見て回り、敵の数の多さから歩哨に立つ大隊兵を倍にした。[2]ラビエーヌスは負傷兵を多数かかえていたことから、彼らに包帯を施したうえ、荷車でハドルーメートゥムへ運ぶように命じた。[3]他方、カエサル軍の輸送船団は針路をはずれ、ひどくさまよっていた。地理不案内で味方の陣営がどこか分からないためであった。これらを一隻ずつ敵の艦載小艇が相当な数で襲撃して焼き払ったり、攻め取ったりした。[4]このことを知るとカエサルは、艦隊を島々と港のまわりに配置して、より安全に物資を補給できるようにした。

二二 [1]他方、ウティカで指揮を執っていたマルクス・カトーは大ポンペイウスの息子グナエウスに対して言葉を連ね、ひっきりなしに叱責を続けていた。

[2]おまえの父上はいまのおまえの年齢(19)に達して、国家が非道で罪深い市民によって苦しめられ、立派な人々が殺されるか、さもなくば、追放に処されて祖国と市民権を失っているのを見たとき、

(18) 誇張がある。ルスピナ、レプティス、アキュッラ、アッガルなどは当てはまらない。

栄光を求め、大志を勇躍させ、私人の立場で若輩にもかかわらず、父の軍隊の残余を集め、ほとんど失われ根底から破壊されていたイタリアと都ローマに自由を取り戻した。さらには、シキリア、アフリカ、ヌミディア、マウレーターニアを驚異の速さで武力によって取り返した。[3]その事績ゆえに勝ち得た威信はいま世界じゅうにどこまでも輝き、知れ渡っている。若輩者にしてローマ騎士身分にもかかわらず凱旋式を挙行したのだ。[4]しかも、彼の場合、国政に足を踏み入れたとき、父親の業績はさして大きくはなく、祖先が獲得した威信もさして際立つものはなく、さしたる縁故も輝かしい名声も帯びていなかった。[5]それにひきかえ、おまえの場合、父上の名望と威信のみならず、おまえ自身が十分な大志と威信を持ち合わせているのに、奮起しないのか、踏み出さないのか、父上が庇護した人々のもとへ行き、おまえと国家と誰であれ最良の人士のために支援を要求しないのか。

二三　[1]このような言葉でじつに重みのある人物から発破をかけられ、若者は少数の衝角装備のものを含む種々の小型船三〇隻を率い、ウティカからマウレーターニアへ出発した。ボグス(20)の王領に侵入した軽武装の兵員は奴隷と自由人混成の二〇〇〇で、一部は武装していたが、一部は武器を持たなかった。ポンペイウスがアスクルムの城市へ近づいてきたとき、城市には王の守備隊がいたが、[2]町の住民は何もせずに彼がさらに近づくにまかせていて、ついに城門と城壁に達しようというとき、突然の出撃を行なった。ポンペイウス軍は撃破され、恐慌に陥って海辺の船まで追い込まれた。[3]この作戦失敗ののち大ポンペイウスの息子グナエウスはそこから船団を出発させ、その後は着岸することなく、バレアーレス諸島に向けて針路を取った。

二四 [1]他方、スキーピオーは、少し前に記した軍勢(21)を率い、ウティカには大規模な守備隊を残したうえで、まずハドルーメートゥムの陣営へ進発した。次に、その地で数日留まってから夜間の行軍を行ない、ラビエーヌスとペトレイウスの軍勢と合流した。陣営を一つにし、カエサル軍から三マイル離れた地点に陣取った。[2]そのあいだ、彼らの騎兵はカエサル軍の防御設備の周囲を走り回り、糧秣や水の調達のために防壁の外へ出てきた者たちを捕獲し、それによって敵方をすべて防御設備の内側に封じ込めた。[3]このため、カエサル軍は深刻な食糧問題に悩まされた。なぜなら、シキリアからもサルディニアからもまだ補給物資が届いていなかったし、季節のために艦隊が危険をともなわずに海上を動き回ることもできなかったからである。加えて、制圧しているアフリカの土地は、どの方向にも六マ

---

(19) 二〇代なかばの年齢。前八七年にローマを占領して恐怖政治を布いたマリウス・キンナ派(マリウスとキンナ自身は前八六年と前八四年に歿)に対して、ポンペイウスは前八三年頃よりスッラに従って戦い、シキリアとアフリカを奪還した。前八一年、この勝利ゆえの凱旋式を、内乱に勝利して独裁官となっていたスッラに求め、若年で執政官でも法務官でもない者の前例がなかったため強い反対にあったが、結局、前七九年に挙行した。父ポンペイウス・ストラボーは、前八七年にマリウスがローマを攻略したとき、対抗する軍隊を指揮するうちに命を落とした。

(20) 『アレクサンドリア戦記』五九、注(75)参照。

(21) 前出一・四、二〇・一参照。

イル以上はなく、糧秣不足が緊急の問題だった。[4]このような非常時にやむなく古参兵は――歩兵も騎兵も、これまで陸に海に多くの戦争を切り抜け、危険にも今度のような窮迫にも何度も苦しんだ経験があるので――海岸から海草を集め、真水で洗って飢えた軍用獣に与え、命をつなぎ止めた。

二五　[1]このような状況の中で、ユバ王はカエサルの窮状と兵員の乏しさを知ると、余裕を与えてはならない、さもないと、兵力を増強して立ち直ってしまう、と考えた。そこで、騎兵と歩兵の大軍勢を整え、友軍を支援すべく出陣し、王領から急いで出発した。[2]その一方、プブリウス・シッティウスとボックス王はそれぞれの軍勢を合流させていた。ユバ王の出陣を知ると、彼の王領へ軍勢を近づけた。シッティウスは王領の中でもっとも豊かな城市キルタを襲撃して、数日の戦闘によって占領し、この他にもガエトゥーリア人の城市二つを落とした。[3]シッティウスが降伏条件として、全員退去したうえでの城市の明け渡しを持ち出すと、住民がこの条件を拒絶したため、このあと全員が捕らえられ、殺された。シッティウスはそこを出たあと、人里や城市の掠奪をやめなかった。[4]そのことを知るとユバ王は、すでにスキーピオーや彼の指揮官らからさほど遠くないところに来ていたけれども、方針を変えた。自身のために自分の王国の救援に向かうほうがよい、他人の援助に出かけたために自分の王国から追い出され、ひょっとすると、どちらの戦場でも撃退されかねない、と考えたのである。[5]そこで、もとへ引き返し、スキーピオーのもとからも補助軍を連れ戻した。わが身と自国が心配だったからである。彼は象三〇頭を残して、自身の領地と城市の救援に向かった。

二六　他方[1]、カエサルの到着について属州内では疑いがもたれていた。彼ではなく、副司令官の誰かが軍勢を率いてアフリカに着いたと誰もが信じていた。そのため、カエサルは書簡をしたため、広く属州の全市に自分の到着を知らせた。[2]そのうちに、名のある人々がそれぞれの町から落ち延びてカエサルの陣営に辿り着くようになった。彼らはカエサルの敵対者の残忍さと過酷さについて語った。[3]この人々の涙ながらの訴えにカエサルは心を動かされた。そのときまでは、陣営を動かさずに夏になってから軍勢と補助軍の総員を挙げて敵側と戦争を遂行することに決めていたが、〈すぐに行動を〉(22)起こした。素早く書簡をシキリアのアッリエーヌスとラビーリウス・ポストゥムス宛にしたためると、軽量偵察船に託して送った。「遅滞なく、冬だ、風だと言い訳なしに、可及的速やかに軍隊を私のもとへ寄越せ。属州アフリカが滅びようとしている。私の敵によって根底から覆されている。だから、速やかに友軍に救援がなされなければ、アフリカはその地面以外に何一つ、帰るべき家すらも、彼らの犯罪行為と奸計のせいで残りはしないだろう」。[4]そして、待ちきれないほど気が急いたので、書簡と使いをシキリアへ送り出した翌日には、艦隊と軍が遅い、と言い、昼も夜も目と心を真っ直ぐ海へ向けたままにしていたほどである。[5]それも不思議はない。カエサルは知っていた、田舎の屋敷が焼き払われ、人里が荒らされ、家畜が奪われ、人が殺され、城市や砦が破壊されて見捨てられ、諸市の指導

(22)　テキストに欠落が想定されており、補いの提案の一つに従う。

者らは殺されるか監禁され、その子供たちは人質の名目のもと連れ去られて奴隷にされるのを。ところが、これら悲惨な目に遭っている人々が自分の保護を嘆願しているのに、兵力の乏しさから助けることができないのだった。[6] そのあいだも兵士たちは休むことなく工事に従事し、陣営の防備を固め、櫓や砦を建設し、海に突堤を築いた。

二七 他方、[1] スキーピオーは象たちを次のように調教し始めた。まず戦列を二つ組む。一つは投石兵の戦列で象と対峙し、敵方の役を演じて真向かいからごく小さな石を投げる。次に象たちを一列に並ばせた後ろに味方の戦列を組む。これは、敵方から石が投げられ始め、象が怯えて味方のほうへ向きを転じたら、今度はまた味方の戦列から石を投げて象に敵方のほうを向かせるという意図からだった。[2] だが、そのとおりになるのはたいへんで、時間がかかった。実際、象は荒々しく、長年調教し、昔から仕込んでやっと教え込んだとしても、戦場に引き出すと敵味方双方に危険の種になる。

二八 [1] このようなことがルスピナに陣取った両軍指揮官によって実施されているあいだに、法務官経験者であるガーイウス・ウェルギリウスは、沿岸の城市タプソスで指揮を執っていたところ、カエサルの軍隊を乗せた艦船が地理や陣営の位置が分からず、一隻ずつばらばらにさまよっているのに気づいた。そこで、この機を捉え、手持ちの快速船一隻いっぱいに軍団兵と弓兵を乗り組ませ、これに艦載小艇数隻をつないだうえで、カエサル軍の艦船を一隻ずつ捕まえにかかった。[2] しかし、何隻かに襲いかかったが、撃退されて退散し、その海域をあとにした。それでもなお危険を冒すことをやめずにいると、たまたま行き当たった船にティティウスという名のヒスパーニア人の若者二人が乗っていた。彼らは第五軍団の士官で、彼らの父(23)はカエサルによって元老院議員に選ばれていた。この二人とともに同じ軍団の百人隊長ティトゥス・サリエーヌスも乗っていた。この者はメッサーナで副司令官マルクス・メッサーラを軟禁して命令不服従の言動を吐いた(24)ことがあるのに加えて、カエサルの凱旋式の費用と装飾品を押収して保管するように手配したことがあるため、自分の身を心配していた。[3]この男が自分の罪に対するやましさから二人の若者を説き伏せ、応戦せずにウェルギリウスに投降するようにさせた。かくして、彼らはウェルギリウスによってスキーピオーのもとへ連行され、監視下に置かれたあと、二日後に殺された。[4]彼らが刑場に引き出されるとき、兄のティティウスはその場の百人隊長らに、弟より先に自分を殺してくれ、と頼んだと言われている。頼みはすぐに聞き入れられ、そのとおりに殺されたという。

(23)『アレクサンドリア戦記』五七・一に軍団士官として言及されるルーキウス・ティティウスであるかもしれない。カエサルは戦争の褒賞として士官や百人隊長を元老院議員に選んだという記述がディオーン『ローマ史』四二・五一・五に見られる。また、子供を失ったティティウスという人物を慰めるキケローの手紙(『縁者・友人宛書簡集』五・一六、前四六年)が残っている。

(24)キケロー『アッティクス宛書簡集』一一・二一・二、一一・二二・二には、アフリカに向かうべくシキリアに軍を集結させたあと、メッサーラが別の副司令官プブリウス・スッラとともに兵士らの命令不服従にあって追い払われたことが記される。

二九　そのあいだ、防壁の前で常時[双方の指揮官の命で]歩哨に立っていた騎兵部隊が毎日、小競り合いを続けた。[1]ときおり、ラビエーヌス軍のゲルマーニア人およびガリア人騎兵がカエサル軍の騎兵と、協定を取り交わしたうえで会談をもっていた。[2]他方、ラビエーヌスは騎兵の一部を率いて、サセルナが四個大隊をもって指揮していた城市レプティスを攻略し、力ずくで突入しようと試みた。これに対しては、守備隊が城市のすぐれた防御設備と多数の弩砲を生かして、やすやすと危険もなく防衛を果たした。[3]しかし、ラビエーヌスは騎兵の作戦を繰り返してやめなかった。だが、たまたま、城門の前に騎兵部隊が密集して構えていたとき、サソリ型弩砲がいつになく正確な狙いで発射され、小隊長の一人に当たり、馬ごと打ち抜いたことから、他の者は怯え上がって逃げ出し、陣営に引き返した。この出来事の恐怖から、以後は城市に挑むことはなかった。

三〇　[1]他方、スキーピオーはほぼ毎日、自軍から三〇〇パッススほどの近い場所に戦列を組むと、そのまま一日の大半を過ごしてからまた陣営内に引き返した。[2]これを繰り返しても、カエサルの陣営から誰一人姿を見せず、軍勢が接近してくることもなかったので、スキーピオーはカエサルと彼の軍の辛抱強さを侮って、[ユバは]全軍勢を繰り出した。天蓋を装備した象三〇頭を戦列の前に並べ、騎兵と歩兵の大軍をできるかぎり横に広げた陣形で一斉に前進すると、カエサルの陣営からさして遠くない平原に陣取った。

三一　[1]これを知るとカエサルは、防御設備の外へ出て糧秣や木材の調達、また、防御設備工事に当たっていた兵士、防壁やこれに必要なものを求めていた兵士全員に、防御設備の内側へ徐々に、落ち着いて、慌てず騒がずに引き返し、持ち場に留まるよう命じた。(25) [2]その一方で、歩哨に立っていた騎兵には、少し前に陣取った場所を保持して、敵が放つ矢玉が届くようになるまで留まれ、だが、それよりも近くに進んできたら、できるかぎり威厳を保って防御設備の内側へ引き返せ、と指示した。[3]また、その他の騎兵にも指令を出し、戦闘準備を整えてそれぞれの部署につかせた。[4]だが、これらはカエサル自身がその場に立って行なったものではなかった。防壁の上から見渡すことができたので、戦いに関する驚くべき知識と経験によって、幕舎の中に座したまま、斥候と伝令を通じて、どう動くべきか命令を伝えたのであった。[5]実際、カエサルは見透かしていた。どれほどの大軍勢を敵が恃みとしていようと、それを自分は何度も敗走させ、撃退し、震え上がらせたうえ、助命嘆願を認めて過ちを赦してやったではないか。そうであれば、敵は意気地なしで心にやましさをもつゆえに、こちらの陣営に攻めかかる気を起こすほど十分に勝利を確信しているはずがない。[6]さらには、カエサル自身の名前と威光が敵軍の気勢を相当に殺いでいた。[7]そのうえ、陣営と防壁の堅固な防備、深い壕、防壁の外側に見えないように驚くほど巧みに埋め込まれた杭、これらが、仮に守備兵がいなくても敵の接近を阻ん

(25)　テキストに乱れがあり、修正提案に従って訳出する。

でいた。サソリ型弩砲や投石砲の他、守備に常用の飛び道具も大量に用意されていた。[8]しかも、これらの準備をカエサルは兵員も経験も乏しい軍隊の現状ゆえに行なっていた。敵の兵力を恐れて動揺したためではなかった。敵にそう思わせるために、耐乏の中で臆病になっているように見せたのである。[9]それゆえ、兵員も経験も乏しい軍勢ではあっても、繰り出して戦列を組ませなかった理由は、味方の勝利に自信がなかったからではなく、いかなる勝利を収めるかが重要な問題であると考えていたからである。これまで自分はじつに多数の戦果を挙げた。たいへんな大軍を打ち破った。じつに数多く、じつに輝かしい勝利を手にしてきた。それがいま、逃走兵の生き残りを集めた敵軍相手に流血なくして勝利を得られなかったと見られるのは沽券に関わる。そうカエサルは考えていた。[10]そこで、いまは敵が高慢にふんぞり返るのを辛抱しよう、それも古参兵の軍団の一部が第二次派出によって到着するまでだ、と決めていたのである。

三二 [1]他方、スキーピオーは、上述のように、しばらくその地点に留まり、あたかもカエサルを見下げ果てたかのように見せてから、少しずつ自軍を陣営に引き戻した。そして、集会を開くと、自軍に対してカエサル軍が抱く恐怖と絶望(26)について語り、部下を激励して、すぐに勝利を握らせてやろうと約束した。[2]カエサルは兵士らに工事再開を命じた。防御設備工事の名目で絶えず新兵に苦役を負わせ、他へ気をまわす暇を与えなかった。[3]そのあいだに毎日、ヌミディア兵とガエトゥーリア兵がスキーピオーの陣営から逃げ出した。一部は王領内に駆け込み、一部は、逃亡兵自身も彼らの祖先もガーイウス・マリウスの恩恵に与《あずか》ったことがあり、カエサルがマリウスの親戚であると聞いていたので、カエサルの陣営内へ間断なく大挙して逃げ込んだ(27)。[4]この者たちのうちからカエサルは名の知れた人々を選び出すと、彼らの同胞への書簡を渡してから、軍勢を集めて自衛するように激励し、カエサルの敵対者たちが言うことを聞き入れるな、と言って送り出した。

三三　[1]ルスピナがこのような状況であるあいだに、自由自治市であるアキュッラから使節がカエサルのもとへ到着し、自分たちはどのようなことでもカエサルの命令に応じる用意があり、喜んで実行すると約束した。「カエサルに嘆願して求めるのはわれわれへの守備隊提供だけだ。それがあれば、より安全に危険もなく下命実行が可能だから。われわれは穀物でも、どのような物資でも、ローマ軍に十分なだけを共通の安寧のために補給するつもりだ」。[2]この要求をカエサルは快く聞き入れ、守備隊を提供した。造営官職を務めた経験のあるガーイウス・メッシウスがアキュッラに向かうよう命じら

(26)　写本の読みでは「スキーピオーの恐怖とカエサル軍の絶望」だが、文脈にそぐわないので、修正提案に従う。

(27)　マリウスは前一一五年に、カエサルの父方の叔母であるユーリアを妻とした。彼がガエトゥーリア人に恩恵を施したということについては、本作品以外に典拠はない(後出三五・四、五六・三参照)。おそらく、ヌミディア王ユグルタに対する戦争(前一〇九―一〇五年)をマリウスが執政官となった前一〇七年以降に指揮したとき、彼の傭兵としてガエトゥーリア人の功績があったものと推測される。また、プルータルコス『対比列伝』「マリウス」四一・三には、マリウスが前八七年にマウリー人騎兵を少数ながらイタリアへ連れ帰った、と記される。

れた。(28) [3]このことを知ると、コンシディウス・ロングスは、ハドルーメートゥムで二個軍団と騎兵七〇〇騎を指揮していたが、その地に守備隊の一部を残し、速やかに八個大隊を率いてアキュッラへ急行した。[4]メッシウスはそれより早く行程を踏破し、先に部隊とともにアキュッラに到着した。[5]コンシディウスは軍勢とともに町へ近づくと、カエサル軍守備隊の存在に気づいたので、自軍を危険に晒す度胸はなく、大部隊に見合う働きは何もしないまま、またハドルーメートゥムへ引き返した。しかし、彼はそれから数日後、ラビエーヌスが率いてきた騎兵部隊を擁して戻ってくると、陣営を構えてアキュッラに対する包囲攻撃を始めた。

三四 [1]このあいだにガーイウス・サッルースティウス・クリスプスは――数日前にカエサルによって艦隊を託されて出発したことは上述したが(29)――ケルキーナ島に到着した。[2]彼が到着すると、財務官経験者のガーイウス・デキミウスは、その地で大勢の自分の奴隷の守備隊とともに物資を管理していたが、逃げ出してしまった。[3]他方、法務官サッルースティウスはケルキーナの人々から歓迎されたのち、大量の穀物を見つけて、その地に十分な数がそろっていた輸送船に満載し、カエサルのいる陣営へ送り出した。[4]その一方、(シキリアの)執政官格総督アッリエーヌスは、リリュバエウムで輸送船団に第一三および第一四軍団、ガリア人騎兵八〇〇騎、投石兵および弓兵合わせて一〇〇〇名を乗り込ませ、第二次派出団としてカエサルのいるアフリカへ送り出した。[5]これらの船団は順風を受け、四日目にカエサルが陣営を置くルスピナの港へ無事に到着した。(30) [6]かくしてカエサルは、一度に二重の大きな喜びで満たされた。穀物も援軍も手に入ったからである。ようやく兵士らに元気が戻り、穀物不足が解消し、カエサルは悩みを打ち捨てた。船から下りた軍団兵と騎兵には、疲れと船酔いから体力を回復させるように言ってから、砦や防御設備へ配置した。

三五 [1]こうした状況にスキーピオー、および、彼と行動をともにしていた者たちは驚き、どういうわけか調べだした。ガーイウス・カエサルはこれまで自分から戦争を仕掛け、戦いへ挑発するのがつねであったから、突然の変わりようの裏に重大な意図があるに違いないと考えたのである。[2]そこで彼らは、カエサルの辛抱強さのために大いに疑心暗鬼になり、ガエトゥーリア兵の中で自派をもっとも支持していると思われた者二人に多大な褒賞を約束し、逃亡兵を装わせて、偵察のためにカエサルの陣営に送り込んだ。ところが、[3]彼らはカエサルのもとへ連行されるとただちに、本当のことを白状するので、身の危険を免れさせてくれ、と頼んだ。[4]許しが与えられると、彼らは言った。

将軍よ、われわれガエトゥーリア人の相当数がガーイウス・マリウスの庇護を受け、第四、第六軍団所属の全員はほとんどローマ市民と言ってもよい。だから、われわれは何度もあなたのもと

(28) メッシウスは三個大隊を率いた(後出四三・一)。
(29) 前出八・三。
(30) 後出四四・一—二には、このうち二隻が敵に捕獲されたことが記される。

へ、あなたの守護が受けられるところへ逃げ込みたいと思った。しかし、ヌミディア人騎兵が警備していて、それをするには危険なしにはすまないので、できずにいた。それがいま、機会が訪れた。偵察としてスキーピオーによって送り出されたので、われわれはあなたのもとへ喜び勇んでやって来た。偵察すべきは、象に対する壕や陥穽が陣営や防壁の前に作られているか、ということで、同時に、象に対するあなたがたの作戦と戦闘準備態勢を探ったうえ、向こうに戻って報告する手はずになっている。

[5]この者たちをカエサルは大いに褒め称え、給金を与えたうえで、他の逃亡兵のところへ連れていかせた。[6]彼らの話はすぐに真実であることが判明した。というのも、翌日、ガエトゥーリア人が「軍団」と呼んでいた軍団兵の相当数がスキーピオーのもとからカエサルの陣営へ逃亡してきたからである。

三六 [1]ルスピナがこのような状況であるあいだに、ウティカで指揮を執っていたマルクス・カトーは毎日徴兵を行なって、解放奴隷、アフリカ人、奴隷など、要するに、どのような類の人間でも、武器を執れる年齢でありさえすれば集め、スキーピオーに仕えるよう、彼の陣営に送り込み続けていた。[2]そのあいだに、イタリアの商人や農夫らによって三〇万モディウス(31)の小麦が集められていたテュスドラの町からの使節がカエサルのもとへ到着し、どれだけの穀物備蓄がそこにあるかを説明すると同時に、こう嘆願した。「われわれに守備隊を派遣してほしい。それがあれば穀物も自分たちの蓄えも容易に守れる」。[3]カエサルは使節にその場で感謝を述べたうえで、守備隊はすぐに派遣するつもりであると伝え、激励とともに町へ帰らせた。[4]その一方、プブリウス・シッティウスが軍勢を率いてヌミディア人の領土に侵入した。防備の固い山上に位置し、ユバ王が戦争遂行のために穀物も他の戦争必需物資も集めてあった砦を武力で攻め落とし、手中に収めた。

三七　[1]カエサルは第二次派出がもたらした二個軍団、騎兵、軽武装部隊によって軍勢の増員を果たすと、下船が済むやただちに、船団に対し、残りの軍団輸送のためリリュバエウムへ出発するよう命じた。カエサルは一月二五日の第一夜警時頃、斥候と侍従士官の全員が即応態勢を取るように指令を出した。[2]そうして、誰にも知られず、誰にも感づかれないまま、第三夜警時にすべての軍団に対して陣営を出て、自分のあとを追いながらルスピナの町へ向かえ、と命じた。そこはカエサルが自分で守備隊を置いたことに加え、カエサルに味方することを最初に示した城市であった。[3]そこからカエサルは、わずかに坂をなす場所を下りながら、平原の左側を通って海辺へ諸軍団を導いた。[4]この平原は驚くほど平坦で、一五マイル四方の広さがある。そこを海から続く、さほど高くはない尾根が取り巻いているので、あたかも劇場のような概観を呈している。[5]この尾根の上にはいくつか高く聳える頂があり、これらの頂には、それぞれ一つずつ非常に古い櫓と監視台が配されていた。そして、一番奥の場所に

(31)　約二六〇〇キロリットル。

スキーピオーの守備隊が歩哨に立っていた。

三八 カエサルは上述の尾根へ、[1]さらに頂と櫓の一つ一つに登って砦を構え、これを半時間足らずで完了した。[2]そうして一番奥の頂と櫓からそう遠くないところに来たとき、そこが敵方の陣営にもっとも近く、上述のようにヌミディア人の守備隊が歩哨に立っているので、しばらく留まって、地形を検分したのち、騎兵を配置して歩哨とした。軍団兵には防御設備工事を割り当てた。尾根の中央に沿って、カエサルが到達した地点から出発地点まで外塁を築き、防備を固めるように命じた。[3]スキーピオーとラビエーヌスはこれに気づくと、全騎兵を陣営から繰り出した。騎兵が戦列を組んで自軍の防御設備から約一マイル前進する一方、歩兵の軍勢はその後ろに戦列を組み、自陣から四〇〇パッスス足らずのところに陣取った。

三九 [1]カエサルは工事に当たっている兵士らを激励し、敵の軍勢にも動じなかった。[2]いまや敵の戦列と自軍の防御線のあいだが一マイル半以下になったことに気づいた。自軍の兵士の動きを封じ、工事を放棄させるため、敵がさらに接近していることが見て取れた。軍団兵を防御工事から引き揚げねばならなくなったとき、カエサルはヒスパーニア人騎兵部隊に、目の前の丘へ早駆けして、そこから敵の守備隊を蹴散らし、その地点を押さえよ、と指令を出すとともに、少数の軽武装兵に一緒について援護するよう命令した。[3]派遣された部隊は速やかにヌミディア人部隊に襲いかかると、一部は生け捕りにし、逃げ出した若干の騎兵を負傷させ、その地点を掌握した。[4]これに気づいたラビエーヌスは、速やかに救援に向かおうとした。戦列の編成から騎兵の右翼ほぼ全体をはずし、これにより逃げ出した自軍を支援しようと急いだのである。[5]するとカエサルは、ラビエーヌスが軍勢からかなり遠ざかったと見るや、自軍右翼の騎兵を敵勢力分断のために送り込んだ。

四〇　[1]戦闘が行なわれていた平原には、四本の塔が聳えるじつに大きな邸宅があった。これがラビエーヌスの視界を遮っていたので、彼はカエサル軍の騎兵によって自軍が分断されていることに気づけなかった。[2]そのため、ユーリウス軍騎兵が見えたときには、すでに自軍が背後から切り倒されているところだった。このことから、急転直下、ヌミディア人騎兵は恐慌に陥り、ラビエーヌスは急いで真っ直ぐに陣営へ逃げ込んだ。[3]ガリア人騎兵とゲルマーニア人騎兵は踏み止まっていたが、上方と背後から包囲され、勇敢に抵抗するあいだにことごとく討ち取られた。[4]陣営前に陣取っていたスキーピオーの軍団兵はその様子を見て取ると、あまりの恐怖に見境をなくし、すべての城門から自軍の陣営へ逃げ込み始めた。[5]スキーピオーと彼の軍勢が平原と丘から駆逐され、陣営内に押し込まれると、カエサルは撤収の号令ラッパを鳴らすように命じ、全騎兵を自軍の防御線内へ引き戻した。戦い済んだ平原で目に留まったのはガリア人騎兵とゲルマーニア人騎兵の驚くべき屍《しかばね》であった。彼らの一部は、ラビエーヌスの指導力を頼ってガリアからつき従い、一部は報酬の約束に心が動いて彼のもとへ身を寄せ、若干の者はクーリオーとの戦闘(32)で捕虜となったあとに助命された恩義に報いるべく忠誠を尽くそ

いま、平原全体のあちこちに倒れて横たわっていた。

うと欲していた者たちであった。彼らの体軀は驚くほど美しく、また、大きかったが、討ち取られた[6]

四一 この戦闘の翌日、[1]カエサルは全守備拠点から部隊を引き出し、全軍勢をもって平原で戦列を組んだ。スキーピオーは自軍が手ひどく死傷者を出していたので、防御線の内側に籠もる策に出た。[2]カエサルは戦列を組んだまま、できるだけ低い位置の稜線に沿ってゆっくりと防御線へ近づいた。いまやスキーピオーが保持するウジッタの城市へ一マイル足らずにまでユーリウス軍が近づいていた。スキーピオーは城市を失うことを恐れた。そこから水の調達をはじめ、軍の物資補給をずっと行なってきたからである。そこで彼は、全軍勢を繰り出し、四重の戦列を組んだ。彼の流儀に従って第一列に騎兵隊を配し、あいだに櫓と防具を取りつけた象をはさんだ。こうして救援に急行した。[3]カエサルはこれに気づくと、スキーピオーが決戦の覚悟を固めて向かって来ていると考え、城市の前の先述の地点に陣取った。スキーピオーは城市の陰に隠れる位置に戦列中央部を、象部隊のいる左右両翼を敵側から見える位置に配した。

四二 [1]カエサルはすでに日も沈みかける頃まで待ったが、スキーピオーが陣取った場所から近くへ攻め寄せて来る様子はなかった。仕掛けられた場合に地勢を利して防戦はしても、平原で接近戦を挑むつもりはなかった。そこで、その日は城市へ近づくのは得策でないと思われた。というのも、ヌミデイア兵の守備隊が大規模であることが分かっていた一方、敵の戦列中央部が城市の陰に隠れているので、城市の攻略に加え、地勢不利な場所において戦列の左右両翼で戦闘を同時に行なうことは困難であると了解されたからである。なにより、兵士たちは早朝から食事もせず、武装したまま立ち続け、疲れ果てていた。[2] そこで、カエサルは自軍を陣営に引き戻し、翌日、封鎖線を敵の戦列近くへ拡張することにした。

四三　他方、[1] コンシディウスは八個大隊とヌミディア人およびガエトゥーリア人傭兵部隊をもってアキュッラを包囲していた。(33) この地で三個大隊を指揮するガーイウス・メッシウスは時間をかけて、さまざまな策を試みた。大規模な攻城装備を何度も押し進めたが、城市守備軍に焼き払われ、効果を上げられずにいた。そのため、突然、騎兵戦の知らせが届いたとき、コンシディウスは動揺した。陣営内に蓄えていた穀物を焼却し、葡萄酒、オリーブ油その他の日常品を廃棄したうえで、アキュッラの包囲を放棄すると、ユバ王の領地を通って行軍し、軍勢の一部をスキーピオーに渡し、ハドルーメートゥムへ撤退した。

(32)　ユバ王によってクーリオー軍が殲滅されたバグラダース河畔の戦い(『内乱記』二・三九—四二参照)。

(33)　前出三三・五を引き継ぐ記述。

四四 他方、[1]シキリアからアッリエーヌスが送り出した第二次派出団(34)のうち、ローマ騎士のクイントゥス・コミニウスとルーキウス・ティキダが乗った一隻が残りの艦隊からはぐれた。風でタプソス方面へ流されたところをウェルギリウス率いる艦載小艇と小型快速船(35)に捕捉され、スキーピオーのもとへ曳航された。[2]同様にもう一隻、同じ艦隊中の三段櫂船が針路を誤り、悪天候のためにアエギムールス方面へ流され、ウァールスとマルクス・オクターウィウスの艦隊に捕獲された(36)。船には古参兵らと百人隊長一人、若干の新兵が乗っていたが、ウァールスはこれらの兵士に監視をつけ、侮辱を加えることなく、スキーピオーのもとへ連行するよう指示した。[3]兵士らが到着し、スキーピオーの高壇の前に立つと、彼は言った。

これがおまえたちの自発的意志による行動でないことはよく承知している。あの悪辣なおまえたちの将軍が強要し、命令するために、やむなく市民たちや善良な人々に対し次々と非道な迫害を加えているのだ。それがいま、運のめぐり合わせでわれわれの裁量下に入ったのだから、もしおまえたちがなすべき務め、つまり、善良な人々とともに国家防衛に加わるなら、おまえたちに命だけでなく、金品も与えることを請け合う。だから、いかなる存念か言ってみよ。

四五 [1]このように述べたとき、スキーピオーは自分の恩恵に兵士らが感謝することは間違いないものと思っていたので、彼らに発言の機会を与えた。[2]だが、第一四軍団の百人隊長は言った。

スキーピオーよ――そうです、あなたを将軍とは私は呼びません――、あなたの絶大な恩恵には感謝します。捕虜の私に生命の安全を戦争の掟に従って約束しているのですから。おそらく、あなたの恩恵を享受してもよいのでしょうが、それには極悪の罪が付随しないことが条件です。[3]私はわが将軍カエサルのもとで戦列の先頭に立ちました。彼の軍隊の威信と勝利のために三六年余(37)のあいだ戦い抜いてきました。その私がカエサルと彼の軍隊に刃向かうことなどするでしょうか。[4]私にはそんなつもりはありませんし、あなたにも、そんなことは諦めるよう強く勧めます。あなたが相手にしているのが誰の軍勢であるか、もしこれまであまりよく見きわめていないなら、いまそれをお見せしましょう。[5]あなたの部下の中からもっとも頼りになるとお考えの一個大隊を選び出し、私の前に布陣させてごらんなさい。私には、いまあなたが拘束している私の戦友の中から一〇人以上はいりません。それで、私たちの武勇を見れば、あなたの軍勢に何を期待しなけれ

(34) 前出三四・四参照。

(35) 前出二八・一参照。

(36) オクターウィウスはハドリア海で艦隊を指揮してカエサル軍を苦しめていたが、ウァティーニウスに敗れて落ち延びていた(『アレクサンドリア戦記』四七・四参照)。

(37) ガリア遠征開始が前五八年であるので、その最初からでも、このときまで一三年にしかならず(そこで「一三年」という修正提案もある)、「三六年余」をカエサルの指揮下で戦ったということはありえない。ただ、兵士の軍役が四〇年に及ぶことはあったらしい。

ばならないかがお分かりになります。

四六　[1]このように百人隊長が気骨を示しつつ、スキーピオーの予想に反する言葉を述べると、スキーピオーは怒りに駆られ、憤激に燃えながら、傍《かたわ》らの百人隊長らに頷いて、処置の合図をした。そして、足元で百人隊長を殺す一方、残りの古参兵を新兵から隔離するよう命じた。

[2]そいつらを連れ出せ。非道な犯罪で汚れ、市民を殺した返り血にまみれた連中だ。

そうして彼らは防御線の外側に連れ出されてから、残忍な仕方で殺された。[3]新兵については軍団兵のあいだへの分属を命じる一方、コミニウスとティキダについては自分の前に現れないように禁令を出した。[4]この事態をカエサルは深刻に受け取った。タプソスにおいて海上での警護を目的として軍船に乗り組み、配置につくよう命じてあった者たちに対して、味方の輸送船および軍船の守備をなおざりにした不名誉ゆえに、軍隊からの除名とともに最高度の厳重懲戒の公告を指示した。(38)

四七　[1]ほぼ同じ頃にカエサル軍に起きたことは、聞いただけでは信じがたい。プレイヤデス星団が沈んだあと(39)のこと、第二夜警時頃に石ころ大の雹《ひょう》をともなった大雨が突然襲いかかった。[2]悪いことは重なっていた。カエサルは前年までのように軍隊を冬期陣営に留めることをせず、三日ないし四日おきに陣営を移動して、敵に近い位置に築いていた。そこで、この作業を行なうために兵士らは身の回りに気を遣う暇がない状態だった。[3]さらに、シキリアからの軍隊の移送に関して、兵士と武器以外には、装備も奴隷も[40]、また、兵士が常用する物品も何一つ船に載せることが許されなかった。[4]ところが、アフリカでは何一つとして購入もできないばかりか、穀物価格高騰のために、それまでの蓄えも使い切っていた。[5]このように状況が厳しいため、ごくわずかの者しか皮革天幕[41]の下で休めなかった。残りは仮の天蓋でしのいだ。それは衣類から作ったり、葦や藺草《いぐさ》を編んだりしたものだった。[6]そのため、突然の雨に続いて雹が襲ったとき、天幕が重みで下がり、あふれた水の勢いに呑まれて流された。深夜に灯明が消え、生活物資のすべてが台無しになった。兵士らは陣営のあちこちを右往左往しながら、頭を盾で庇っていた。同夜、第五軍団の投げ槍の穂先がひとりでに火を放った[42]。

四八　[1]他方、ユバ王はスキーピオーの騎兵戦についての報と同時に、スキーピオーから来援を乞う手

(38)　警護の艦船配置については、前出二一・四参照。また、カエサルによる軍紀に関わる厳格な措置の例については、後出五四・二―五も参照。

(39)　プレイヤデス星団が夕方、西の地平に沈むのは現在の暦で一一月初旬のことで、冬と荒天の季節の始まりを画す。当時の暦で前四六年一月下旬。

(40)　おそらく、軍団士官や百人隊長に従う奴隷。同様の状況について、『内乱記』三・六・一参照。

(41)　ローマ軍の天幕は皮革で作られていた。

(42)　おそらく、「セント・エルモの火」と呼ばれ、嵐のとき船柱などに見られる放電現象。

紙(43)を受け取った。王は、対シッティウス戦の指揮はサブッラに任せて軍の一部とともに残したうえで、自身が合流することでスキーピオー軍の存在感を高めると同時にカエサル軍の恐怖心を大きくしようという狙いのもと、三個軍団と馬具装備の騎兵八〇〇、馬具を使わないヌミディア人騎兵、および軽武装歩兵の大部隊、象三〇頭を率いて王領を離れ、スキーピオーのもとへ進発した。[2]到着すると、王自身の陣営を別個に設営し、上述の軍勢とともにスキーピオーの陣営からさほど遠くないところに陣取った。[3]それ以前にもカエサルの陣営内には恐怖感が漂っていたが、王の軍勢到来が迫るとカエサル軍の不安はいっそう高まり、ユバが到着するまで動揺が激しかった。(44)ところが、王が陣営を対峙させたのちは、カエサル軍は王の軍勢を見下し、臆病風をすっかり打ち捨てた。かくして、王は姿がないときに存在感を示していたのに、姿を現したときにはそれをすっかり失っていた。[4]とはいえ、誰にでも容易に理解できるように、王の到着はスキーピオー軍の士気を高め、自信を強めた。[5]というのも、翌日、スキーピオーは自身と王の軍勢を六〇頭の象とともに一斉に繰り出すと、可能なかぎり威勢よく見えるように戦列を組んだからである。それから彼らは、自軍の防御線からほんの少し前進しただけで、長く留まることなく陣営内へ引き返した。

四九 [1]スキーピオーが期待していた増援がすべて集結し、間もなく戦いになると見るや、カエサルは尾根づたいに軍勢を率いて前進を始めた。すぐさま、外塁をめぐらし、砦を築き、スキーピオーにより近い高台を奪取して占拠しようと試みた。敵方は兵力の優位にものを言わせて間近の丘を占拠していた。それによってカエサルがそれ以上前進できないようにしていた。(45) [2]ラビエーヌスも同じ丘を占拠する[ために]作戦を立て、位置が近かっただけより速やかに到達していた。

五〇 [1]谷間が一つあり、かなり幅広い一方、深く切り立ち、洞穴のようにえぐれた個所がいくつも並んでいた。カエサルはここを越えなければ、占拠しようとする丘には行き着けなかった。さらに、谷間の向こうには古いオリーブ畑があり、樹木が密に茂っていた。[2]到着したラビエーヌスは、カエサルがその地点を占拠しようとすれば、その前に谷間とオリーブ畑を越えるはずであることを見て取ると、あたりの地理に通じていたことから、みずから騎兵の一部と軽武装兵を率いて待ち伏せの陣を構えたうえに、山の背後の見えない場所に騎兵を配置した。これは、ラビエーヌスが不意を突いて軍団兵を襲撃したとき、騎兵も丘の背後から姿を現すことにより、二方面からカエサル率いる軍隊を混乱に陥れ、後ろに退こうにも、さらに前に進もうにも、機会を与えないまま一網打尽にしようという狙いで

(43) ディオーン『ローマ史』四三・四・六には、来援要請にユバ王が応じなかったとき、スキーピオーがアフリカにおけるローマ人の支配領域すべてを王に与えると約束し、それで王は出陣することにした、と記される。

(44) スエートーニウス『皇帝伝』「カエサル」六六は、兵士らが敵兵力の噂に怯えたときにカエサルが否定もせず、むしろ、誇張した嘘をつくことで士気を高めた例としてこの場合を挙げ、カエサルが兵士を集め、到来するユバ王の軍勢が一〇個軍団、騎兵三万、軽武装兵一〇万、象三〇〇頭を擁する、と語った、と記す。

(45) 写本の読みに従って訳出するが、「敵方が兵力の優位にものを言わせて間近の丘を占拠してしまい、それによって自軍がそれ以上に前進する機会を奪われる事態を避けようとしたのである」とする修正提案もある。

あった。[3]カエサルが、騎兵を先発させてはいたものの、待ち伏せに気づかぬままこの地点にやって来たとき、敵方はラビエーヌスの指示を忘れたのか、谷底で騎兵によって制圧されるのを恐れたためか、間を置いて一人ずつ岩陰から現れると丘の頂上へ向かった。[4]それにカエサル軍の騎兵が追いつき、一部は討ち取り、一部は生け捕りにした。騎兵はそのあとすぐに丘に向かって急行すると、ラビエーヌスの守備隊を追い落とし、速やかに占拠した。ラビエーヌスは騎兵の一部とともに命からがら逃げ延びた。

五一 [1]騎兵によるこの戦果ののち、カエサルは各軍団に仕事を割り当て、占拠した丘の上に陣営を置き、防備を固めた。[2]次いで、主陣営からウジッタの城市――これは自軍陣営とスキーピオー軍陣営のあいだに位置し、スキーピオーが確保していた――に面する平野の中央を横切る二本の外塁構築に着手し、城市の左右の隅で合流するようにした。[3]このような工事を行なった狙いは、軍勢が城市に接近して包囲攻撃にかかったとき、これらを防塁として側面を守ることにより、多数の騎兵によって取り囲まれるのを防いで包囲攻撃を進めることにあった。加えて、敵側との接触をしやすくし、もし逃亡しようとする敵兵があった場合、それまでも逃亡は頻繁になされたものの大きな危険をともなったが、今度はたやすく危険なしに行なわせるという目的もあった。[4]カエサルはまた、接近することで、敵に交戦の決意があるかどうか、さぐりたくもあった。[5]さらに、それらのことに加え、その場所が低地で、相当数の井戸を掘れるという理由もあった。というのも、水の調達に遠出しても乏しい量しか得られていなかったのである。[6]この工事を軍団兵が行なっているあいだ、一部隊が現場の前、敵に近い位置に戦列を組んで陣取った。蛮族の騎兵と軽武装兵が至近距離で小競り合いをしかけてきたからである。

五二　[1]カエサルが日暮れ近くに工事を切り上げ、軍勢を陣営内へ戻すと、ユバ、スキーピオー、ラビエーヌスは騎兵と軽武装兵の全員で大規模な突撃を試み、軍団兵めがけて攻勢をかけた。[2]カエサル軍の騎兵は、敵の総勢がいきなり多数で押し寄せた勢いに押され、少時後退した。(46)[3]だが、そのあとの展開は敵勢の思惑とは違っていた。というのも、カエサルが移動途中の軍勢を引き返させ、自軍の騎兵の救援に当たらせたからである。騎兵も軍団兵の来援で士気が高まり、馬の向きをヌミディア兵のほうへ転じると、意気盛んに追撃し、蹴散らした。攻勢の赴くまま手負いの敵を王の陣営まで追い返し、多数を討ち取った。[4]しかし、戦闘が夜に入らなかったなら、また、風で巻き上がった砂塵がすべての視界を遮らなかったなら、ユバもラビエーヌスも捕らえられ、カエサルの手に落ちていたであろうし、騎兵と軽武装兵も完全に殲滅されていたであろう。[5]そのあいだに、あろうことか、スキーピオーの第四、第六軍団の兵士が逃げ出し、一部はカエサルの陣営へ、(47)一部はそれぞれに可能であった場所へ落ち延びた。同様に、かつてクーリオー指揮下にあった騎兵もスキーピオーと彼の軍勢に信を置けず、

---

(46)　ここでの語句(parumper cesserunt)とほぼ同じ表現(cessere parumper)が『ヒスパーニア戦記』一三・三では詩人エンニウスの詩句とされている。

相当数が同じ場所へ向かった。

五三　ウジッタ[1]近郊で両軍指揮官がこのような作戦に従事しているあいだに、第一〇、第九の二個軍団がシキリアから輸送船で出発し、いまやルスピナの港から遠くないところに来ていた。しかし、タプソス沿岸で警戒に当たっていたカエサル軍の艦船を認めると、待ち伏せ目的でその海域に居坐っている敵艦隊かもしれないので迂闊に遭遇することを恐れ、沖へ舵を向けた。そして、長く激しく波にもまれ、何日もたってから渇きと窮乏で憔悴した態でようやくカエサルのもとへ辿り着いた。

五四　これら[1]の軍団が上陸したとき、カエサルは以前にイタリアで軍紀の緩みや数人の者による略奪行為があったことを思い出す一方、このときも些細ながら目につくことがあった。というのも、ガーイウス・アウィエーヌスという軍団士官が第一〇軍団(48)の船団の一隻を自分の奴隷と荷役獣で占拠し、シキリアから一兵も乗船させなかったのである。そこでカエサルは翌日、全軍団の士官と百人隊長を召集すると、演壇に立って言った。

「私[2]がなによりも望んでいたのは、各自が無規律で自分勝手な行為をいつかやめてくれること、私の寛容と自重と辛抱を尊重してくれることだった。しかし、[3]誰も自分から節度を守り、限度を定めることをしないのであるから、その振る舞いを変えるよう、この私みずから軍紀に従って模範を示すことにする。[4] ガーイウス・アウィエーヌスよ、おまえはイタリアにおいてローマ国民の兵士らを国家に背く行動に走らせた。諸自治市に略奪行為を働いたのだ。おまえは私と国家のために役立たずであった。兵士の代わりに、おまえの奴隷と荷役獣を船に載せた。おまえのおかげで、危急の時に国家が兵士を欠いているのだ。これらの理由から、私はおまえを不面目ゆえに私の軍隊から放逐する。本日中にアフリカを離れ、可能なかぎり遠くへ去ることを命じる。アウルス・フォンテイウスよ、おまえは規律を乱す軍団士官であり、邪《よこしま》な市民であった。ゆえに、同じく軍隊から追放する。[5] ティトゥス・サリエーヌス、マルクス・ティーロー、ガーイウス・クルーシーナース、おまえたちがいまの位階を私の軍隊の中で得たのは恩典によってであり、武勇があってではない。おまえたちの行動と言ったら、戦時の勇気も、平時の分別や能力もなかった。兵士たちを煽動しておまえたちの将軍に刃向かわせることばかりに熱を入れ、廉恥心と節度を顧みなかった。それゆえ、おまえたちは私の軍隊の中で位階を保つに値しないと私は考える。おまえたちは解任だ。アフリカから可能なかぎり遠ざかるよう命じる。

(47) 前出四〇・五、注(32)参照。ディオーン『ローマ史』四三・三〇・三には、ユバ王がバグラダース河畔の戦いでの勝利のあと、アッロブロゲス族兵士(おそらく騎兵)を生け捕りにして自分の軍勢に組み入れていたことが言及される。

(48) 第一〇軍団はガリア遠征以来、内乱を通じてカエサルがもっとも信頼を寄せていたが、アフリカへ渡る際に起きた命令不服従(前出一九・三、注(15)参照)から規律に緩みがあったと見られる。

こうしてカエサルは彼らを百人隊長に引き渡すと、それぞれに一人以上の奴隷は割り当てず、別々の船に乗せるよう指示した。

五五 [1]他方、ガエトゥーリア人逃亡兵に書簡と指示を託してカエサルが送り出したことを先に記したが、(49)その者たちが同郷市民のもとに到着した。彼らの影響力に動かされ、カエサルの名声を信頼し、市民たちはユバ王から離反した。素早く一斉に武器を執るや、迷いなく王に敵対した。[2]この事態を知ると、ユバは三方面の戦争に力を割かれたため、やむをえず、対カエサル戦に差し向けた自軍のうちの六個大隊を王領の境界へ派遣し、ガエトゥーリア軍に対する守備に当たらせた。

五六 [1]カエサルは外塁を完成し、城市からの矢玉が届かないところまで延ばし終えたので、陣営の防備を固めた。弩砲とサソリ型弩砲を陣営の前面、城市に向けて配置し、城壁の守備兵を息つく間もなく威嚇するとともに、その地点に高所の陣営から五個軍団を移動させた。[2]これがきっかけとなり、地位が高く、名の知れた人々が友人や近親者との面会を求め、互いに話を交わし始めた。[3]この事の成り行きがどれほど有益か、カエサルは気づかずにいなかった。(50)というのも、ユバ王の騎兵隊に入っていたガエトゥーリア人の貴族や騎兵隊長らが——その父親が以前にマリウスの指揮下で功績があり、マリウスから農地や領地を贈られる恩恵を受けたのに、(51)スッラの勝利以後はヒエンプサル王の支配下に置かれていたことから(52)――、この機会を捉え、夜間に灯火を点し、馬と従軍奴隷を率い、約一〇〇〇名という数でカエサル軍の陣営へ逃げ込んだからである。陣営がウジッタに間近の平原に置かれたためであった。

五七 [1]このことをスキーピオーと彼に帯同する者たちが知ったあと、そのような失態だけでも動揺していたのに、ほぼ時を同じくして、マルクス・アクイニウスがガーイウス・サセルナと会談する場も目にした。[2]スキーピオーはアクイニウスに手紙を送り、敵との会談などあってはならない、と伝えた。それにもかかわらず、伝令がスキーピオーに持ち帰ったアクイニウスの言葉は、まだし残していることを完遂するために留まる、というものであった。そのため、さらにユバからも伝達吏がアクイニウスのもとへ送られ、サセルナが聞いている前で言った。

(49) 前出三二・四。
(50) ディオーン『ローマ史』四三・五には、カエサルが敵兵のあいだに宣伝文書を流し、現地人には財産の保全と自由を、ローマ人には赦免と褒賞を約束することで相当数の逃亡兵を呼び込んだのに対し、スキーピオーも同様のことをしながら、褒賞を示さなかったので、成功しなかった、と記される。
(51) 前出三二・三、注(27)参照。
(52) 前八一年、マリウス派に対してスッラが勝利したとき、ポンペイウスがアフリカを奪還して貢献した(注(19)参照)。このとき、ヒエンプサルはポンペイウスを支援し、ヌミディアでの王権を回復した(プルータルコス『対比列伝』「ポンペイウス」一二・六)。

王があなたの会談を禁じている。

[3]この指示にアクイニウスは肝を潰して立ち去った。王の言葉には従ったのである。こんなことをローマ市民がしたとは。ローマ国民から公職を与えられた者が、祖国も財産もすべて無事でありながら、まずもって異国の王ユバに服従することを望んだとは。スキーピオーの指示に従うことよりも、あるいは、同じ党派の市民が殺されたあとに自分だけ無事に帰還することよりも優先したとは。[4]それにもまして傲慢であったのはユバの行為である。それは新人で若輩の元老院議員であるマルクス・アクイニウスに対してのみならず、際立った家格、地位、公職を誇るスキーピオーに対してもなされた。[5]というのも、王の到着以前はスキーピオーがいつも緋紫の外套を着用していたのに対し、ユバが彼と話をして、自分が着用しているのと同じ服装をすべきではないと言ったという。[6]かくして、スキーピオーは白の服に着替え、傲岸無比、無精至極の輩《やから》であるユバの意向に従うこととなった。

五八 [1]翌日、敵は全軍勢そろって全陣営から(53)繰り出した。せり上がった高台に来ると、カエサルの陣営から遠くない位置に陣を構え、そこに停止した。[2]カエサルも同様に軍勢を繰り出すと、素早く陣形を組み、平地にある自軍の防御線の前に布陣した。敵勢がこれほどの大軍勢と王の援軍を擁し、勢い込んで飛び出してきたからには、攻め寄せて一戦を交えるつもりであるのは間違いないとカエサルは踏んでいた。[3]馬に乗って各軍団を激励して回ったのち、号令を下し、敵が攻め寄せてくるのを待ち受けた。[4]カエサルが自軍の防御線からそれほど離れなかったことには理由があった。スキーピオーが掌握しているウジッタの城市が、その中に敵の武装部隊が控える一方、カエサル軍右翼の側面に向き合う位置にあるので、これを過ぎて進むと、城市内から出撃した敵がカエサル軍の側面を襲って損害を与えるのではないかと恐れたのである。[5]さらに、カエサルを慎重にさせた理由として、スキーピオー軍の戦列前方にきわめて足場の悪い場所があり、これがこちらから攻めかかった場合に味方の障害になるとカエサルは見ていたことがあった。

五九 [1]ここで両軍がどのように戦列を組んでいたか言及を省くべきではないであろう。スキーピオーが構えた戦列は次のようであった。[2]前面に自身とユバの軍団を配する一方、そのうしろのヌミディア人控え部隊の戦列は浅く、幅広く編成し、遠目には戦列中央は軍団兵からなる一列のみに見えるようにした。［ただし、両翼は二列あると考えられた。］[3]象を左右両翼に均等の間隔をあけて配する一方、象のうしろには軽武装兵とヌミディア人補助軍を支援部隊として置いた。[4]馬具を装備した騎兵はすべて右翼に布陣した。というのも、左翼はウジッタの城市に塞がれており、騎兵を展開する余地がなかったからである。[5]この他に、ヌミディア兵と軽武装兵の途方もなく大規模な部隊を自軍戦列右側に配

(53)　スキーピオー、ラビエーヌス、ユバは、(前出五二・一で三人の名前が挙げられ、それぞれで行動しているように記されることからも)おのおのが陣営を構え、軍勢を指揮していたと考えられる。

したが、ほぼ一マイル以上の間隔をあけて丘の麓まで寄せ、敵勢からも味方の軍勢からもかなり離して布陣させた。これは、両軍の戦列が合戦に突入したとき、騎兵が戦いの当初に少しだけ外へ回り込むだけで、多勢の急襲によりカエサル軍を取り囲むことを可能にし、混乱したところへ投げ槍を打ち込むという目論みであった。以上がその日のスキーピオーの作戦であった。

六〇 対する[1]カエサルの戦列は次のように配置されていた。左翼から順に右翼へ向かって見ていくと、第一〇、第九軍団を左翼に、第二五、第二八、第一三、第一四、第二九、第二六軍団を中央に置いた。右翼では、[2]古参兵軍団の数個大隊を第二列に配したうえに、(54)新兵軍団の二、三の大隊を加えた。その[3]一方、第三列は左翼に集中させ、戦列の中央を占める軍団まで延ばした。こうして左翼が三列となる配置としたのは、右翼は[4]防御線を支えにできたので、左翼が敵騎兵の大軍を持ちこたえられるようにカエサルが苦心した結果だった。左翼にはまた全騎兵を集中させたが、それでも自信がもてなかったため、これら騎兵の援護に第五軍団を送るとともに、軽武装兵を騎兵のあいだに組み入れてあった。[5]弓兵は各所にめりはりをつけ、とくに両翼へ重点的に配置した。

六一 そうして[1]両軍は、わずか三〇〇パッススの距離をはさんで布陣した。この距離で合戦に至らなかったことは、おそらく、これ以前には一度としてなかったろう。だが、双方とも朝から第一〇昼間時までじっと動かなかった。[2]いまやカエサルが軍隊を自軍の防御線内へ引き戻しかけたとき、突如、遠い位置にいたヌミディア人およびガエトゥーリア人の馬具を使わない騎兵が一斉に右方へ移動し、丘の上のカエサル軍陣営に接近を始める一方、ラビエーヌス指揮下の馬具装備の騎兵は持ち場を動かず、軍団の注意をそらせていた。[3]すると、突如、カエサル軍騎兵の一部が軽武装兵とともに、命令を受けぬまま軽率にガエトゥーリア人騎兵に向かって前進した。これら騎兵は勢いあまって沼地を越えたが、多勢の敵を無勢で支えることはできず、軽武装兵を置き去りにして撃退され、大損害を蒙った。騎兵一名を失い、多数の馬が負傷、軽武装兵二七名を討ち取られて自軍のもとへ逃げ帰ったのであった。[4]この騎兵戦の戦果にスキーピオーは喜び、夜になると軍勢を陣営内へ引き戻した。[5]しかし、運の女神には、そのような喜びを戦士が真に自分のものとするよう授けるつもりはなかった。というのも、翌日、カエサルが騎兵の一部を穀物調達のためにレプティスへ派遣したとき、彼らがその途中でヌミディア人およびガエトゥーリア人騎兵の略奪部隊に遭遇し、不意を襲って約一〇〇騎のうち一部を討ち取り、残りを生け捕りにしたからである。[6]さしあたりカエサルは毎日、軍団を平地に連れ出し、工事の実施、つまり、平地の中央を貫く防壁と壕の建設を休みなく続けた。そうして敵勢の出撃阻止を図ったのである。[7]同様にスキーピオーも、対抗して防御設備を築き、カエサルによって稜線を封鎖されないように事を急いだ。[8]かくして、両司令官とも工事に専心していたが、それでも騎兵戦での双方

(54) 以下、写本に乱れがあり、修正や削除の提案、欠落の想定がなされているが、底本の読みに従って大意を訳出する。

の衝突は毎日起きていた。

六二　さて[1]、ウァールスは以前に冬期のため、艦隊をウティカで陸揚げしていたが、第七、第八軍団がシキリアから到来することを知ると、この艦隊を速やかに海に下ろした。ガエトゥーリア人の漕ぎ手と水夫を乗り組ませ、待ち伏せのためにウティカから出発し、五五隻の艦船を率い、ハドルーメートゥムに着いた。[2]ウァールスの到来を知らないままカエサルは、ルーキウス・キスピウスに二七隻の艦船からなる艦隊を率いさせ、タプソス方面へ物資運搬の護衛に当たる任務に派遣すると同時に、クイントゥス・アクイラを一三隻の軍船とともに、ハドルーメートゥムへ同じ目的で派遣した。[3]キスピウスは派遣の目的地に速やかに到着した。だが、アクイラは嵐に翻弄され、岬の向こう側へ回れなかったので、嵐をしのぐ安全な一角を見つけ、艦隊とともに視界から外れる位置に退いた。[4]その他の艦船はレプティス沖に停泊していたが、漕ぎ手らが上陸して海岸のあちらこちらを歩きまわり、なかには城市内へ自分の食糧買い出しに行く者たちもあって、守備兵がいない状態であった。[5]ウァールスはこのことを逃亡兵から聞きつけると、機を逃さず、第二夜警時にハドルーメートゥムの港から出発し、朝一番に艦隊の全艦船を率いてレプティスに乗り込んだ。港から遠い沖に停泊する輸送船に守備兵の姿がないと見ると、これらに火を放ち、まったく抵抗を受けずに二隻の五段櫂船を捕獲した。

六三　その[1]あいだカエサルは陣営内で防御設備工事の見回りをしていたが、伝令を通じて事を知らされると、すべてを後回しにし、四マイルの距離があるレプティスの港まで馬を飛ばした。そして、敏速に到着するや、檄を飛ばし、全艦船が自分のあとに従え、と言った。カエサル自身はごく小さな舟に乗り込むと、途中でアクイラが多数の敵船に肝を潰して怖じ気づいているのを見つけたのち、敵艦船追跡を開始した。[2]他方、ウァールスはカエサルの迅速さ、果敢さを見て慌てた。全艦隊の針路を転じ、ハドルーメートゥムの方向へ懸命に逃走を図った。[3]それにカエサルは四マイルの追走で追いつくと、五段櫂船一隻を水夫全員とともに取り戻したうえに、敵の番兵一三〇名を捕虜とし、すぐそばで抗戦して逃げ遅れた敵の三段櫂船一隻を漕ぎ手と水夫ともども捕獲した。[4]その他の敵艦船は岬の向こう側へ回り、ハドルーメートゥムの港の中へそろって逃げ込んだ。[5]カエサルは同じ風を利して岬の向こう側へ回ることができなかったので、その夜は錨を下ろして沖に停泊し、夜明けとともにハドルーメートゥムへ近づいて港の外にあった輸送船に火を放った。残りの艦船は敵が陸揚げするか港の中へ押し込むかしてあったので、しばらく留まって、もしや艦隊による交戦に応じるかどうか見きわめたのち、陣営へ引き返した。

六四 船[1]とともに捕虜となった者の中に、ローマ騎士(55)であるプブリウス・ウェストリウスと、かつてアフラーニウスに仕えたプブリウス・リガーリウスがいた。リガーリウスはヒスパーニアでカエサル

---

(55) この二人については、他に典拠がない。

によって他の者たちとともに釈放されたあと、ポンペイウスのもとに身を寄せ、さらに戦場から逃亡してアフリカへ渡り、ウァールスのもとへ来ていた。彼に対してカエサルは、不実と裏切りゆえに処刑を命じた。(56) 他方、[2] プブリウス・ウェストリウスについては、ローマで兄弟が課された身代金を納めていたこと、また、彼自身の釈明、すなわち、ナシディウスの艦隊によって捕虜にされ、処刑されそうになったときにウァールスの計らいで救われたあとは主《あるじ》を替える機会がなかったという言い分がカエサルに認められたことから、赦免が与えられた。

六五 [1] アフリカでは住民の習慣として、人里や、ほぼすべての農園の地中に穴を掘って穀物を密かに貯蔵し、それによって戦争、とくに突然の敵襲への備えとしている。[2] このことをカエサルは通報者を通じて知り、第三夜警時に二個軍団を騎兵とともに陣営から一〇マイルほど送り出したところ、やがて大量の穀物を担いで陣営に戻ってきた。[3] これを知ったラビエーヌスは陣営を出て、カエサルが前日に通った尾根と丘づたいに七マイル進むと、そこに二個軍団の陣営を築いた。彼の読みでは、カエサルは穀物調達のために同じ道筋を何度も往来するはずだった。それゆえ、大勢の騎兵と軽武装兵を率いて待ち伏せすべく格好の地点に布陣したのである。

六六 [1] 他方、カエサルはラビエーヌスの待ち伏せについて逃亡兵から情報を得ると、数日間待って、敵が毎日、決まった日課を繰り返すうちに、ついには注意散漫に陥る頃合いに突如、朝方、古参兵の三個軍団と騎兵の一部に、陣営裏門を通って自分のあとに従え、と指令を出した。騎兵を先発させたうえで、谷間に潜む伏兵の不意を突いて急襲し、軽武装兵約五〇〇名を討ち取り、残りを無様きわまりない敗走に追い込んだ。[2]対してラビエーヌスは全騎兵を率い、敗走する自軍の救援に駆けつけた。[3]数にまさる騎兵の勢いを無勢のカエサル軍騎兵がもはや支えられなくなったとき、カエサルは戦列を組んだ軍団を敵軍勢の前に登場させた。これによってラビエーヌスが怖じ気づいて怯むうちに、カエサルは自軍騎兵を無事に帰投させた。[4]翌日、ユバは、持ち場を捨てて逃走し、陣営に逃げ帰ったヌミディア人兵士全員を磔刑に処した。

六七　[1]カエサルは穀物不足が深刻であったため、全軍勢を陣営(57)に集めた。レプティス、ルスピナ、アキュッラに守備隊を残す一方、艦隊の指揮をキスピウスとアクイラに託し、ハドルーメートゥムとタプソスをそれぞれが海上封鎖するよう命じてから、カエサル自身は陣営に火を放ったうえ、第四夜警時に戦列を組み、輜重を左翼に集めた隊形でその地点から進発、アッガルの城市近郊へ到着した。この城市はそれ以前に何度もガエトゥーリア人による包囲攻撃を受けたが、住民自身がじつに頑強に守り通していた。[2]その平原に単一の陣営を置いてから、カエサルはみずから穀物調達のために農園を回

(56)　カエサルがアフラーニウス・ペトレイウス軍を破ったイレルダの戦いのあとの兵士らへの処遇については、『内乱記』一・八六―八七参照。

(57)　ウジッタの城市から遠い高台の陣営(前出五一・二、五六・一)。

ろうと軍の一部を率いて出発した。そして、大量の大麦、オリーブ油、葡萄酒、イチジク、少量の小麦を見つけて陣営に戻り、軍の活力を取り戻した。[3]他方、スキーピオーはカエサルの退去を知ると、全軍を率いて尾根づたいにカエサルを追い始め、カエサルの陣営から六マイル離れた位置で軍勢を三つの陣営に振り分けて陣取った。

六八　[1]ゼータという城市があった。スキーピオーの場所から一〇マイルの距離ではあったが(58)、彼の陣営から往来可能な地点に位置していた。他方、カエサルの場所からは遠く離れ、一八マイルの距離があった。この城市へスキーピオーは二個軍団を穀物調達のために派遣した。[2]カエサルはこのことを逃亡兵から知ると、陣営を平原から丘の上のより安全な場所へ移した。そこに守備隊を残したうえで、第四夜警時に出発、軍勢を率いて敵の陣営を通り過ぎ、城市を掌握した。[3]カエサルはスキーピオーの軍団が遠くの人里で穀物調達を行なっているのを見つけ、そこを急襲しようとしたが、敵の軍勢がこれら軍団の救援に駆けつけてくるのに気づいた。このためカエサルは二の足を踏んだ。[4]かくして、ローマ騎士でスキーピオーの親友であり、この城市の指揮に当たっていたガーイウス・ミヌキウス(59)・レーギーヌス、および、ウティカのローマ市民協会の一員でローマ騎士のプブリウス・アトリウスを捕虜とし、王のラクダ二二頭を奪い、副司令官オッピウス指揮下の守備隊をそこに残したうえで、カエサルは陣営へ向けて引き返し始めた。

六九　ただ、[1]それにはどうしてもスキーピオーの陣営の横を通り過ぎる必要があったが、いまやそこから遠くない位置に来たときだった。待ち伏せしていたラビエーヌスとアフラーニウスが全騎兵と軽武装兵を率いて隊列の最後尾に襲いかかった。すぐそばの丘から現れたのである。[2]カエサルはこれに気づくと、騎兵で敵の攻勢に対抗しながら、軍団兵に対し、荷物を集めて積み上げてから迅速に敵に攻めかかれ、と命じた。[3]これが実行に移されると、軍団兵の最初の突撃で敵の騎兵と軽武装兵は造作なく撃退され、丘から駆逐された。[4]カエサルがこれでもう敵は撃退され、怖じ気づき、挑発をやめるだろうと考え、行軍を再開したとき、またもやすぐそばの丘から素早い突撃が行なわれた。カエサル軍の軍団兵に対し、前述したのと同じ戦法(60)でヌミディア人騎兵と軽武装兵が攻勢をかけた。軽武装兵は驚くべき俊敏さを備え、騎兵のあいだで戦いつつ、前進時も後退時も騎兵と足並みを一にするのをならいとしていた。[5]これを敵は再三再四繰り返した。ユーリウス軍が動けば追いかけ、攻めかかれば逃げ、近寄りすぎずに他に例を見ない戦法を用いた。投げ槍で負傷させれば十分と考えているのであった。カエサルは、敵の狙いが自分にこの場所での陣営構築を余儀なくさせることに他ならないことを見て取った。そこには一滴の水もなかったので、第四夜警時から第一〇昼間時までずっと何も口に

(58)　この距離について、カエサルの陣営をどこに比定するかという問題とも絡んで、他に、一三、一四、一九といった読みも行なわれているが、底本に従う。

(59)　写本の読み「ビオキウス」が人名として不適切であるため、修正提案に従う。

(60)　前出一四・二―三を踏まえると思われるが、この個所の記述のほうが詳しい。

入れずに、空腹の兵が荷役獣ともども渇きのために命を落とすというわけであった。

七〇 [1]すでに日没に近かったが、四時間のあいだに一〇〇パッススも進んでいなかった。馬に損害が出ていることから、カエサルは騎兵を隊列最後尾からはずし、代わりに軍団兵を最後尾にまわそうとした。[2]こうすることで、静かにゆっくりと進みながら、軍団兵を楯にして敵の攻勢を支えやすくしようとした。[3]他方、ヌミディア人騎兵部隊は左右の丘づたいに先回りし、数を恃みとして巻狩りをするようにカエサル軍を取り囲むと同時に、別働隊が最後尾に攻めかかった。[4]対してカエサル軍の古参兵三、四人足らずが向き直り、向かってくるヌミディア人騎兵めがけて力いっぱいに投げ槍を投げ込むと、敵は二〇〇〇騎以上が一騎残らず背中を見せて逃げ出した。だが、すぐまたそろそろと馬の向きを戻して隊形を組み直し、距離をあけて追いかけてきて軍団兵に投げ槍を投げ込んだ。[5]こうしてカエサルは行軍を進めたり、止まって応戦したりしながら、日没から一時間のあいだに道のりを踏破し、全員一人残らず無事に陣営内へ連れ戻した。負傷者は一〇名であった。[6]ラビエーヌス軍は約三〇〇名を失い、多数が負傷し、全員が攻撃に疲れ果てて味方のもとへ戻った。[7]他方、スキーピオーも繰り出していた軍団兵を、陣営の前の戦列に威嚇のためにカエサルから見えるように配置していた象とともども、陣営内へ引き戻した。

七一 [1]カエサルは指揮下の軍勢にこの種の敵に対抗するための訓練を、将軍が古参の赫々たる戦果を誇る軍隊に施すようにではなく、新米剣闘士を教練士が鍛えるかのように行なった。敵から何ペース下がるべきか、どのように敵に対峙し、どれほどの至近距離で踏み止まるか、いつ前進し、いつ後退し、いつ攻勢の威《おど》しをかけるか、また、どこからどのように矢玉を放つかまで指示を与えた。[2]実際、敵の軽武装兵は見事なまでにわが軍を不安にし、悩ませていた。というのも、騎兵に対しては、馬を投げ槍によって殺していたことから、その戦闘意欲を奪う一方、同時に軍団兵に対しては、俊敏さでその体力を消耗させたからである。実際、重装歩兵が軽武装兵の追撃に踏み止まって攻勢に出ると、ただちに相手は俊敏に駆け出し、危険をやすやすと回避した。

七二　[1]このことからカエサルは強い危機感を抱いた。なぜなら、何度交戦しても結果は同じで、軍団兵の支援がないかぎり、味方の騎兵がどうしても敵の騎兵と軽武装兵に太刀打ちできなかったからである。[2]さらに懸念したのは、まだ敵の軍団について情報を得ていないことであった。軍団まで到着した場合、敵の優秀な騎兵と軽武装兵にどうすれば対抗できるというのだろうか。[3]それに加えて、多数の巨大な象が兵士らの心を恐怖で包んでいることも問題だった。[4]それでも、この問題に対してだけは対策が見つかっていた。カエサルはイタリアから象を移送するよう命じ、兵士に象の知識を与え、その形姿と特質について知悉《ちしつ》させようとした。体のどの部分ならたやすく矢玉を打ち込めるか、また、象が飾り具や武具をつけていても、どの部分が防具なしでむき出しのままになるか分かれば、そこへ矢玉の狙いをつければよいというわけであった。加えて、馬を慣れさせることで、象の臭い、叫び、姿に対する恐怖をなくす目的もあった。[5]この対策は大きな成果を収めた。というのも、兵士たちは象に手で触るようになり、象の鈍重さを知る一方、騎兵が穂先に玉をつけた槍を象に投げつけても、象がおとなしく我慢するので馬が怖がらなくなったからである。

七三 [1]さて、上述の理由からカエサルは懸念を抱いていたので、より慎重に時間をかけて事を行なうようになり、それまでの迅速さをつねとする戦法を控えた。[2]それも驚くにあたらない。カエサルの軍勢はガリアの平地での戦争に慣れていたし、敵対したガリア人は堂々として姑息なことをせず、策略ではなく、武勇をもって戦うのをつねとしていた(61)。ところが、いまカエサルは兵士らを敵の策略、陥穽、戦術に慣れさせ、どこに食らいつき、何を避けるべきか把握させるように心を砕かねばならなかったのである。[3]そこで、兵士らの修得を速めるためにカエサルは、各軍団を一個所に留め置くのではなく、穀物調達の目的と見せて、あちらこちらへ走り回らせるようにした。というのも、敵の軍勢が自分の進路から離れていくことはないとカエサルは読んでいたからである。[4]そして、二日後、組んだ戦列を少しも崩すことなく軍勢を繰り出すと、敵の陣営のそばを通り過ぎ、平坦な場所で戦いを挑んだ。しかし、敵が誘いに応じないのを見て、夕刻近くに軍団を陣営に引き戻した。

七四 [1]そのあいだにウァガから使節がやって来た。これはゼータ近隣の城市だった。ゼータをカエサルが掌握したことは上述した(62)。使節は懇請して言った。「われわれに守備隊を派遣してほしい。われわれは戦争に有用な物資を数多く提供しよう」。[2]このとき、カエサルを支援する神々の意志により、一人の逃亡兵が同胞市民たちに知らせをもたらした。「ユバ王が軍勢を迅速に動かした。カエサル軍の守備隊が到着しないうちに城市へ駆けつけ、着くなり大軍で包囲して城市を掌握すると、全住民を一人残らず殺害し、町を兵士の略奪と破壊にまかせた」。

七五　[1]カエサルは三月二一日に軍の清め(63)を行ない、その翌日、全軍勢を率いて陣営から五マイル前進すると、スキーピオーから約二マイルの距離をはさんで戦列を組んだ。[2]十分に時間をかけて合戦に誘ったにもかかわらず、敵勢が戦いを避けているのを認めると、カエサルは軍勢を引き戻した。翌日、カエサルは陣営をたたみ、スキーピオーがヌミディア人守備隊を置いて穀物を運び込んでいたサルスーラ(64)の城市へ向かって急いだ。[3]ラビエーヌスはこれに気づくと、騎兵と軽武装兵によって隊列最後尾に襲いかかった。荷車で商品を運んでいた従軍商人や交易商の荷物を横取りして気勢を上げ、いっそ

---

(61)　ガリア人が自身の武勇を誇りとすることは『ガリア戦記』を通じて記述される。たとえば、一・一・二―四、一・一三・五―六、二・一五・四―五、五・五四・五、六・一四・五、七・七七・四―五。
(62)　前出六八・二。
(63)　「軍の清め」は単に、指揮官による閲兵を意味することが多いが、この場合は字義どおり、武器その他、軍に関わるものに清めの儀式が行なわれた可能性が高い。まず、通常、三月が作戦行動の開始時期であること、また、三月一九日から二三日の五日間は、ローマでは軍神としてのミネルウァ女神に捧げられるクインクアートルース祭(Quinquatrus)に当たり、とくに五日目は「ラッパの清め祭(Tubilustrium)」と呼ばれて儀式が営まれたことがその理由である。

う大胆に軍団へ近づいた。兵士らが携行品の重荷で疲れ果て、戦えないと見たからであった。[4]この機をカエサルは見逃さなかった。というのも、各軍団それぞれ三〇〇名の兵士には荷物を担がず、軽武装の態勢でいるように命じてあった(65)ので、この兵士らをラビエーヌスの騎兵部隊に対して送り込み、味方の救援としたからである。[5]するとラビエーヌスは馬の向きを転じた。軍旗を見て動顛し、必死で無様きわまりない逃走を図った。[6]軍団兵は多数を討ち取り、相当数を負傷させてから所属軍旗のもとに戻り、行軍を再開した。ラビエーヌスは右手高台の尾根づたいに距離をおいて追跡を続けた。

七六 [1]カエサルがサルスーラの城市に着くと、敵はスキーピオー軍の守備隊が討ち取られるのを目にしながら、友軍に援軍を送る気骨がなかった。スキーピオーの再役兵で、城市の指揮を執っていたプブリウス・コルネーリウスは勇敢に抵抗したが、大勢に取り囲まれて討ち死にした。カエサルは城市を掌握すると、軍隊に穀物を配給し、翌日、テュスドラの城市へ到着した。そこにはこのときコンシディウスが大規模な守備隊、および、剣闘士からなる護衛部隊とともにいた。[2]カエサルは、地勢を調べると水が乏しいため包囲攻撃には踏み切れず、すぐに出発し、約四マイル先の近くに水のある場所に陣営を置いた。そして、第四夜警時に出発し、ふたたびアッガル近郊に築いた(66)陣営に戻った。スキーピオーもまた同じようにして以前の陣営へ軍勢を連れ戻した。

七七 [1]そうするうちに、タベナの住民が、それまではユバ王領地辺境の沿岸地域で王の支配権下にあったのに、王の守備隊を殺して、使節をカエサルのもとへ送って寄越した。彼らは自身の行動を説明し、懇願した。「国運をかけてわれわれはローマ国民に奉仕したのだから、助けてほしい」。[2]カエサルは彼らの作戦を是認し、マルキウス・クリスプスを三個大隊と弓兵および相当数の弩砲とともに守備隊としてタベナへ派遣した。[3]これと時を同じくして、全軍団から兵士が到着した。病気で動けなかったり、休暇中であったりしたため、それまで所属部隊の軍旗に従ってアフリカへ渡れずにいた軍団兵四〇〇〇名、騎兵四〇〇騎、投石兵と弓兵一〇〇〇名が一度に輸送されてカエサルのもとへ駆けつけたのである。[4]そこでカエサルは、これらの軍勢と全軍団を繰り出し、戦列を組んだまま陣営から五マイル進み、スキーピオーの陣営から二マイルの地点の平原に陣取った。

七八 [1]スキーピオーの陣営の下方にはテゲアという名の城市があり、騎兵の守備隊約二〇〇〇騎が常駐していた。[2]この騎兵をスキーピオーは城市の左右両側に展開したうえで、陣営から軍団を繰り出し、下方の尾根の上に戦列を組んで陣取った。自軍の防御線からほぼ一マイル足らず進んだ場所であった。[3]スキーピオーはかなり長く同じ場所に留まり、昼のあいだを無為に過ごした。それを見て、カエサル

(64) 底本はプトレマイオス『地理書』四・三・三六「サスーラ」を根拠に「サッスーラ」という修正を採用しているが、写本の読みに従う。

(65) 『内乱記』一・四三・三、一・五七・一、三・七五・五、三・八四・三で「先鋒兵(antesignani)」として言及される特別任務の兵士であるかもしれない。

(66) 前出六七・二参照。

は騎兵部隊に、城市近くで警戒に当たっている敵騎兵への攻撃を命じ、軽武装兵、弓兵、投石兵も一緒に送り込んだ。[4]この作戦が開始され、馬を疾駆させてユーリウス軍が攻勢に出ると、パーキデイウス(67)は騎兵を横に広く展開してユーリウス軍騎兵部隊を取り囲もうとするのみならず、比類ない勇猛果敢さをもって戦った。[5]カエサルはそれを認めると、各軍団にはつねに軽武装の態勢を取る歩兵三〇〇名(68)がいたので、その戦闘地点のもっとも近くに戦列を組んでいた軍団からこれらの兵が騎兵の救援に走るよう命じた。[6]他方、ラビエーヌスは自軍騎兵に騎兵の援軍を送り、負傷者や疲弊した兵に代えて無傷で力が漲っている騎兵を供給した。[7]ユーリウス軍は騎兵四〇〇騎では、その数四〇〇〇にのぼる敵の勢いを支えられず、ヌミディア人軽武装兵によって傷を負わされ、徐々に後退した。カエサルは別の騎兵部隊を送って手詰まりの味方を素早く救援しようとした。[8]これが味方の士気を高めた。敵に向かって総攻撃をかけ、逃走に転じさせた。多数を討ち取り、相当数を負傷させた。三マイルにわたって追撃し、敵を高台まで追い込んだのち、味方のもとへ帰投した。[9]カエサルは第一〇昼間時まで留まってから、戦列を組んだまま陣営へ戻った。全員が無事であった。[10]この戦闘でパーキデイウスは投げ槍に兜を貫かれて頭に重傷を負い、相当数の指揮官と勇敢な兵は一人残らず討ち取られるか負傷するかした。

七九　[1]カエサルはどう仕向けても、敵を平坦な場所へ引き出し、軍団の勝負に懸けさせることができなかった。また、自身もさらに敵の近くへ陣営を置くことは水の欠如のためにできないことが分かっていた。そこで、敵は武勇に自信はないが、水の乏しさを恃みとして自分を見くびっているとカエサルは見て取ると、四月四日の第三夜警時にアッガルを発ち、夜間に一四マイル進み、ウェルギリウスが大規模な守備隊の指揮を執っていたタプソスの近くに陣営を置いた。その日のうちにこの城市の包囲が開始された。カエサルは守備隊の配置に格好の要所を数カ所占拠し、敵による侵入や内陸側の場所の奪取を防ごうとした。[2]対してスキーピオーは、カエサルの作戦を知ると、合戦に応じざるをえなくなった。自派にもっとも忠実なタプソスの人々とウェルギリウスを失うような恥辱のきわみを避けたかったからである。すぐさまカエサルのあとを高台づたいに追いかけ、タプソスから八マイルの地点に二つの陣営を置いた。

八〇 [1]そこには塩水の湿地があり、これと海のあいだの土地は狭隘で、一マイル半足らずの幅であったが、スキーピオーはそこを進んでタプソスの住民に援軍をもたらそうと試みた。[2]そうした試みをカエサルは予測していた。というのも、前日にその場所に砦を築いて防備を固め、守備隊として三個〈大隊〉を残してから、その他の軍勢を率いて三日月形の陣営を築き、タプソスの包囲工事にかかったのである。[3]対してスキーピオーは、当初意図した進路を塞がれたので、湿地の北側を回り、翌日とその夜を費やし、空が白む頃、上述の陣営と守備隊から一マイル半足らずの海側に陣取り、陣営の構築

(67) ラビエーヌスと同僚の騎兵指揮官。

(68) 前出七五・四参照。

を始めた。(69) [4] このことが報告されるとカエサルは、兵士に工事を切り上げさせ、陣営の守備隊として二個軍団とともに執政官格総督アスプレナースを残したうえで、戦闘態勢の軍勢を率いてその地点へ急行した。[5] 同時にまた、艦隊に対して一部をタプソス沖に残し、その他は敵の背後の可能なかぎり海岸近くへ船を寄せて自分の号令を待つように命じた。号令が下ったら、不意の喊声を上げ、備えも注意もしていなかった敵を怯えさせ、混乱と恐慌のうちに背後を振り返るように仕向ける算段であった。

八一 [1] カエサルが到着して見ると、防壁の前にスキーピオー軍の戦列が組まれ、象が左右両翼に配されていながら、同時に、兵士の一部は陣営の防御工事を精力的に進めていた。カエサルは三重の戦列を組んで、第一〇軍団と第九軍団を右翼に、第一三軍団と第一四軍団を左翼に置いた。第五軍団は両翼の象と向き合う位置に五大隊ずつ第四列を作るように配した。弓兵と投石兵を両翼に配置し、軽武装兵を騎兵のあいだに組み入れた。そのうえでカエサルは兵士らのあいだを徒《かち》で走り回り、古参兵には武勇を発揮したこれまでの戦闘を想い起こさせ、名を挙げて褒め称えつつ闘志を奮い立たせた。[2] 他方、新兵はまだ一度も合戦の経験がなかったので、「古参兵の武勇を見倣い、その評判、地位、名声を望め。勝利を摑めばそれらが手に入るのだから」と激励した。

八二 [1] そうして兵士のあいだを回るうちにカエサルがふと見ると、敵は防壁のあたりで落ち着きなく、あちこち不安げに忙しく動いている。城門の内側へ引っ込んだかと思うとまた平常心も自制もなく姿を現す。[2] さらに他の者も同じことに気づき始めたとき、突然、副司令官や再役兵らがカエサルに懇請した。「躊躇せずに号令を発してください。勝利はわれわれのものであることを不死なる神々が予示しています」。[3] カエサルが躊躇し、彼らの熱意と血気に抗して、突撃敢行は良策ではないと強く言い聞かせ、何度も戦列を制するうちに、突如、右翼でカエサルからの命令がまだないのに、ラッパ手が兵士らに無理強いされて進軍ラッパを鳴らし始めた。[4] これによって全部隊が軍旗に従い、敵めがけて進撃を開始した。このとき百人隊長らが体を張って立ちはだかり、兵士らが将軍の命令のないまま合戦に及ぶのを力で抑え込もうとしたが、まったく効果がなかった。

八三 [1] このように兵士らの闘志がかき立てられては、どのようにしても押し止めることはできないとカエサルは判断した。「勝運あれ」という号令を下すや、馬を駆り、敵の前線に向かって突き進んだ。[2] その一方、右翼からは投石兵と弓兵が象めがけ、しきりに矢玉を打ち込んだ。このため、象たちは投石の飛ぶ音、岩や鉛の投射に怯えて向きを転じると、背後に大勢密集していた味方の兵を踏み潰し、築造途中の防壁の門の中へ走り込もうとした。[3] 同様に、象と同じ右翼にいたマウリー人騎兵も、援護を失って一目散に逃走した。(70) [4] こうしてあっという間に象を退散させると、軍団兵が敵の防壁を掌中に

(69) ディオーン『ローマ史』四三・七・二には、「タプソスは一種の半島上に位置する。両側から海と沼が迫り、あいだの地峡は狭隘で湿地をなしているため、近づくには、湿地の両側の岸沿いにほんの少し離れてある二筋の道を行くしかない」と記される。

へまっしぐらに逃げ込んだ。

残りの敵は前日にそこを出発してきた陣営収めた。激しく抵抗する少数の者が討ち取られると、

八四 [1]ここで第五軍団(71)の一人の古参兵の武勇を書き漏らすべきではないと思われる。というのも、左翼で傷を受けて痛みに駆られた一頭の象が丸腰の従軍商人に襲いかかり、脚の下敷きにしてから、膝を押しつけて体重をかけ、鼻を直立させて大きな嘶《いなな》きを轟かせながら圧殺しようとしたとき、この兵士が黙って見ていられずに武器をもって象に立ち向かったのであった。[2]象はこの者が自分を武器で狙いながら近づいてくるのに気づくと、商人の死体を放し、兵士に鼻を巻き付けて高く持ち上げた。[3]兵士はこのような危機に必要なのは平常心にもとづく行動であることを心得ていたので、自分に巻き付いた鼻に力のかぎり剣で斬りつけることをやめなかった。[4]この痛みのために象は兵士を投げ捨てた。じつに大きな嘶きとともに向きを変えると、他の象たちのところへ走って引き揚げた。

八五 [1]その一方、タプソスの守備隊は海側の城門から出撃を行なった。味方の支援に駆けつけようとしたのか、城市を捨てて逃亡によって身の安全を図ろうとしたのか、いずれにしても城市を出ると、そのまま海の中を臍まで入って進み、陸を目指した。[2]しかし、陣営内にいた奴隷や従僕の投げる石や投げ槍に阻まれて陸に辿り着けず、また城市へ引き返した。[3]そのあいだに、スキーピオーの軍勢が打ち破られ、平原中のあちらこちらに逃走するところへ直ちにカエサルの軍団が追撃をかけ、立ち直る

余裕を与えなかった。(72) [4]それでも彼らは陣営を目指し、逃げおおせた。陣営で力を回復してからまた防戦を図ろう、誰か頼りにできる指揮官を見つけて、その指導力と指令のもとに作戦を遂行しようというつもりであった。だが、陣営を守る者が一人もいないのに気づくと、すぐに武器を放り出し、王の陣営に向けて急いで逃げた。[5]ところが、そこへ着くと、そこもまたユーリウス軍によって確保されているのを目にした。生き延びる希望を失い、とある高台の上に立つと、武器を下ろし、軍隊流の敬礼をした。(73) だが、それも不幸なことに彼らの身を護る役にはあまり立たなかった。[6]というのも、古参兵らが怒りと悲憤に燃えていたからである。彼らに敵の命を助けるよう仕向けることはできなかった。それればかりか、自分と同じ軍隊に属し、都出身の名のある者たち相当数を負傷させるか殺すかした。この者たちは〈………〉(74)張本人と呼ばれていた。[7]その中には財務官経験者のトゥッリウス・ルーフスが

(70)　「いの一番に(principites)」が写本の読みだが、底本の採用する修正提案(praecipites)に従う。

(71)　この軍団は志願して象部隊に対抗し、これを圧倒したので軍旗に象の意匠を施すことになったという(アッピアーノス『内乱史』二・九六)。

(72)　ここではカエサル軍の勝勢が一気に築かれたように記述されるが、アッピアーノスは、戦場のどこでも戦闘は厳しく、長いあいだ結果がどう転ぶか分からず、暮れ方にようやくカエサル軍が優勢となってスキーピオーの陣営を落とした、という(『内乱史』二・九七)。なお、この時点でスキーピオー自身は戦場から逃走し、見つけた船に乗り、ヒスパーニアに向かおうとした(後出九六・一。アッピアーノス上掲個所、ディオーン『ローマ史』四三・九・五)。

(73)　「武器を下ろし」は前節の「武器を放り出し」と矛盾するようだが、言葉のあやの範囲と思われる。また、「軍隊流の敬礼」は、カエサルを新たな指揮官とすることを示す儀礼。

(74)　「戦争の」あるいは「内乱の」といった言葉が欠落しているものと想定されている。

いた。彼はある兵士によって意図的に投げ槍で串刺しにされて命を落とした。同様にポンペイウス・ルーフスは腕を剣で刺し貫かれた。素早くカエサルの前へ駆け込まなければ、殺されているところだった。[8]このために相当数のローマ騎士と元老院議員が恐怖に包まれて戦場から撤収した。それは、兵士たちがこれだけの大勝利を収めたあとに思いのままの行動を取ったのは、節度を逸した過ちも大戦果ゆえに処罰を免れるものと踏んでのことであるから、自分たちも殺されかねないと考えてのことであった。[9]かくして、スキーピオー軍の兵士全員は、カエサルの保護を求めて嘆願し、カエサル自身もそれを見て兵士らに助命を求めたにもかかわらず、一人残らず殺された。

八六　[1]カエサルは三つの陣営を掌中に収め、敵兵一万を討ち取り、相当数を敗走させる一方、五〇名の兵士を失い、少数の負傷者を出して陣営に引き返した。(75)戻るとすぐさまタプソスの城市の前に布陣したのち、装具で飾り、櫓で武装した象六四頭を捕獲し、これらを城市の前に整列させた。これは、ウェルギリウスと彼とともに籠城する者たちが友軍の不首尾を示されれば頑強な抵抗を放棄するかもしれないと考えて行なわれたものである。[2]次いでカエサルは、ウェルギリウスに呼びかけて降伏を勧め、自分の寛容と慈悲を思い起こさせた。[3]しかし、相手が返答しないと見ると、カエサルは城市から引き揚げた。翌日、カエサルは神事を挙行し、集会を城市の人々から見えるところで開いて兵士らを称揚した。古参兵の全軍に褒賞を与え、比類ない勇敢さで功績のあった者それぞれに講壇の前で褒美を授けた。このあとただちにカエサルは出発した。タプソスには執政官格総督レビルスを三個軍団とともに、コンシディウスが指揮を執るテュスドラに対してはグナエウス・ドミティウスを二個軍団とともに残したうえで、マルクス・メッサーラを騎兵とともにウティカへ先発させ、自身もそこへ急ぎ進軍した。

八七 [1]他方、戦場から逃走したスキーピオー軍の騎兵はウティカの方向へ進んで、パラダの城市に着いた。[2]しかし、彼らは住民から受け入れを拒まれた。カエサル軍勝利の報が先に届いていたためである。そこで、力ずくで城市を掌中に収めると、中央広場の真ん中に材木を高く積み上げてから、その上に住民の所有物すべてを載せ、火をつけた。さらに城市に住む者は身分、年齢を問わず縛られて生きたまま火中に投げ込まれた。そのように過酷きわまりない処罰を科したのち、スキーピオー軍の騎兵はウティカに着いた。[3]これ以前にマルクス・カトーが、ウティカの住民はユーリウス法(76)の恩恵を受けているので自派を擁護することはほとんどないと判断していたことから、民衆の武器を取り上げ、彼らを城市から放逐していた。ベーリカ門(77)の前に陣営を築き、ほんのちっぽけな壕で防備しただけの

---

(75) プルータルコス『対比列伝』「カエサル」五三・四は、カエサル軍の戦死者については同数の五〇としながら、ポンペイウス派の戦死者を五万としている。

(76) 前五九年、カエサルが執政官在任中に定められたと考えられるが、内容は不明。『内乱記』二・三六・一にも「カエサルから受けた恩恵ゆえに彼に多大な好意を寄せるウティカ市民」という言及がある。

(77) 写本の読みは「戦争の(bellica)門」で一致するが、『内乱記』二・二五・一に照らして修正する。

ところへ、周囲に監視を置いたうえで、強制移住させていた。また、城市の元老院には見張りをつけてあった。[4]この陣営をスキーピオー軍の騎兵が襲撃し、攻め落としにかかった。住民がカエサル派を支持したことを知っていたためで、彼らを殺し、彼らを破滅させることで自分たちの悔しい思いを晴らそうとしたのである。[5]しかし、ウティカの人々はカエサルの勝利(78)によって意を強くしていたので石や棍棒を武器に騎兵を撃退した。[6]かくして、陣営を掌握できなかったので、そのあと騎兵はウティカの城市内へ突入し、そこで多数のウティカの人々を殺害し、家々を襲撃して略奪した。[7]騎兵に対するカトーの説得はまったく無力だった。自分とともに城市を護れ、殺戮と略奪をやめよ、という声は届かなかった。カトーは彼らの目的が分かっていたので、彼らの無法を鎮めるために各人に一〇〇セステルティウスを分け与えた。[8]スッラ・ファウストゥスもそれに倣い、自腹を切って施しをした。彼は騎兵とともにウティカを発ち、王領を目指した。

八八　[1]そのあいだに相当数の逃走兵がウティカに辿り着いた。カトーはこれらの者を呼び集め、スキーピオーに戦争遂行資金を提供した三百人会(79)も一緒にいる前で激励し、奴隷を解放して城市を守ろう、と言った。[2]一部が賛同する一方で、一部は心底怯え上がり、逃げ出す決心をしているのをカトーは見て取ると、それ以上はこの問題を議論することをやめ、彼らに艦船を割り当て、それぞれ望みの場所へ出発させることにした。[3]カトー自身はすべてについて万端怠りなく措置を講じ、また、そのとき財務官を務めていたルーキウス・カエサルに自分の子供たちを託してから、それと感づかれぬまま、表情も話ぶりもそれまでと同じ様子で就寝するように見せておいて、密かに剣を懐に入れて寝間に持ち込み、己が身を刺し貫いた。[80] 4 彼は倒れ伏したが、まだ事切れずにいるうちに医者と下僕たちが異変を感じて寝間に駆け込み、止血と包帯を始めた。すると、カトーは自分の手で傷口を無惨このうえなく引き裂き、意識のはっきりしたまま己が身を滅ぼした。5 彼に対してウティカの人々は、支持党派の違いゆえに敵意をもっていたけれども、彼の他に例を見ない清廉さゆえに、また、他の指揮官らとはまったく違っていたこと、ウティカを見事な防御設備工事で固め、櫓を増強したことから、彼の葬儀を

(78) アッピアーノス『内乱史』二・九八によれば、タプソスでのカエサル勝利の報せは戦いの翌々日(四月八日)にウティカに届いていた、という。プルータルコス『対比列伝』「小カトー」五八・七も参照。

(79) ローマの元老院に相当する組織。プルータルコス『対比列伝』「小カトー」五九・二によれば、三〇〇人は商売や金貸しを営むローマ人で、このときの集まりはユッピテル神殿で行なわれ、ローマから来ていた元老院議員も全員出席したという。

(80) カトーは自害の前にウティカの市民に公的資金と自分の可処分資産を引き渡した。また、自分がカエサルによって助命されることは分かっていたが、カエサルの慈悲にすがることは死よりも辛いと考える一方、子供には生き延びることを望んだという(ディオーン『ローマ史』四三・一〇・三―一一・一)。アッピアーノス『内乱史』二・九八―九九は、カトーが寝室でプラトーンの魂についての著作(『パイドーン』)を最後まで読み通したあとに自害した、と伝える。プルータルコス『対比列伝』「小カトー」六八―七〇には、カトーが寝室に下がったとき、そこに剣が――彼の自害を防ごうと息子が持ち去ったために――なかったこと、カトーは息子や奴隷を叱って剣を持ってこさせ、その剣で明け方近くに自害を図ったこと、このとき、内臓が飛び出しながらも死にきれずにいる彼を、駆けつけた医者が助けようとしたこと、しかし、カトーはさらに傷口を開いて命を絶ったこと、が記される。

った。メッサーラは命令に従ってウティカに着くと、すべての城門に衛兵を配置した。

望をもっている」。[7]そうして彼は、開かれた城門からウティカを発つと、将軍カエサルに会いに向か

前で演説し、全員を激励して言った。「城門を開こう。私はガーイウス・カエサルの慈悲に大きな希

営んだ。[6]彼の死後、ルーキウス・カエサルはこの出来事を自分に有利に働かせるため、人々を集めた

八九 [1]そのあいだにカエサルはタプソスから進軍してウジッタ(81)へ着いた。そこではスキーピオーが大量の穀物、武器、矢玉その他の物資をわずかの守備隊に守らせていた。[2]カエサルは到着と同時にこれを掌握すると、次にハドルーメートゥムに着いた。すぐさま入城を果たすと、武器、穀物、資金の備蓄を調べたうえで、このときそこにいたクイントゥス・リガーリウス(82)と息子のほうのガーイウス・コンシディウスを助命した。[3]次いで、その日のうちにハドルーメートゥムを発った。そこにはリーウィネイウス・レーグルスを一個軍団とともに残し、ウティカへ急行したのである。[4]その途中、ルーキウス・カエサルが現れ、いきなりカエサルの前に身を投げ出して膝にすがり、命を助けてくれ、他にはなにもいらないと言って嘆願した。[5]カエサルは生来の気性とこれまでの慣行に従って快く助命した(83)。同様に、カエキーナ、ガーイウス・アテイウス、プブリウス・アトリウス、ルーキウス・オケッラ父子、マルクス・エッピウス、マルクス・アクイニウス、マルクス・カトーの息子、ダマシップスの子供たちもこれまでのならいどおりに助命した。そろそろ灯りに火が入る頃にウティカに着くと、その夜は城市の外に留まった。

九〇　翌朝、[1]カエサルは城市に入ると、集会を召集し、ウティカの住民に呼びかけて自分に対する支持に感謝を述べた。その一方、ローマ市民である事業者、および、三百人会の一員としてウァールスとスキーピオーに資金を提供した者たちには多言を費やして非難した。この者たちの罪を長々と挙げ連ねたが、最後には、恐れることなく出頭せよ、と通告した。「私はおまえたちの命だけは助けてやろう。だが、財産は売り払う。ただし、財産を自分で買い戻した者があった場合、その者は財産売却を登録して、売却額を罰金として納めることとし、それによって生命の安全を確保するものとする」。[2]これにより、恐怖で血の気を失い、自分の所行を考えて生きられる希望をなくしていた者たちに急に救いがもたらされた。彼らは喜び、進んで条件を受け入れ、カエサルに対して、三百人会全員一括で支払い金額を課してくれるよう頼んだ。[3]かくして、二億セステルティウスが彼らに課され、三年間に

(81)　写本の読みはウッセータ(Ussetam)で一致しているが、修正提案(Uzittam)に従う。タプソスとハドルーメートゥムのあいだにある位置と、前出四一・二の記述がウジッタを示唆するためである。

(82)　この年(前四六年)の後半にローマで、アフリカでの行為についてキケローの弁護のもと、カエサルの前で裁かれた。キケローの弁論は『リガーリウス弁護』として現存する。

(83)　この記述にもかかわらず、結局、ルーキウス・カエサルは殺された(キケロー『縁者・友人宛書簡集』九・七・一、前四六年五月後半)。ディオーン『ローマ史』四三・一二・三は、カエサルが「密かに殺した」とするが、スエートーニウス『皇帝伝』「カエサル」七五・三は、殺害がカエサルの意志によるのではなかった、とする説を紹介している。

六回払いでローマ国民に納められることとなったが、彼らの誰一人として拒む者はなく、「今日ようやく私たちは新たな誕生日を迎えました」とまで言って喜び、カエサルに感謝した。

九一 [1]他方、ユバ王は戦場から逃走したあと、ペトレイウスとともに昼間は農園に隠れ、夜間に道のりを踏破してついに王領内へ入り、ザマの城市へ近づいた。そこには王の住まいがあり、妻たち、子供たちがいて、王国全土から資金や最高級の貴重品のすべてを運び込んであった。戦争の始まったときに最高度の防御工事を施して守りを固めてあった。[2]しかし、すでに住民は切望していたカエサルの勝利の知らせを聞いていたので、次の事由から王の城市入城を阻んだ。王は対ローマ国民の戦争に踏み切ったとき、ザマの城市の中央広場の真ん中に木材を積み上げ、じつに巨大な火葬堆を築いていたが、これは、もしも戦争で負けることがあれば、すべての持ち物をその上に載せ、また、全市民を殺害してやはりその上に載せてから火をつけよう、それからようやく自分もその上で自害しよう、子供らも妻たちも、市民も王の財宝も、ことごとく焼尽しよう、という意図からであった。[3]ユバは城門の前で長いあいだ強硬に、最初は王権にふさわしい嚇《おど》しも交えてザマの住民と談判したが、さしたる効果がないと見て取ると、次には嘆願によって、王の守護神と家炉のところへ入れてもらえまいか、と頼んだ。それでも住民の考えは固く、嚇しでも嘆願でも自分を中へ入れるように心が動かないと見ると、王は第三の手として、妻たちと子供たちを渡してくれ、一緒に連れて行くから、と住民に求めた。[4]住民がまったく返答を寄越さないのを見て、王は何一つ頼みを聞き入れてもらえないままザマを去り、自分の農園に向けてマルクス・ペトレイウスとわずかの騎兵とともに道を進んだ。

九二 [1]そのあいだにザマの人々は、この件に関する使者をウティカにいるカエサルのもとへ送り、次のように求めた。「王が軍勢を集めて自分たちを攻撃する前に援軍を派遣してほしい。だが、われわれには覚悟がある。命の続くかぎり、城市とわが身をカエサルのために護ってみせよう」。[2]カエサルは使者を称賛したのち、先に城市へ戻って自分の到来を先触れせよ、と命じた。カエサルは翌日にウティカを発ち、騎兵を率いて王領へ急行した。[3]その途中、王の軍勢にいた相当数の指揮官がカエサルのもとへ来て、赦免してくれるよう嘆願した。[4]この嘆願によって赦しを得ると、彼らはザマへ到着した。そうするうちにカエサルの寛容と慈悲に関する噂が広まり、王の騎兵のほとんど全員がザマのカエサルのもとへやって来て、彼によって恐怖と危険から解放された。

九三 [1]両軍がこのような状況であるあいだ、コンシディウスはテュスドラにおいて自分の奴隷や剣闘士団やガエトゥーリア人からなる部隊を指揮していたが、味方の討ち死にの情報やドミティウスと軍団の到来(84)に怯え上がり、助かる希望を失って城市を放棄した。[2]密かに少数のガエトゥーリア人とともに現金を担いで退去し、王領内へ逃げ込もうと急いだ。しかし、同行したガエトゥーリア人らが金を

---

(84) 前出八六・三参照。

奪おうと彼を途中で殺して、それぞれ身を隠せる場所へ遁走した。他方、[3]ガーイウス・ウェルギリウスは陸上も海上も封鎖され、(85)何をしても無益だと理解した。友軍は討ち死にするか逃亡していた。マルクス・カトーはウティカでみずから命を絶った。王は本拠を失った。味方からは見捨てられ、誰からも見下されている。サブッラと彼の軍勢はシッティウスによって殲滅された。(86)ウティカはカエサルを抵抗せずに迎え入れた。あれほどの大軍がいまは見る影もない。ここに至ってウェルギリウスは、彼を包囲していた執政官格総督カニーニウスが彼と彼の子供らに示した条件を受け入れ、身柄とすべての持ち物と城市を総督に引き渡した。

九四 そのあいだに、王はあらゆる城市から閉め出され、助かる希望を失っていた。彼は〈あらゆる試みを尽くしたあと、剛毅な死に様を遂げたと見られるために、ペトレイウスと互いに剣を執って戦った。体力の劣るユバを頑健さにまさるペトレイウスが(87)造作なく剣で討ち果たした。そのあと彼は剣でみずからの胸を刺し貫こうとしたが果たせず、奴隷に自分を殺してくれと頼み、聞き届けられた。

九五 他方、[1]プブリウス・シッティウスはサブッラが指揮するユバ王の軍隊を撃破し、サブッラも討ち取ったあと、少数の兵を率い、[マウレーターニアを通って](88)カエサルのもとへ行軍していたところ、偶然、ファウストゥスとアフラーニウスに遭遇した。彼らの指揮下にはウティカを劫略した部隊があった。[2]ヒスパーニアへ向かうその数はおよそ一〇〇〇名であった。そこでシッティウスは夜間に素早く伏兵を配置し、日の出とともに襲撃した。わずかの騎兵が隊列の先頭から逃げてしまったが、その他の者は討ち取るか投降させるかした。[3]アフラーニウスとファウストゥスは妻子とともに生け捕りにした。数日後、軍中に不和が生じ、ファウストゥスとアフラーニウスは殺された(89)。ポンペイアとファウストゥスの子供らにカエサルは身の安全と所持品すべての保持を許した。

九六 [1]その一方、スキーピオーはダマシップス、トルクアートゥス、プラエトーリウス・ルスティア

---

(85) 前出八六・三参照。ウェルギリウスはタプソスにおいてカニーニウス・レビルス指揮下のカエサル軍に包囲され、籠城していた。

(86) シッティウスは、ユバ王がスキーピオーの援軍要請に応じることを阻むように、ヌミディア王領内に侵攻し(前出三六・四)、ユバ王が王領を出たあとは、王に軍の指揮を任されたサブッラ(前出四八・一)と戦っていた。シッティウスの勝利は後出九五・一でも言及されるが、その詳細についての記述はない。

(87) 写本の読みは一致して「ユバがペトレイウスを(Iuba Petreium)」だが、修正提案(Iubam Petreius)に従う。リーウィウス『ローマ建国以来の歴史』「要約」一一四、フロールス『ローマ史概要』二・一三・六九の記述に合致することが修正の理由である。

(88) 写本の読み(per Mauretaniam)は文脈にそぐわないので削除が提案されている。次節「ヒスパーニアへ」の前に移す提案、また、「海岸地域を通って(per maritima)」という読み替え提案もある。

(89) 二人の殺害について、スエートーニウス『皇帝伝』「カエサル」七五・三が、カエサルの意志によるのではなかった、とする一方、ディオーン『ローマ史』四三・一二・二には、二人がマウレーターニアへ逃げたが、シッティウスに捕らわれ、カエサルによって裁判なしで殺された、と記される(フロールス『ローマ史概要』二・一三・九〇も参照)。

ーヌスとともに軍船に乗り込んだ。しかし、長く激しく荒波に翻弄されたため、ヒスパーニアを目指したのに、ヒッポー・レーギウスに流れ着いた。[2] そこにはこのときプブリウス・シッティウスの艦隊がいたため、数で劣る艦船は優勢な艦隊によって包囲されて沈み、ここでスキーピオーは上述の者たちとともに命を落とした。(90)

九七 [1] そのあいだにカエサルは、ザマで王の財産を競売にかけるとともに、対ローマ国民の戦いを起こしたローマ市民の財産を売り払った。ザマの住民には褒賞を与えた。彼らが王を閉め出す決議をしたからである。また、王の課した通行税を没収し、王領を属州化したうえで、サッルースティウスに執政官格命令権を帯びさせてそこに残す(91)と、カエサル自身はザマを発ってウティカへ引き返した。[2] その地で、ユバとペトレイウスのもとで地位を得ていた者たちの財産を売り払った。また、タプソス市に二〇〇万セステルティウス、タプソスのローマ市民協会に三〇〇万セステルティウス、ハドルーメートゥム市に三〇〇万セステルティウス、ハドルーメートゥムのローマ市民協会に五〇〇万セステルティウスを懲罰金として科した。[3] レプティス市については、それまでの数年間に財産をユバに略奪されたが、使節を立てて元老院に訴えを起こし、元老院から裁定人を定めてもらって財産を取り戻していたことから、三〇〇万リーブラ(92)のオリーブ油を毎年納める罰を科した。しかし、市民と市民の財産については、あらゆる不正行為や略奪から保護した。[4] なぜなら、戦争開始当初、指導者同士の仲違いからユバと同盟を結び、王を武器、兵力、資金の面で援助したからであった。テュスドラ市については、貧弱であることから、一定量の穀物納入を課した。

九八 以上をなしたのち、[1]カエサルは六月一三日にウティカで艦隊に乗船し、二日後にサルディニアのカラリスに到着した。[2]その地でスルキー市に対し、ナシディウスと彼の艦隊を迎え入れ、兵員の支援をしたという理由から、一〇万セステルティウスの懲罰金賦課と、十分の一税に代わって八分の一税の支払い命令を行ない、数人の財産を売り払った。六月二七日に船に乗り込み、カラリスから陸沿いに船を進め、二七日後に——というのは悪天候のためにいくつかの港に留まらざるをえなかったからだが——都ローマに着いた。

(90) アッピアーノス『内乱史』二・一〇〇は、(名前を「ルーキウス」と誤記しているが)スキーピオーが奮戦ののちに剣で自害して海に落ちた、と伝える。

(91) ディオーン『ローマ史』四三・九・二—三、偽キケロー『サッルースティウス弾劾』一九によれば、サッルースティウスの統治はあくどい搾取で私腹を肥やすものであった。

(92) 一リーブラ=約三二七グラム。

ヒスパーニア戦記

一 [1]いまやパルナケースが打ち破られ、アフリカが取り戻された(1)。これらの戦闘後に青年グナエウス・ポンペイウスとともに落ち延びた者たちが……(2)、カエサルが見世物を開催するためにイタリアに留まっているあいだ(3)のことである。彼は外ヒスパーニアをも掌握した。ポンペイウスはカエサル軍に対抗する守備軍を整えやすくするため、諸市の忠誠を頼みの綱として一つ一つすべてに訴えてまわ

(1) それぞれ、ゼーラの戦い(『アレクサンドリア戦記』七二―七七)、タプソスの戦い(『アフリカ戦記』七九―八六)を念頭に置く。

(2) テキストに乱れがあり、「落ち延びた者たちが」を受ける動詞が欠落している。記述のぎこちなさをも補って、「これらの戦闘後に〈生き残った〉者たちが青年グナエウス・ポンペイウス〈のもとへ〉落ち延びたのち、ポンペイウスは〈バレアーレス諸島に着いてから〉外ヒスパーニアを掌握した。カエサルが見世物を開催するためにイタリアに留まっているあいだのことである。〈ポンペイウスが大軍勢を集めたのに対し、カエサル軍はまったくなすところがなかった。〉」という復元提案がある。

った。[2]そうして、一部は懇願によって、一部は力ずくで相当大規模な軍勢を整え、属州を荒らした。[3]そのような状況で、いくつかの町は自分からポンペイウスに援軍を送ろうとした一方、いくつかは反抗して城門を閉ざそうとした。[4]反抗した城市が攻め取られた場合、市民は、たとえグナエウス・ポンペイウス(4)のために最大級の貢献をしたことがあっても、大金をもっていると、そのために罪状を着せられて葬り去られ、金は山賊ども(5)に分け与えられた。そうして敵側の状況は順調で、軍勢はさらに大きく増強されつつあった。[5]このことについてしきりに使者がイタリアへ送られた。ポンペイウスに反抗する諸市が援軍派遣を要請したのである。

二　[1]ガーイウス・カエサルは三回目の独裁官を務め、四回目となる次期独裁官指名も受けていた(6)。出発の前に多くの事柄(7)を完了したのち、戦争を完遂するため迅速にヒスパーニアへ到着した(8)。すると、グナエウス・ポンペイウスから離反していたコルドゥバからの使節がカエサルに会いにやって来た。彼らの知らせでは、夜間を狙えばコルドゥバの城市奪取は可能だという。「なぜなら、あなたの属州到来が敵方の不意を突いたからです。飛脚たちも不意を突かれました。グナエウス・ポンペイウスは飛脚をいたるところに配置し、カエサルの到着を自分に報告させるつもりでした(9)」といったことなど、他にも本当と思われる多くの理由を説明した。[2]この情報を得てカエサルは決断した。以前に軍の指揮を任せておいた副司令官クイントゥス・ペディウスとクイントゥス・ファビウス・マクシムスに自分の到着を知らせるとともに、属州から徴発した騎兵隊に自分の護衛をさせるよう指示した。[3]しかし、カエサルの到着が彼らの予想より迅速だったため、思ったとおりにならなかった。護衛のための騎兵をそろえられなかったのである。

三 [1]このとき守備隊を率いてコルドゥバを保持していたのは弟のセクストゥス・ポンペイウスであっ

---

(3) 前四六年九月にカエサルがガリア、エジプト、ポントス、アフリカでの勝利を祝う四重の盛大な凱旋式を挙行したことを指す。リーウィウス『ローマ建国以来の歴史』「梗概」一一五、ウェッレイウス・パテルクルス『ローマ世界の歴史』二・五六・二、スエートーニウス『皇帝伝』「カエサル」三七—三九、ディオーン『ローマ史』四三・一九—二四参照。

(4) 「青年」の父、いわゆる大ポンペイウス。彼は前七六—七一年に内ヒスパーニアで軍を指揮し、前五五—四九年に内外ヒスパーニアの属州総督であった。

(5) 軍中に組み入れられている奴隷や荒くれの現地人を指すと考えられる。

(6) 前四六年に三回目の独裁官となり(ディオーン『ローマ史』四三・一・一)、さらに同年、一〇年間の独裁官に指名された(同四三・一四・四)。

(7) 四重の凱旋式(注3)の他、翌年から始まるユーリウス暦の実施準備(ディオーン『ローマ史』四三・二六)など。

(8) オロシウス『歴史』六・一六・六によると、カエサルはローマからサグントゥムまでの約一九五〇キロメートルをわずか一七日間で踏破した、という。また、ローマから(サグントゥムより直線距離でさらに四五〇キロメートル先にある)オブルコー(Obulco. 現ポルクナ(Porcuna))まで二七日間で達したとする説をストラボーン『地誌』三・四・九は伝える。アッピアーノス『内乱史』二・一〇三は外ヒスパーニアまで同じく二七日間、スエートーニウス『皇帝伝』「カエサル」五六・五は二四日間としている。

(9) 写本には二つ目の理由文を導く接続詞(quod)があることから、テキストに欠落を想定し、「これら飛脚を途中で捕らえたところ……」「この飛脚らにカエサルの到着に対するポンペイウスの恐れが示されている」といった補いの提案があるが、quod を削除する底本の読みに従う。

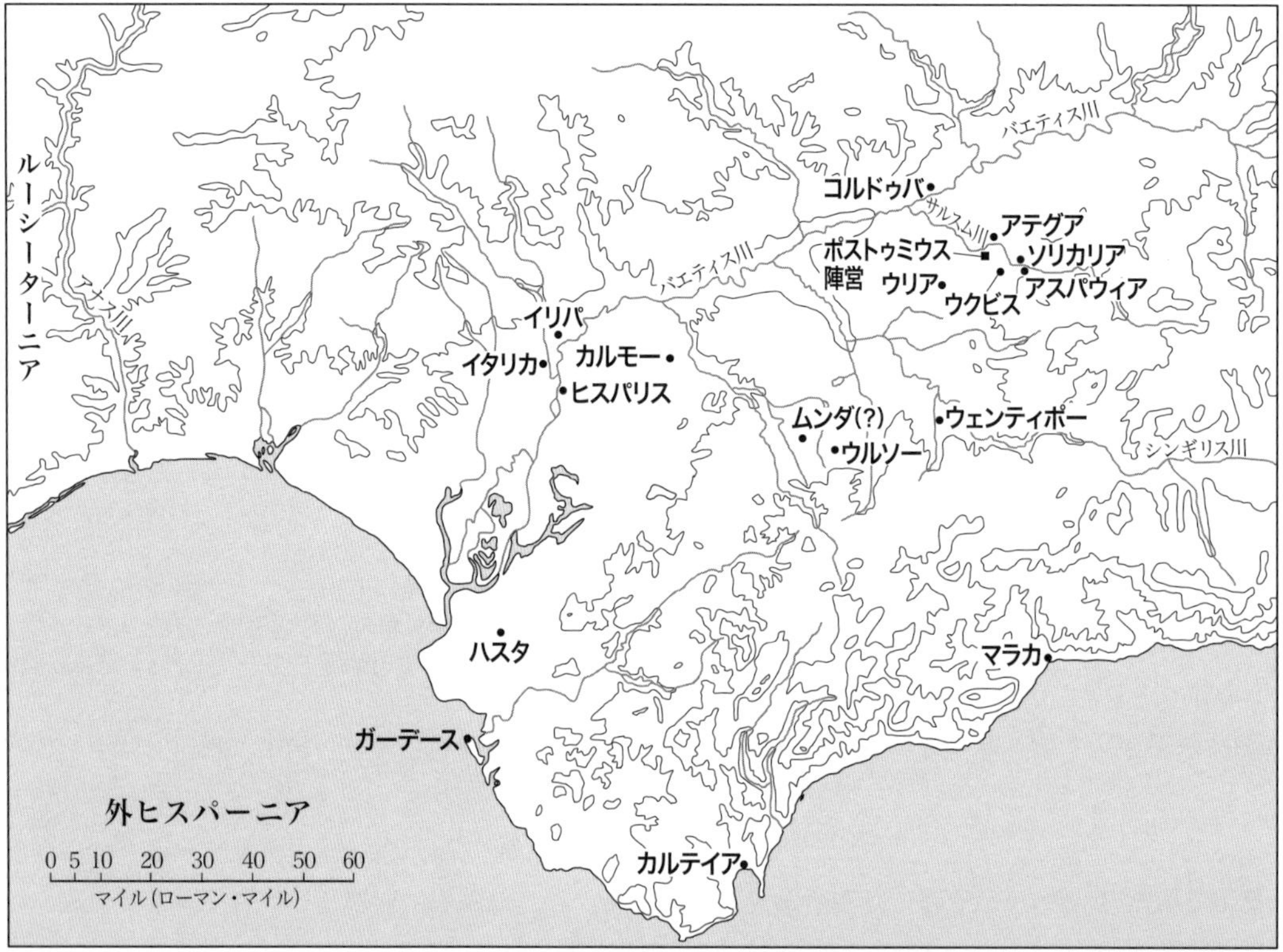
外ヒスパーニア
0 5 10 20 30 40 50 60
マイル(ローマン・マイル)
ルーシーターニア
アナス川
バエティス川
バエティス川
サルスム川
シンギリス川
コルドゥバ
アテグア
ポストゥミウス陣営
ソリカリア
ウリア
ウクビス
アスパウィア
イリパ
イタリカ
カルモー
ヒスパリス
ムンダ(?)
ウルソー
ウェンティポー
ハスタ
ガーデース
カルテイア
マラカ

た。コルドゥバが属州の首都と見なされていたから(10)である。ところが、青年グナエウス・ポンペイウス自身はウリアの城市を包囲攻撃中で、すでに数カ月近くそこに留まっていた。[2] この城市にカエサル到着の報が伝わると、そこから使節が——グナエウス・ポンペイウスの守備隊に気づかれずに——カエサルのもとへやって来て、「早ければ早いほどよい、支援部隊を派遣してほしい」と要請した。[3] カエサルは、この町がどんなときにもローマ国民のために最大級の貢献を果たしてきたこと〈を忘れていなかったので〉、すぐに歩兵六個大隊、および、これと同数の騎兵に対し、第二夜警時に進発することを命じた。[4] この部隊の隊長には、属州で名を知られ、知識も豊富な人物であるルーキウス・ウィービウス・パキアエクスを任命した。[5] 部隊がグナエウス・ポンペイウスの守備隊の近くへ来たとき、たまたま嵐が襲い、強風が吹き荒れた。嵐は勢い激しく、兵士の〈視界〉(11)を悪くしたので、すぐ隣の人間も見分けられないほどだった。[6] だが、この悪天が部隊にはじつに有利に働いた。目的地に着くとパキアエクスは一頭の馬に二人ずつ騎乗(12)するように命じ、真っ直ぐに敵の守備隊のあいだを抜け、城市へ向かって急いだ。[7] 敵軍の中に来たとき、わが軍の一人の兵が誰何《すいか》に答えた。「口をつぐんで何も言

(10) 外ヒスパーニアにおいてガーデースと並ぶコルドゥバの重要性について、ストラボーン『地誌』三・二・一参照。

(11) 底本が採用する修正および補いの提案(militumque 〈visus〉)に従う。

(12) ストラボーン『地誌』三・四・一八は、これがヒスパーニア人の習慣で、戦いのときは一人が馬を下りる、と説明する。リーウィウス『ローマ建国以来の歴史』二六・四・五は、前二一一年にローマ軍がこの戦術を用いた、と伝える。

うな。いまわれわれは城壁へ攻め寄せ、城市を奪取しようとしているのだから」。衛兵の一部は嵐に災いされて注意が散漫になり、一部はその返答に怯え上がった。部隊が城門に近づいたところで合図をすると、城市内の人々によって迎え入れられた。歩兵が一部を各所に配置したうえで城市に留まった一方、騎兵は喊声を上げ、敵軍の陣営めがけて突撃した。この突撃がなされたとき、敵は何も分からぬままだったので、陣営内にいた者の[ほとんど]大部分は自分たちがほとんど捕虜になったも同然と考えた。[8][9]

四 カエサルは、このようにウリアへ防衛部隊を派遣したあと、ポンペイウスにこの城市の攻囲から手を引かせるためにコルドゥバへ急行し、行軍の途中で甲冑装備歩兵の猛者を騎兵とともに先発させた。これら歩兵は城市の視界内に入ると同時に馬上に引き上げられ、この動きはコルドゥバ駐留軍からはまったく気づかれえなかった。彼らの接近に対して城市からかなりの大部隊が騎兵殲滅を目論んで出撃してきたとき、甲冑装備歩兵が上述の態勢から馬を下りて戦い、大きな働きを見せた。数えきれないほどの大軍のうち、ほんのわずかしか城市内へ帰還できないほどだった。恐怖に駆られたセクストゥス・ポンペイウスは兄に手紙を送った。「すぐに救援に来てもらいたい。さもないとカエサルがコルドゥバを陥落させてしまう」。そのあとに来ても手遅れだ」。かくしてグナエウス・ポンペイウスはもう少しでウリアを落とせるところだったが、弟の手紙に動かされ、〈全〉軍勢を率いてコルドゥバへの進軍を始めた。[1][2][3][4][13]

五 [1]カエサルがバエティス河畔まで来てみると、川が深いために渡ることができなかった。そこで、川中に石を満たした籠を川底に沈めてから、その上に木材を置いて橋を作り、軍勢を三隊に分けて渡河させ、陣営を置いた。[2]城市を正面に見る橋の周辺に、先述のように、三隊に分けて布陣した。ポンペイウスもそこへ到着すると、対岸に対峙し、同様に陣営を築いた。[3]カエサルはポンペイウスに対し、城市への接近や物資補給を遮断するため、橋(14)まで外塁の建設に着手した。ポンペイウスも同じ理由から同じ策に出た。[4]ここで二人の司令官のあいだで、いずれが先に橋を占拠できるか競争になった。この競争から毎日小競り合いが起き、わが軍が優勢に終わるときもあれば、相手が有利な結果のときもあった。[5]この状況がさらに大がかりな争いとなったとき、両軍は白兵戦に突入した。退くまいとする闘志が高まるまま橋の近くへ密集し、川岸へ寄り過ぎた兵は足場をなくして転落した。[6]ここで双方とも、互いに折り重なって命を落とすばかりでなく、等しい大きさの墳墓を築き合った。[7]そうしてかなりの日数が経過した。カエサルが望んでいたのは、なんとかして敵方を平坦な場所へ引き出し、できるだけ早く戦争の決着をつけることであった。

(13) 底本が採用する補い。ディオーン『ローマ史』四三・三二・六でも「全軍勢」と記されている。 (14) バエティス川に架けられた石造りの橋。

六　だが、[1]敵方がそれを望んでいないと見て取ると、カエサルは敵をウリアから引き寄せてきたときと同様の策に出た。平坦な場所へ引き出すため、夜間に軍勢を渡河させ、火を大きく焚くように命じるなり、ポンペイウス軍がもっとも堅固な守備隊を擁するアテグアへ進発したのである。(15) [2]ポンペイウスはそれを逃亡兵から聞き知ると、機を〈捉えた〉日に、〈山中の〉隘路を抜け、相当数の荷車と多数の剣闘士師範を引き戻し(16)、コルドゥバへ引き返した。[3]カエサルはアテグアに対し、封鎖線と外塁をめぐらして包囲攻撃を始めた。その知らせが届くと、即日、ポンペイウスは進発した(17)。その到来に対する備えとして、カエサルは相当数の砦を確保し、それらに騎兵部隊と歩兵部隊を振り分けた。要所を押さえて警戒に当たり、陣営の守りとするためであった。だが、このとき、ポンペイウスの到来はたまたま早朝の霧が非常に濃いときに当たった。[4]そのように視界の利かない中でポンペイウス軍は、かなりの数の歩兵部隊と騎兵部隊でカエサルの騎兵を包囲して打ち破った。殺戮をかろうじて逃れた兵はほんのわずかであった。

七　[1]次の夜、ポンペイウスは自分の陣営に火をかけてから、サルスム川を渡り、峡谷を抜けてアテグアとウクビス両城市のあいだの山上に陣営を置いた。[2]カエサルは封鎖線やその他、城市〈の攻囲〉に必要な用意を整えると、攻城登坂路と鎧車の投入にかかった。[3]このあたりは山がちで、軍事作戦には障害の多い(18)地形であった。平地部分はサルスム川によって分断されているが、川はアテグアのすぐ近くを流れる。アテグアの領域から約二マイル離れた(19)山上にポンペイウスは陣営を置いた。両方の城市を見渡せたが、味方の救援に動こうとはしなかった。[4]鷲旗と軍旗に従う軍団数は一三(20)もあったが、要《かなめ》になると考えられた軍団も、そのうち二つは現地出身兵からなり、しかもトレボーニウス軍からの逃亡兵たちであった。いま一つはこの地域の植民者からなり、さらにもう一つは旧アフラーニウス軍で、彼がアフリカから率いてきた軍団だった。[5]残る軍団は逃亡兵や傭兵から構成されていた。軽武装兵と騎兵に関しては、武勇の点でも数の点でも、わが軍がまさっていた。

八 [1]これに加え、ポンペイウスが持久戦に持ち込んだ理由として、地形がせり上がり、陣営の防護に

---

(15) アテグア攻囲の目的はポンペイウスを戦いへ引き寄せるためとする記述だが、ディオーン『ローマ史』四三・三二・七、四三・三三・二では、冬期の戦いで食糧が不足したため、穀物を豊富に蓄えるアテグアを攻めた、とされる。

(16) テキストに乱れがあるが、底本の読みに従う。「多数の剣闘士師範(multosque lanistas)」は写本に出る読みで、これが正しいとすれば「山賊ども」(前出一・四)とほぼ同義と考えられるが、「荷物を担がせたラバ(mulosque onustos)」という修正提案もある。

(17) 底本の採用する文頭での修正提案(cuius re)と文の区切りに従う。文頭は写本どおりに読み(cui de)、「進発した(proficiscitur)」を不定法(proficisci)に読み替えて次の文に続ける提案(「ポンペイウスについて、その日に進発するという知らせが届けられたため」)もある。

(18) 多くの校本で採用されている修正提案(impedita)に従う。底本は写本の読み「せり上がった(せり上がりすぎた)(edita)」を保持している。

(19) 「約二マイル離れた」を前の文に続けて、川と城市の距離に解する校本もある。

(20) キケロー『縁者・友人宛書簡集』六・一八・二では、ウィービウス・パキアエクスの手紙の写しに記されるところとして、「一一」という数字が挙げられている。

適していないことが与《あずか》っていた。実際、[2]外ヒスパーニアは、ほぼ全体にわたって土地が肥沃であるので、包囲攻撃をしようとすると資材が乏しく、難しい。また、調達できる水もあまり豊富ではない(21)。[3]ここではまた、蛮族が頻繁に略奪行為に出撃するので、城市から遠く離れた場所はすべて櫓と防御設備で護られている。アフリカの場合と同じく、瓦ではなく砕石板(22)で屋根を葺く。それだけでなく、住まいの中に物見櫓がある。その高さからは広範囲に遠くまで見渡せる。[4]城市も、属州内のほとんどがたいてい山に護られ、聳え立つ地形の上に築かれているので、近づくのも困難である。[5]このように地形が包囲攻撃の妨げとなるので、ヒスパーニアの城市は容易に敵の手に落ちない。それはこの戦争でも当てはまった。[6]さて、上述のとおり、アテグアとウクビスのあいだの両城市を見渡せる位置にポンペイウスは陣営を置いたが、そこから約四マイルのところに小高い場所があり、ポストゥミウス陣営と呼ばれている。そこにカエサルは守備拠点として砦を構築した。

九 [1]この砦についてポンペイウスは、地形の点で(自分の陣営の防護をなしているのと)同じ尾根に護られていること、また、カエサルの陣営から遠いことから、地形的難点があること(23)に気づいていた。そして、サルスム川によって遮断されてもいるので、カエサルがこれほどの困難な地形にもかかわらず増援部隊を送る挙には出ないだろうと考えた。この予測にもとづいてポンペイウスは第三夜警時に出発し、この砦の攻略にかかった。[その結果、カエサルが苦戦する味方を救援しようとした(24)。] [2]ポンペイウス軍は十分に近づいてから、いきなり喊声を上げて大量の矢玉を発射し始め、それによって砦の兵の大部分を負傷させた。[3]このあと、砦からの反攻が始まり、カエサルの主陣営に報告が届けられた。カエサルは三個軍団を率いて進発し、〈苦戦する味方を救援しようとした〉。彼がそこへ近づいただけで、敵は怯え上がって逃走した。多数が討ち取られ、相当数が捕虜となった。捕虜の中に二人の百人隊長がいた。その他、多数が武器を捨てて逃走し、八〇枚の盾が回収された。

一〇[1] 翌日、アルグエーティウスがイタリアから騎兵を率いて到着した。彼はサグンティアの城市の住民(25)の中から五本の軍旗に従う兵を徴発して連れてきた。[2]これはしかるべき個所での記述を怠っていたことだが、イタリアからカエサルのもとへアスプレナースとともに到着していた。その夜、ポンペイウスは陣営に火を放つと、コルドゥバに向けて進軍を始めた。[3]インドーという名の王が騎兵を含む

---

(21) 「あまり豊富ではない (non nimis copiosam)」は底本の採用する修正提案に従う。写本の読み「劣らず豊富 (non minus copiosam)」はこのままだと分かりづらいので、語句の移動を施し、「土地が肥沃で、調達できる水も豊富であるので、包囲攻撃は手詰まりで困難なものになる」と読む校本もある。

(22) 『アレクサンドリア戦記』一・三参照。

(23) 「地形的難点」の語句は次文の「困難な地形」との重複もあり、削除提案がある。その場合、「護られていること……遠いこと」が「気づいていた」の目的節となる。

(24) 写本ではこの位置にある語句だが、意味をなさないので、三節への移動が行なわれている。

(25) 原文の Saguntinorum は「サグントゥムの住民」とも解することができ、実際、そのような解釈もなされている。サグンティアはプリーニウス『博物誌』三・一五に言及される城市と同定される。

取られた。

軍勢を引き連れて来ていたが、敵の隊列の追尾に逸《はや》るあまり、現地出身者軍によって分断され、討

一一　翌日[1]、わが軍の騎兵はコルドゥバ方面へ、そこからポンペイウスの陣営へ物資を運んでいた部隊をかなり遠くまで追撃した。そのうち五〇名を荷役獣とともに捕らえ、わが軍の陣営へ連行した。[2]その日、クイントゥス・マルキウスというポンペイウス軍の軍団士官であった者がわが軍側に逃亡した。第三夜警時に城市内で激しい戦闘が行なわれ(26)、大量の火器が発射された。火を打ち込むために常用するあらゆる種類の〈飛び道具が駆使された〉。[3]このあと、ガーイウス・フンダーニウスというローマ騎士が敵方の陣営からわが軍側に逃亡してきた。

一二　翌日[1]、現地出身者軍に属する兵士二人がわが軍の騎兵によって捕らえられたが、彼らは自分たちが奴隷であると言った。[2]しかし、到着したところで、かつてファビウスとペディウスの指揮下にいた兵士たちによって正体を知られた。トレボーニウスのもとからの逃亡兵であった。彼らは赦免を受ける機会を与えられず、わが軍の兵士らによって殺された。[3]時を同じくして飛脚数名が捕らえられた。彼らはコルドゥバからポンペイウスのもとへ送られたが、誤ってわが軍の陣営に着いたのであった。彼らは両手を切り落とされたのち釈放された。[4]いつものならいで第二夜警時に城市内から大量の火器と多数の矢玉の投射がかなり長時間を費やして行なわれ、相当数の兵士を負傷させた。[5]夜が明けると、第六

軍団のところまで突撃を敢行し、このとき、散開して防御設備工事の最中であったわが軍と激しい戦闘を始めた。敵の勢いをわが軍は抑え込んだ。城市側のほうが高い位置に護られていたにもかかわらず、である。[6]突撃に打って出たのは敵方であり、わが軍は位置関係の不利に苦しんでいたにもかかわらず、兵士らの武勇が敵を撃退して多数の傷を負わせ、城市内へ追い込んだ。

一三　翌日[1]、ポンペイウスは外塁を陣営からサルスム川のほうへ築き始めた。そして、わが軍の騎兵数騎が歩哨に立っていたところ、数にまさる敵に発見されて持ち場を逐われ、三人が殺された。[2]その日、元老院議員を父にもつアウルス・ウァルギウスは、兄弟がポンペイウスの陣営にいたので、すべての持ち物を残して馬に乗り、逃亡した。[3]ポンペイウス軍第二軍団に属する密偵が兵士らに捕らえられて殺された。同じ頃、石つぶてが打ち込まれ、それにはこう書き込まれていた。「城市奪取を目指してあなた方が攻め寄せる日に私は盾を置くだろう」。[4]これで希望を抱く者たちもあった。彼らは危険なしに城壁へ登り、城市を掌握できると期待しながら、翌日、城壁に近づく作業を始め、城壁前方部の大部分を崩して〈………〉(27)。[5]このあと、城市の住民は彼らをあたかも味方であるかのように助け〈………〉(28)ポンペイウスが防護のために城市に置いた甲冑武装兵を退散させてくれ、と頼んだ。これに

(26)　城市内での戦闘とすると、陥落を示唆することになるので、「城市内から激しい戦闘が挑まれ」とする修正読みがある。

(27)　テキストに欠落があり、「城市内へ入った」というような補いの提案がある。

(28)　テキストに欠落が想定される。

答えてカエサルは言った。「私はこれまでいつも条件を出す側であり、受け入れる側ではなかった」(29)。[6]彼らが城市に戻って、返答を伝えると、喊声が上がり、あらゆる種類の矢玉が発射され、城壁の前のいたるところで戦闘が始まった。このため、わが軍の陣営にいた者の大部分は必ずや敵がその日に突撃をしかけるだろうと考えた。[7]そうしてめぐらされた包囲線において長く激烈きわまりない戦闘が行なわれた。わが軍は投石砲を発射して一つの櫓を打ち倒したが、これによって櫓の上にいた敵勢五名とともに、その投石砲を常時見張っていた奴隷も打ち落とした。

一四 [1]これより前に、ポンペイウスはサルスム川の向こう岸に砦を築いた。わが軍から抵抗を受けなかったので、勘違いをし、ほぼわが軍の勢力圏内に地歩を占めた、と言って得意になった。[2]翌日もポンペイウスは同じ戦術を採り、かなり遠くまで兵を繰り出した。その攻勢によって、陣取っていたわが軍の騎兵部隊数隊が軽武装兵とともに駆逐され、数の少なかったわが軍騎兵は軽武装兵とともに敵の騎兵部隊に囲まれて潰滅させられた。[3]この戦闘は両軍いずれの陣営からも見えるところで行なわれ、ポンペイウス軍はなおいっそう得意になって喜んだ。わが軍が後退し、かなりの距離を追撃されることとなったからである。[4]しかし、その味方をわが軍が平坦な場所で迎え入れ、いつもどおりに変わらぬ武勇を発揮して喊声を上げると、踵を返して交戦しなかった(30)。

一五 [1]騎兵戦に関して次のことは兵士のあいだでほぼ常識である。すなわち、騎兵が馬を下りて歩兵と立ち合って戦おうとする場合、まったく相手にならないとされている。ところが、まさにそのこと(31)がこの戦闘で起きた。[2]選り抜きの軽武装歩兵がわが軍騎兵の不意を突いて戦いに加わり、それが気づかれたとき、相当数の騎兵が馬から下りた。[3]そうして、わずかのあいだに騎兵が歩兵を相手に、歩兵が騎兵を相手に戦闘を始め、ついには、防壁のすぐ近くで殺戮を行なう結果となった。[4]この戦闘で敵方は一二三名が討ち死にする一方、相当数が武器を奪われ、多数が負傷して陣営内へ追い返された。[5]わが軍の戦死者は三名、負傷者は歩兵が一二名、騎兵が五名であった。その日はこのあと、これまでどおりの戦術が採られ、城壁の前で戦闘が始まった。[6]敵はじつに大量の矢玉と火炎弾を防戦に追われるわが軍に打ち込んでから、非道で残酷至極な所行に及んだ。われわれの見ている前で、城市内で自分たちをもてなした人々の喉笛を切り、城壁の上から投げ落とし始めたのである。このようなことは野蛮人のあいだならともかく、およそ人間の歴史上に一度もなされたことがない。

(29) この言辞は、ネルウィイー族の使節に対するクイントゥス・キケローの言葉(『ガリア戦記』五・四一・七)に類似する。

(30) 原文は指示詞が何を指すか、また、独立句がどこにかかるか曖昧。底本の理解に従って訳出したが、「変わらぬ(ex simili)」を「傑出した(eximia)」と読み替えて、「敵は平坦な場所でわが軍に迎撃されると、それがこれまでどおりの傑出した武勇を示すものであったので、敵は喊声を上げ、踵を返して交戦しなかった」とする理解もある。

(31) 文脈から、「まさにそ〈れと反対〉のこと」と補う提案もある。

一六　[1]この日の日暮れ近く、わが軍に察知されずにポンペイウス軍から飛脚が送られた。「今夜、攻城櫓と攻城登坂路に火を放ち、第三夜警時に出撃せよ」という指示であった。[2]そのとおりに敵は、火炎弾と矢玉を大量に投げ込み、攻城装備(32)の大部分を潰しておいてから、ポンペイウスの陣営に向いてそれを見通せる位置の城門を開くと、全軍で出撃した。壕を埋めるために砂袋(33)を携え、わが軍が冬越しのために藁葺きで建てた小屋を引き倒して焼き払うための鉤棹の他、銀や衣服も持ち出し、わが軍がそれを略奪することに気を取られているあいだに殺して、ポンペイウスの守備圏内へ逃げ込もうとした。というのも、ポンペイウスはこの試みを完遂できると考えていたので、一晩じゅうサルスム川の向こう岸に戦列を組んで陣取っていた(34)のであった。[3]この作戦行動にわが軍は不意を突かれたけれども、武勇を支えに敵を撃退した。多数に傷を負わせて城市へ押し返し、戦利品と武具を手に入れた。生け捕りにした者もあったが、これらは次の日に殺された。[4]同じ頃、城市からの逃亡兵が知らせをもたらし、ユーニウスという坑道を掘っていた者が、城市の住民への殺戮が行なわれたときに抗議の声を上げたという。「われわれは非道で罪深い所業を働いた。あの者らは何一つ悪いことをしていないのにこんな罰を受けた。それどころか、われわれを自分の祭壇と炉辺に迎え入れてくれた人々だ。その歓待の恩義をわれわれは罪で汚したのだ」。彼はさらにまだ多くの言葉を述べたが、[5]この言葉に気圧され、それ以上の殺戮は行なわれなかったという。

一七　[1]そして翌日(35)、トゥッリウスが使節として、ルーシーターニア人のカトーとともに現れ、カエサルと交渉した。

願わくは、不死なる神々の思し召しによって、私はグナエウス・ポンペイウスの兵ではなく、あなたの兵でありたかった。いまこのように不屈の武勇を示すにも、あの者の敗北ではなく、あなたの勝利をその機会としたかった。[2] いま、あの者の不吉な功《いさお》しのせいで情勢はいかなるところまで行き着いたか。われわれローマ市民が身を護るすべに事欠く情勢、祖国を深い嘆きのうちに破滅させたゆえに公敵として数えられている情勢だ。あの者の戦列が戦果を挙げたとき、われわれは最善の情勢を築けなかった。苦境のとき、次善の情勢はなかった。(36) 〈かろうじてあなたの〉軍団の執拗な攻勢を持ちこたえ、昼も夜も奮起しつつ、剣の打撃と矢玉の投射の標的となりながら、ポンペイウスによって置き去りにされ、見捨てられた。あなたの武勇によって打ち負かされたいま、われわれはあなたの慈悲にすがって身の安全を乞い願い、〈助命を〉求める。

---

(32)　写本の読みは「城壁(muri)」だが、底本の採用する修正提案(munitionum)に従う。「夜(noctis)」と読んで、「夜の大半を費やして」とする修正提案もある。

(33)　写本の読み(culcatas, cultatas)は意味をなさないので、底本の採用する修正提案(culcitas)とその解釈に従う。『ガリア戦記』での用例にもとづいて「柴や枝編細工(virgulta crates)」という修正を採用する校本が多い。

(34)　写本の読みは「進んでいた(ibat)」だが、底本の採用する修正提案(stabat)に従う。

(35)　二月一七日。

(36)　「最善」、「次善」と訳出した原文は、字義どおりには、「第一」、「第二」で、対比のポイントは必ずしも明瞭ではない。また、ラテン語で「第二」は「順調な」という意味にも用いる。

[3]それにカエサルはこう返答した。

私は、これまで他国民に貫いてきたのと同様の対応を投降した同胞市民に対しても貫くだろう。

一八　[1]使者たちが戻ってきて、城門まで来たとき、ティベリウス・トゥッリウスは〈立ち止まり〉、中に入ってゆくカトーのあとに従わなかった。そこで、カトーは城門へ引き返し、彼に手をかけた。[2]これに気づいたティベリウスは、即座に短剣を抜き、カトーの手を切り落とし、そのまま二人はカエサルのもとへ逃亡した(37)。[3]同じ頃、第一軍団の軍旗持ちの兵が逃亡してきた。それで分かったが、騎兵戦が行なわれた日、その兵の部隊では三五名が命を落としたが、それをグナエウス・ポンペイウスの陣営へ報告することも、戦死者があったと口にすることも許されなかったという。[4]ある奴隷の主人は、自分だけカエサルの陣営内に入り、妻と息子らを城市内に置き去りにしていたところ、その奴隷に喉笛を切られた。奴隷はそのままカエサルの守備兵に気づかれずにポンペイウスの陣営に逃げた。〈………〉(38)そして、情報を石つぶてに書き付けて投げ込んだ。これによってカエサルは城市内でどのような防備策が講じられているか知った。[5]そうして手紙が受け取られ、いつも石つぶての書き付けを投じる役目の者が城市内に戻ったあと、〈………。〉[6]そののち、ルーシターニア人の兄弟二人の逃亡兵がポンペイウスの行なった演説について知らせた。「自分は城市の増援に向かえないので、夜間に敵の視界外へ出るように海の方向へ退け」と彼が言うと、一人の者が答えて「むしろ、戦いに打って出ようではないか。逃走の合図などするな」と主張したが、この者は殺されたという。同じ頃[7]、ポンペイウスの飛脚数人が城市に向かう途中で捕らえられた。その手紙をカエサルは城市の人々に示した。そして、飛脚に対して、「命を助かりたい者は城市の人々の木製櫓に火を放て」と命じ、「そうすれば、どんな望みもかなえよう」と約束した。しかし、それは困難な任務で、その櫓に火を放つには身の危険をともなった。櫓には綱(から作った防護幕)がくくりつけられていたので[(39)]、近づきすぎたところで城市の住民によって殺された。同夜[9]、逃亡兵が知らせたところでは、ポンペイウスとラビエーヌスは城市の住民に対する殺戮に憤慨しているという。

一九 第二夜警時[1]、数多くの矢玉によってわが軍の木製櫓が損傷を受け、それは基部から第二、第三層まで及んだ。同じ頃[2]、敵の城壁を守る戦いぶりはじつに激しく、上述のわが軍の櫓に火を放った。

(37) このテキストの読みでは、ティベリウスがカトーを傷つけたうえで、一緒にカエサルのもとへ逃げたことになり、理解が難しい。そのため、前出一七・一「ルーシーターニア人のカトー」を「カトーとアントーニウス」と読み替え、一八・一「カトーのあとに従わなかった」の主語としてアントーニウスを補うことで、逃げたのはティベリウスとアントーニウスとする提案がある。

(38) 奴隷が石つぶてを投げ込んだとは考えにくいので、テキストに欠落が想定されている。

(39) テキストに乱れがあり、『内乱記』二・九・五に記述される事例にもとづく底本の提案(fune turri religato)に従って訳出する。「その日の終りに木製の櫓へ(fine 〈diei〉 turrem ligneam)」、「両脚を綱で縛られて(殺された)(fune crura religatus)」という修正も行なわれている。

というのも、城市側にとって追い風が吹いていたからである。翌朝[3]、一人の家婦が城壁の上から飛び降り、わが軍側へ亡命した。彼女が言うには、一家で示し合わせ、一緒にカエサルのもとへ逃げ込むはずだったが、一家は取り押さえられて殺されたのだという。このときまた[4]、文書板(40)が城壁の上から投げ落とされ、中を見ると、こう書かれていた。

ルーキウス・ムナーティウスよりカエサルへ。もし私の命を助けてくださるなら、私はグナエウス・ポンペイウスから見捨てられたのですから、彼のために貫いたと同じ武勇と忠誠をこれからあなたに対して貫き通してみせましょう。

同じ頃[5]、以前にもやって来たことのある城市からの使節がカエサルのもとに到着した。「われわれの助命を認めてくれるなら、われわれは翌朝、城市を明け渡そう」。これに[6]カエサルは、私はカエサルだ、だから約束は守る、と答えた。そのとおりに二月一九日、カエサルは城市を掌握し、将軍として歓呼を受けた。

二〇 ポンペイウスは[1]逃亡兵の話から城市の明け渡しを知ると、陣営をウクビスの方向へ移動し、そのあたりにいくつかの砦を配置して、防御線内に籠り始めた。カエサルも陣営を移動し、敵陣営に近づけた。同じ頃[2]、早朝に現地出身者軍団に属する甲冑装備兵一人がわが軍側に逃げ込んだ。その知らせによると、ポンペイウスはウクビスの住民を召集し、こう命令したという。「細心の注意を払って調べ上げるのだ、誰がわれわれの側についているか、また、誰が敵方の勝利を後押ししているかを」。[3] このあと、奪取された城市内で一人の奴隷が坑道にいるところを捕まえられた。これは主人の喉笛を切ったことを先述した奴隷で、(41) 火炙りにされた。[4] 同じ頃、現地出身者軍団に属する甲冑装備の百人隊長八名がカエサルのもとへ逃げ込んだ。また、わが軍の騎兵が敵騎兵と交戦し、数名の軽武装兵が負傷して命を落とした。[5] その夜、密偵が捕まり、三人が奴隷、一人が現地出身者軍団兵であったが、奴隷は磔刑に処され、兵士は首を刎ねられた。

二一　翌日[1]、騎兵数名が軽武装兵とともに敵方陣営からわが軍側へ逃げ込んだ。[2] このとき、約四〇騎の騎兵が水を汲みに出たわが軍の兵士へ攻撃を仕掛け、数名を討ち取り、幾名かを生け捕りにして連れ去った。捕虜となった者のうち八名が騎兵であった。[3] 次の日、ポンペイウスはカエサル軍の勝利を後押ししていると言われた七四名の首を斧で刎ね、残りを城市へ連れ戻すよう命じた。しかし、そのうちの一二〇名が逃亡してカエサルのもとへ着いた。

(40)　蠟引きした板の面に鉄筆で書き込んだもの。文書面を内側に一対の板を合わせて封をし、送達する。

(41)　前出一八・四。

二三　[1]このあと、アテグアの城市で捕虜となったブルサウォーの住民(42)がわが軍にともなわれ、使節として出発し、ブルサウォーの人々に出来事を報告することとなった。「グナエウス・ポンペイウスにどんな希望がもてるだろうか。われわれは見たのだ、彼をもてなした人々が喉笛を切られるのを。それだけではない。多くの罪業が行なわれた。守護するために受け入れられたはずの者たちによってだ(43)」。[2]彼らが城市に着いたとき、わが軍の使節はローマ騎士または元老院議員であったので、敢えて城市内へ入らなかった。市民権を有する者たちだけが入った。[3]彼らが互いに応答を交換してから、わが軍の使節がいた城市の外へ戻ってきたとき、衛兵の一団が背後から襲い(44)、使節を殺害した。使節のうち二人が生き残って逃れ、カエサルに出来事を報告した。〈………〉(45)密偵をアテグアの城市へ送った。[4]密偵の調べによって、出来事は使節の報告したとおりであったことが確かめられると、城市の住民が急ぎ集まり、使節を殺害した者へ石を投げ、腕を突きつけて迫った。「おまえのせいでわれわれはもうおしまいだ」。[5]その者はこの窮地をかろうじて逃れると、住民に自分が使者としてカエサルのもとへ赴くのを許してくれるよう求めた。「私が彼の赦しを得てみせよう」。[6]許可が下って城市から出発したあと、この者は護衛を確保し、じつに大規模な手勢を整えると、夜間に人目を欺いて城市内に舞い戻るや、大殺戮を行なった。自分に敵対していた指導者たちを殺し、城市を自分の権限下に収めたのである。[7]このあと、逃亡してきた奴隷数人の情報では、城市の住民の財産が売りに出され、ベルトをはずさないかぎり(46)、防壁の向こうへの外出は禁止――これはアテグアの城市陥落の日以降、恐怖で怯え上がった人々が相当数バエトゥーリア地方へ逃げ延びているためである――、勝利への希望は一切見あたらず、わが軍から誰か逃亡してきた場合は軽武装兵部隊に押し込まれ、(月当たり)七デナーリウスしかもらえない、という。

二三 [1]これに続いて、カエサルは陣営を敵の陣営に寄せ、外塁をサルスム川へ延ばし始めた。[2]ここでわが軍が散開して工事に従事しているあいだに、相当数の敵勢が高所から駆け下ってきた。わが軍は多数の矢玉を打ち込まれても怯まず工事を続け、相当数が負傷した。[3]このとき、エンニウスの詩句を借りれば、わが軍は「少時後退した(47)」。そこで、ならいに反する後退にわが軍が気づいたとき、第五軍団の百人隊長二名が川を渡り、戦列を立て直した。そして、気合い鋭く傑出した武勇をもって数にまさる敵を押しのけたとき、二人のうちの一方が高所からの多数の矢玉の前に斃れた。[4]彼の戦友はそのまま戦い続けたが(48)、まわりをすべて取り囲まれかけているのに気づいたので、後退しようとして躓《つまず》

(42) 底本とともに写本の読み(bursavonenses)に従う。ブルサウォーの名が言及されるプリーニウス『博物誌』三・二四では内ヒスパーニアの城市(現ボルハ(Borja))とされるので、「ウルソーの住民(Ursaonenses)」という読み替えも行なわれている。

(43) 前出一六・四に記されたユーニウスの非難を参照。

(44) 底本とともに写本の読み(ex aversione)に従う。「ブルサウォーから(ex Bursavone)」という読み替え提案もある。

(45) 「(カエサルに促されて)ブルサウォーの住民は」といった語句が欠落していると想定される。

(46) 丸腰の状態にして寝返りを防ごうとした。

(47) 『アフリカ戦記』五二・二参照。

(48) 以下、次節の前半まで難読個所。底本に従って訳出する。

いた。[5]彼が倒れると、この勇士の徽章めがけて相当数の敵勢が殺到したが、このとき、わが軍の騎兵が川を渡り、低所から敵勢を防壁まで押し戻しにかかった。[6]しかし、そのまま勢い込んで敵の守備範囲内で殺戮を行なおうと逸るうちに、騎兵部隊と軽武装兵によって味方と分断されてしまった。[7]比類ない武勇が発揮されなかったなら、生け捕りにされるところであった。というのも、防御設備によっても場所が非常に狭められていたので、騎兵が限られた広さの中で身を守ることはほとんどできなかったからである。[8]歩兵と騎兵と両様の戦闘で相当数が負傷した。その中にはクローディウス・アルクイティウスもいた。双方のあいだで白兵戦が戦われたにもかかわらず、わが軍側は二人の百人隊長の他には誰一人失われなかった。その二人にしても栄光に浴したのである。

二四　[1]翌日(49)、ソリカリア近郊に双方の軍勢が対峙した。わが軍は外塁の構築を始めた。[2]ポンペイウスは、ウクビスから五マイル離れたアスパウィアの砦との往来を断たれることに気づいた。このため、やむをえず戦いに臨むこととなった。しかし、平坦な場所で応じることはせず、高台を基点(50)に聳え立つ丘を占拠しようとした。カエサルが不利な場所に近づかざるをえないようにする狙いであった。[3]このため、双方の軍勢ともこの高く聳える丘を取ろうとしたが、敵はわが軍に阻まれて平地へ追いやられた。このことから戦いはわが軍が勝勢となった。[4]全面的に後退する敵に対し、少なからざる殺戮を行なった。敵を救ったのは武勇ではなく、山であった。[5]しかし、それが助けとなってもなお、日暮れにならなかったなら、敵は数で劣るわが軍によって補助軍のすべてを奪い取られていたであろう。[6]というのも、戦死者は軽武装兵三二四名、軍団兵一三八名にのぼり、その他にも武器と装備を奪い去られた兵があった。こうして前日の百人隊長二名の死はこのような敵に対する懲罰によって償われた。

二五　翌日[1]、敵の守備隊はいつものとおりに同じ場所(51)へやって来ると、これまでの戦術を用いようとした。つまり、騎兵以外は平坦な場所ではどこでも敢えて交戦しようとしなかった。[2]わが軍が工事作業中に騎兵の軍勢が襲撃をしかけ、同時に軍団兵も——あとに続くのがならいであることから——大声を上げ、出撃させよ、と要求したので、敵は戦いに臨む用意万端とも思われた。わが軍は低い谷間を出てかなりの距離を進み、平地の比較的平坦な場所に陣取った。[3]ところが、敵方に合戦すべく平坦な場所へ出てくる勇気がないことは疑いようもなかった。例外はアンティスティウス・トゥルピオーただ一人で、腕っ節への自信から、誰が向かってきても自分の相手になれる者はない、と言って挑発しだした。[4]このとき、語り伝えられるアキッレウスとメムノーンの立ち合い(52)さながらに、クイントゥス・ポンペイウス・ニゲルというイタリカ出身のローマ騎士が相手をすべくわが軍の戦列から進み出た。[5]アンティスティウスの傍若無人ぶりに全員の気持ちが工事作業からこの見世物見物に移り、戦列が整えられた。というのも、一級の戦士同士のいずれが勝利を収めるか予想がつかず、二人の戦いが

---

(49)　三月五日(後出二七・二)。
(50)　底本の理解に従って訳す。ここに欠落を想定する校本が多い。
(51)　「高台」(前出二四・二)のことか。

ほとんど戦争の帰趨を決するかにも思われたからであった。[6] そのように気持ちと熱を入れ、誰もがそれぞれ自軍の戦士と彼らを応援する人々の意欲に満たされた。[7] 二人の武勇には活力が漲り、彼らが戦いのために平地へ赴いたとき、武勲を顕彰して盾には象嵌細工が輝きを放ち、〈………〉彼らの戦いはすぐに終わるところであったが、上述の騎兵の襲撃のために〈………〉(53)。カエサルは軽武装兵を守備の目的で工事個所から遠くないところに置いた。[8] わが軍の騎兵が撤収して陣営に向けて戻るあいだに、敵の騎兵がいっそういきり立って追撃したとき、軽武装兵が一斉に喊声を上げて攻勢に出た。[9] これで恐慌に陥った敵の騎兵は逃走のあいだに多数を失って陣営に引き揚げた。

二六 [1] カエサルはカッシウスの騎兵部隊の武勇に対して三〇〇〇デナーリウスを、また、隊長には黄金の首輪五本を、軽武装兵には二〇〇〇デナーリウスを授けた。[2] この日、アウルス・バエビウス、ガーイウス・フラウィウス、アウルス・トレベッリウスというハスタ出身のローマ騎士らが、銀製品にほとんど埋もれるような様子で(54)カエサルのもとへ逃亡した。彼らの情報によると、ローマ騎士身分の者はポンペイウスの陣営内にいた全員が密議を交わして逃亡を企てたが、ある奴隷の密告で全員が投獄された。しかし、彼らはそこから機を捉えて逃亡したのだという。[3] 同じくこの日、グナエウス・ポンペイウスがウルソーへ送ろうとした次のような書簡を横取りできた。

お元気ならなにより。私は元気だ。われわれには勝運がある。思いどおりに敵を撃退しているとはいえ[55]、向こうが平坦な場所で機会を提供したなら、私はそちらでの予想より迅速に戦争を終結させていたろう。4 しかし、向こうには新兵の軍隊を平原へ繰り出す勇気がなく、いままではわが軍のものであった守備拠点を恃み[56]に戦争を引き延ばしている。というのも、敵は都市を一つ一つ包囲攻撃しては、そこから物資を奪取している。5 それゆえ、私はわれわれの側につく都市を守るつもりであり、できるだけ早い時期に戦争を終結させよう。6 〈………〉[57]大隊をそちらへ派遣する考えでいる。まずもって、われわれの物資を奪えなければ[58]、敵はやむをえず戦いに臨まざるを

(52) トロイア戦争においてギリシア軍随一の英雄アキッレウスは、トロイアに援軍を率いて加勢したエチオピア王メムノーンを討ち取った。老雄ネストールの息子アンティロコスを倒したメムノーンに対し、仇討ちを果たしたと考えられる。叙事詩の環の詩の一つ『アイティオピス』に語られていたとされるが、戦いの詳細は伝わらない。オウィディウス『変身物語』一三・五七八—五八二も参照。ここでこの話が喩えに用いられる理由ははっきりしない。気づかれる対応点は、ニゲルという名前は形容詞として「黒い」を意味する一方、エチオピア王の肌も黒いことくらい。

(53) 六節の始めからここまでの個所はテキストの乱れが激しく、おおよそのところを訳す。

(54) 底本の読み(tecti [equites])に従って訳出する。「馬を銀でほとんど被いつくして(tectis equis)」という修正も行なわれている。いずれにしても、裕福さを強調した表現。

(55) テキストは定動詞が欠落しているが、補って訳出する。

(56) 底本とともに複数の写本の読み(freti)に従い、言及はカエサルがアテグアで補給物資を奪取したこと(前出六・一以下)へのものと解する。一つの写本の読み(fixi)を採って「わが軍の守備隊の前にいまも釘付けにされたまま」とする校本もある。

(57) 大隊の数についての記述がテキストから欠落していると考えられる。

えない。

二七 [1]このあと、わが軍が工事に従事していたとき、騎兵がオリーブ畑で木材集めをするあいだに、そのうちの何人かが殺された。[2]数人の奴隷が逃亡してきて、知らせたところでは、三月五日にソリカリアで行なわれた戦闘以後、敵は恐怖心が大きくなり、アッティウス・ウァールスが(59)砦周辺域の指揮に当たっているという。[3]その日、ポンペイウスは陣営を移動し、スパリスに面したオリーブ畑に陣取った。このとき、同じ地点へカエサルが進発する前、第六昼間時頃に月が見えた(60)。[4]そうして陣営を移動したあとポンペイウスは、ウクビスに残した部隊に町に火をかけるよう命じた。町を焼き払って主陣営へ撤収するためであった。[5]このあと、カエサルはウェンティポーの城市攻略を開始した。城市が降伏すると、カッルカに向けて進軍し、ポンペイウスに対峙して陣営を置いた。[6]ポンペイウスは、この城市が自軍に対して城門を閉ざしたとして、これに火をかけた。陣営内で自分の兄弟を殺害したという一人の兵士がわが軍に捕らえられ、棍棒で殴り殺された(61)。そこから両軍はムンダ(62)の平原に向けて行軍し、そこに着くと、カエサルはポンペイウスに対峙して陣営を築いた。

二八 [1]翌日(63)、カエサルが軍勢を率いて進軍しようとしたとき、戻ってきた密偵から報告があり、ポンペイウスが第三夜警時から戦列を組んでいる、という。[2]この報告が届くと、カエサルは軍旗を掲揚し(64)た。ポンペイウスが軍勢を繰り出した理由は、〈自派を〉支持していたウルソー市民宛に以前に送っていた手紙にあった。そこには、カエサルは谷間へ下りてくることを嫌っている、軍の大部分が新兵だからだ、と書かれていたのである。[3]この手紙によってウルソーの人々はたいへんに気持ちを強くした。そこでポンペイウスはこの支持を恃みとして事を安全に運べる(65)と見込んでいた。また、彼は地形と城市自体の防御設備の両面で防備の固い地点に陣営を置いてもいた。[4]というのも、上述のように(66)、高台のまわりをいくつかの丘が囲むとともに、それらのあいだを平地が隔てているからである。これがそのときの状況であった。

(58) 底本とともに写本の読み(profecto)に従って訳出するが、修正提案(profectu)を容れて「われわれの策が当たって物資を失えば」とする理解もある。

(59) 前出二〇・一に言及される砦。

(60) 戦いを前にしての予兆。ディオーン『ローマ史』四三・三五・三―四では、同時にいくつかの異兆が起きた他、とりわけ、ポンペイウス軍の軍旗に描かれた鷲が翼を振り、鉤爪で摑んでいた雷電を落としたことがポンペイウスの敗北を示していた、と記される。

(61) ポリュビオス『歴史』六・三七・一―五には、ローマ軍における夜警任務を怠った兵士への処罰として棒打ちの刑が記されている。

(62) 決戦場として有名だが、その位置については議論があり、特定されていない。

(63) 決戦の日となる三月一七日(後出三一・八参照)。

(64) 戦闘態勢の指示。『ガリア戦記』二・二〇・一には、軍旗掲揚は「武器を執りに走れという合図」と説明される。

(65) 底本の採用する修正の読み(tuto se)に従う。写本の一つの読み(totum se)によって「完遂する」とする理解も行なわれている。

(66) 関連すると思われる地形の記述が前出七・三、八・三―五、二四・二―四に見られる。

二九 両軍陣営のあいだには平地が約五マイル広がっていた。[1] そのため、ポンペイウスの軍勢には二つの防備があった。すなわち、城市と聳え立つ地形である。城市のすぐ近くから平地が広がっていたが、下り坂となった先に川があった。[2] この川のために、接近するのはきわめて困難で、不利な地形となっていた。というのも、川は右に向かって流れていたが、流域を窪みの多い、湿原のような土質にしていたからである。そこで、[3] カエサルは敵の戦列が布かれたのを見たとき、敵が平地の中央の平坦な場所へ進んで戦おうとすることを疑わなかった。そこは誰からも見える位置にあった。加えて、[4] その平地が際立った平坦さを呈し、晴れ渡った空に太陽が輝いていたので、(67) 会戦のために素晴らしい機会、待望の時を不死なる神々が恵んでくれたかのようだった。わが軍は喜んだ。[5] 恐れる兵も若干はいた。すべての者の未来と命運がいまここにかかる一方、一時間後にどのような結果が得られるかまったく不明だったからである。かくして、[6] わが軍は合戦に向けて前進し、敵も同様にするものとわれわれは見込んでいた。しかし、敵は城市の防御設備からあまり前進しようとしなかった。城壁近くに陣取ったのである。そこで、[7] わが軍は前進した。ときおり土地の平坦さに敵も強く促され、このような条件で勝利を目指して奮起しようとした。それでも敵はいつものやり方を棄てなかった。高台からも城市からも離れなかったのである。わが軍がにじり寄るように川へ近づいても、[8] 敵は険阻な場所に頼ることをやめなかった。

三〇 敵の戦列は一三の鷲旗に従う部隊からなり、[1] 両翼を騎兵が庇い、軽武装兵六〇〇〇をともなっていた。また、この他に補助軍がほぼ同数の兵員で加わっていた。わが軍は八〇個大隊と騎兵八〇〇〇騎であった。[2]そうして平地の端の険阻な場所へわが軍が近づいたとき(68)、敵が上方に待ちかまえていたため、そこを上って越えようとするのはたいへんに危険であった。[3]カエサルはこれに気づくと、軽率な過失や間違いを犯さないように、その場所への進入を制限(69)し始めた。[4]その指令が兵士らの耳に届くと、彼らは憤慨し、気色ばんだ。戦闘を終わらせることができるのに邪魔されていると思ったのである。[5]この合間に敵は活気づいた。カエサルの軍勢が怖じ気づいて戦闘に踏み込めない、と見たのである。[6]そこで敵は進み出て険阻な場所で戦いに応じる構えを示した。しかし、依然として敵に近づくのはたいへん危険であった。[7]このとき、第一〇軍団は通常の持ち場である右翼(70)を、第三、第五軍団が残り［補助軍と騎兵］とともに左翼を占めた。

三一　[1]喊声が上がり、戦闘が交えられた。このとき、武勇の点ではわが軍がまさっていたとはいえ、敵は上方の位置を占め、じつに激しく防戦した。両軍とも大喊声を上げ、矢玉を放ちつつ激しく衝突した結果は、わが軍が勝利への自信を失いかけるほどだった(71)。[2]実際、突進と喊声という敵をもっとも

---

(67) テキストが不確か。底本の読みに従う。

(68) この時点でカエサルは、接近を困難にしているとされた川（前出二九・二）を渡っていたことになる。

(69) 原文ラテン語(definire)の原義は「区画を切り分ける」。

(70) 第一〇軍団はパルサーロス（『内乱記』三・八九・一）でもタプソス（『アフリカ戦記』八一・一）でも右翼を占めた。

怖じ気づかせる戦法の点で双方は互角であった。[3]そのように敵はそれら二つの戦法では対等に戦える武勇を示したけれども、投射された矢玉が多数の敵を射貫き、斃れる者が累々と重なった。[4]上述のように右翼は第一〇軍団が占めていたが、兵員は少なくとも、武勇ゆえに敵を大いに恐れさせる働きを見せていた。というのも、激しく敵を持ち場から追い立て始めたのであった。このため敵は、側面をわが軍によって抑えられないよう、増援のために一個軍団が右翼へ移動し始めることとなった。[5]この動きと同時に、カエサル軍の騎兵が左翼を押し込み始めた。その勢いの前に敵は、並外れた武勇をもって戦おうとしても、戦列のどこにも増援の余裕を与えられなかった。[6]そうして喊声のあいだに呻き声が混じり、剣戟の響きが耳を打つと、経験の乏しい兵士らの心は恐怖で塞がれた。[7]このとき、エンニウスの表現を借りれば、足と足が押し合い、武器と武器が鎬《しのぎ》を削った。そして、必死の戦いぶりを見せる敵をわが軍は駆逐し始めた。そのとき、城市が敵を支援した。[8]そうして、ちょうどリーベラーリア祭(72)の日に、敵は総崩れとなり逃走した。命からがら、出撃してきたもとの場所へなんとか逃げ込んだ。[9]この戦闘での戦死者は約三万名、ないし、それ以上で、ラビエーヌスとアッティウス・ウァールスも討ち死にし、両人には葬儀が営まれた。(73)また、ローマ騎士身分の戦死者は――その中にはローマ出身者も属州出身者もいたが――三〇〇〇名にのぼった。[10]わが軍が失った兵は――その中には歩兵も騎兵もいたが――一〇〇〇名にのぼり、負傷者は五〇〇名であった。[11]敵から奪い取った鷲旗は一三本、軍旗と儀鉞《ぎえつ》、さらに……

三二　……[1]逃走して〈危地を脱したのは〉(74)ムンダの城市を守備拠点としていた者たちであった。わが軍は必然的に防壁をめぐらして彼らを封鎖せざるをえなくなった。[2]敵から奪った武器の中から盾と投げ槍が防塁代わりに、死体が芝土代わりに置かれ、その上には剣の切っ先に人間の首を刺したものが城市のほうへ向けて並べられた。それら全体が敵の恐怖を……敵にわが軍の武勇の勲章をまざまざと見せつけながら封鎖を行なう……。(75) [3]そうして［ガリア人部隊が］投げ槍と手槍を用い、――敵の死体で〈築いた防壁によって〉包囲した(76)――城市の攻略に着手した。[4]この戦闘から青年ウァレリウスは少

(71)　カエサルの弱気に言及するまれな個所。カエサル軍が危地に立ったことは疑いなく、ウェッレイウス・パテルクルス『ローマ世界の歴史』二・五五・三―四は、このときほどの激戦はかつてなく、後退を始めた戦列の前へカエサルが馬を下りて立ちふさがり、必死の鼓舞をもって引き止めたことを記す。プルータルコス『対比列伝』「カエサル」五六・三は、戦いのあとでカエサルが友人らに、自分は何度も勝利のために戦ったが、助かるために戦ったのは初めてだ、と語った、と伝える。アッピアーノス『内乱史』二・一〇四は、カエサルが、もはやこれまで、と言って、二〇〇本の投げ槍を浴びせかけながら敵から一〇ペースのところまで突進したことが戦局を変えたというように記す。対して、ディオーン『ローマ史』四三・三七―三八は、激烈な戦いは拮抗していて、両軍の指揮官がみずから前線に立っても状況は変わらなかったが、カエサル軍の援軍として参戦していたマウレーターニア王ボグスがポンペイウスの陣営へ向けて動いたのをラビエーヌスが見て、これに立ち向かおうと持ち場を離れたことがポンペイウス軍敗勢のきっかけをなした、と記す。

(72)　三月一七日。豊穣神リーベルに捧げる祝祭。

(73)　アッピアーノス『内乱史』二・一〇五には、二人の首がカエサルのもとへ届けられたと記される。

(74)　底本の採用する補いの提案に従う。

(75)　テキストの乱れが激しく、文意を汲むのが難しい。

(76)　底本の採用する補いの提案に従って訳出するが、補いがなければ、「敵の死体から奪った投げ槍や手槍を用いて包囲してから」となる。

数の騎兵とともにコルドゥバへ逃走し、コルドゥバにいたセクストゥス・ポンペイウスに状況を伝えた。[5]この事態を知るとポンペイウスは、引き連れていた騎兵に手持ちの金を分け与える一方、住民には、講和交渉のためカエサルのもとへ向かう、と告げ、第二夜警時に町を出た。[6]グナエウス・ポンペイウスは少数の騎兵と若干の歩兵を率い、別方向にあるカルテイアの海軍基地へ急いだ。ここはコルドゥバから一七〇マイルの距離にある。[7]そこまであと八マイルを示す標石のところへ来たとき、以前にポンペイウスの陣営で指揮を執ったことのあるプブリウス・カウキリウスが彼の言葉を伝える伝令を走らせた。「具合がよくないので、輿を寄越してくれ。それで運んでもらわないと城市に入れない」。[8]書簡[77]が送られ、ポンペイウスはカルテイアへ運び入れられた。彼の一派を支持する人々は彼が到着した家へ集まり——というのは、これがお忍びでの到着だと彼らが考えたからである——、戦争についての彼の意図を問い質そうとした。その場をいっぱいにする人が集まっていたので、ポンペイウスは輿から下り、彼らの忠誠を頼みの綱とした[78]。

三三　[1]戦闘終了後、カエサルは〈ムンダの〉周囲を封鎖[79]したうえでコルドゥバへやって来た。殺戮を免れてそこに逃げ込んでいた者たちが橋を占拠していた。[2]彼らは、カエサルが到着すると、悪態をつき始めた。「戦闘を生き残ったカエサル軍の兵はわずかだ。どこへ逃げようというのだ」。そうして橋をめぐる戦闘が始まった。カエサルは川を渡り、陣営を築いた。[3]さて、スカプラという叛乱全体の「また、奴隷と解放奴隷の」首領[80]は戦闘後にコルドゥバへ着くと、奴隷と解放奴隷を呼び集め、自分の火葬堆を組み上げてから、可能なかぎり立派な宴席を設《しつら》えるように、また、最良の敷物を広げるように命じた。金銭と銀をその場で奴隷に与えた。[4]彼は時間をかけて宴を楽しみ、樹液や甘松油を繰り返し体に塗った。そうして最後に奴隷と、自分の同衾相手であった解放奴隷に、一方が首を掻き、もう一方が火葬堆に火をつけよ、と命じた。

三四 [1]ところが、カエサルが城市に対面する位置に陣営を置くと、城市内では不和が起こり、叫び声がわが軍の陣営まで届くほどであった。親カエサル派と親ポンペイウス派が争っていたのである。[2]城市には複数(81)の軍団がいたが、逃亡兵から編成されたものであり、その一部は奴隷で、セクストゥス・ポンペイウスによって解放されていた。この軍勢がカエサルの到来に備えて戦いの支度(82)を始めた。[3]第一三軍団が城市の防戦に当たったけれども、わが軍は攻撃にかかるや、櫓の一部と城壁を占拠した。

(77) 底本とともに写本どおり(litteris)に読む。「輿担ぎ(lecticariis)」という修正読みもある。
(78) 戦争の始まりにおいても、ポンペイウスはヒスパーニア諸市の「忠誠を頼みの綱とし」(前出一・一)と記されていた。
(79) 後出四一・一参照。
(80) キケロー『縁者・友人宛書簡集』九・一三・一(前四五年二月一日頃)には、ウァッローがカエサルに降伏して平定された(『内乱記』二・二〇)あとのヒスパーニアで突如、戦争がスカプラによって起こされ、息子のポンペイウスによって本格化した、と記される。ディオーン『ローマ史』四三・二九・三も参照。
(81) 「一個」とする補いの提案もある。
(82) 底本の理解に従い、写本の読み(descendere)を保持する。町からの「退去(discedere)」という修正提案を採用する校本もある。

[4]再度(83)、カエサルのもとへ使節が送られ、増援の軍団兵を送り込んでほしい、と求めた。すると、これに気づいた逃亡兵たちが城市に火を放ち始めた。[5]彼らはわが軍によって制圧され、殺された。その数、二万二〇〇〇であった(84)。これには城壁の外での戦死者は含まれない。[6]こうしてカエサルは城市を掌握した。カエサルが留まっているあいだに、上述のように(85)戦闘後に籠城した者たちが出撃したが、非常に多数の死者を出し、城市内へ押し戻された。

三五 [1]カエサルがヒスパリスの城市へ急行したとき、使節が赦免を求めてやって来た。そうして城市へ到着したのち、カエサルはカニーニウスを守備隊とともに使者として城市内へ遣わし、自身は城市の近くに陣営を置いた。[2]城市内にはポンペイウス派が非常に多数いて、知らないあいだに守備隊が入城したことに、とくにピローという者が憤慨していた。ピローはポンペイウス派の中でももっとも苛烈な戦士で、ルーシーターニアの隅々まで名前が知れ渡っていた。[3]この者が守備隊に気づかれずにルーシーターニアへ出発し、カエキリウス・ニゲルという蛮族の男とレンニウム近郊で会した。この男が非常に多数のルーシーターニア人部隊を抱えていたからである。[4]ピローはヒスパリスの城市へ取って返すと、夜間に城壁を越えて迎え入れられた。敵は守備隊と衛兵を殺して、城門を閉ざした。戦いを振り出しに戻したのである。

三六 [1]このようなことが行なわれているあいだに、カルテイアからの使節がポンペイウスの身柄を確保していると知らせてきた。彼らが以前にカエサルに対して城門を閉ざした愚行をこの貢献により帳消しにできると考えたのであった。ルーシーターニア人はヒスパリスでの戦いの手を一時も休めなかった。[2]それが分かるとカエサルは、もし城市奪取に全力を傾注した場合、敵は自暴自棄の連中であるから、城市に火を放って破壊するのではないかと恐れた。そこで、作戦会議を開き、ルーシーターニア人の夜間出撃を見逃すことにした。ただ、敵もこれには裏があるものと考えた。[3]そこで敵は出撃するや、バエティス河畔に停泊していた艦船に火を放ち、わが軍が火災への対処に手を取られているあいだに逃走した。だが、それでも騎兵によって討ち取られた(86)。[4]このことによって城市を取り戻すと、カエサルはハスタへの進軍を開始した。すると、この町から降伏を申し出る使節が到着した。ムンダでは、住民が戦闘後に城内へ逃げ込んでいたが(87)、包囲戦が長引くと、大勢が投降した。そして、一個軍団を編成したのち、互いに謀議を結んだ。夜間、合図とともに城市内の者たちが出撃し、投降した者たちが陣営内で殺戮を実行する手はずであった。[5]けれども、事は露見して、その夜、第三夜警時に、符牒(88)が回されたのち、全員が防壁の外側で処刑された。

(83) 最初は戦争が始まったとき(前出二・一)。
(84) 前後関係が不明瞭で、テキストに乱れがあると思われる。
(85) 前出三三・一参照。
(86) ディオーン『ローマ史』四三・三九・三には、カエサルが意図的に包囲に隙があるように見せ、逃げ出してきた敵を待ち伏せて討ち取ることで兵力を低下させ、城市を落とした、と記される。
(87) 前出三二・一参照。

三七　カルテイアでは、[1]カエサルが進軍途中に他の城市を攻略しているあいだに、ポンペイウス支持に異論が出始めた。一方にはカエサルのもとへ使節を送った一派があり、(89)他方には、ポンペイウス派を支援しようとする一派があった。[2]叛乱が起き、城門が占拠された。夥《おびただ》しい血が流された。負傷していた(90)ポンペイウスは二〇隻の軍船を接収して落ち延びた。ディディウスは、ガーデースの艦隊を指揮していたが、(91)知らせが届くやただちに追跡を始めた。歩兵と騎兵も追撃すべく速やかに進軍し、急いで追いつこうとした。[3]航海の四日目、ポンペイウスの艦船は不十分な装備でカルテイアを出たため、水が切れ、陸着けした。水を補給するあいだに、ディディウスの艦隊が追いつき、船に火をかけ、数隻を捕獲した。

三八　[1]ポンペイウスは少数の手勢とともに落ち延び、自然の要害をなす場所を占めた。追撃すべく派遣された騎兵と歩兵は、偵察隊を先発させてこのことを察知し、昼夜兼行で進軍した。[2]ポンペイウスは肩と左脚をひどく負傷していた。加えて、踝《くるぶし》もひねっていた。そのため、動きが著しく不自由だった。[3]そこで、輿でとある櫓まで運ばれたが、ルーシーターニア人らが輿に乗せて運ぶのは軍の習慣によっていた。(92)しかし、彼はカエサル軍守備隊によって発見されてしまい、すぐさま騎兵と歩兵によって包囲された。だが、その場所へ近づくのは難しかった。[4]実際、自然の要害をポンペイウスが占拠した目的がそこにあった。どれほどの大軍が投入されても、〈少数で〉高所から防戦できることを意図したのである。わが軍はそこに着くなり攻め寄せたが、矢玉によって撃退された。[5]わが軍が退却すると、敵はいっそう士気を高めて追撃してきたが、またすぐに出足を鈍らせた。このことが何度も繰り返されると、それがわが軍をたいへんな危険に晒していることが気づかれた。[6]敵は防御線をめぐらす工事を始めた。対して、わが軍もそれに負けない迅速さで工事を急ぎ、封鎖線を尾根にめぐらした。敵と対等な条件での合戦を可能にするためである。しかし、これに気づいた敵は逃走によって身を護ろうとした。

三九 [1]ポンペイウスは、上述のように、負傷し、踝をひねっていたため、すばやく逃げることができ

(88) 原文は tessara で「指令」という意味も考えられるが、敵味方を区別する合図と思われる。
(89) 前出三六・一参照。
(90) 前出三二・七、後出三八・二参照。ディオーン『ローマ史』四三・四〇・二は、カルテイア停泊中の艦隊を用いようとしたが、味方の寝返りを知って別の船に乗ろうとしたときに負傷し、陸路を取ることにした、と記される。アッピアーノス『内乱史』二・一〇四には、乗船の際に彼の足に絡んだロープを切ろうとした男が誤って彼の踵を切った、と記される。
(91) ガーイウス・ディディウスは、前四六年にサルディニアから対ポンペイウスの作戦のためヒスパーニアに派遣され(ディオーン『ローマ史』四三・一四・二)、緒戦においてカルテイア近辺の海戦でアッティウス・ウァールスを破っていた(同四三・三一・三)。
(92) テキストが怪しい。底本の採用する読みに従って訳出するが、文の区切りも変える修正によって、「輿で櫓まで運ばれたあと、移動は輿に乗ることになった。あるルーシーターニア人が、軍の習慣により彼の守備隊から偵察兵として派遣されたが、カエサル軍守備隊によって発見されてしまい……」とする校本もある。

なかった。さらに、険阻な地形が災いして馬も乗り物も身の安全の確保のために使えなかった。[2]わが軍はいたるところで殺戮を実行した。防御線の外にはじき出され、支援部隊を失い、谷間の浸蝕でできた洞穴の中へポンペイウスは身を隠そうとし、わが軍も容易には見つけられないはずだった。だが、捕虜たちからの通報があったため、その場で殺された。(93)[3]カエサルがガーデースにいたとき、ヒスパリスの町へ四月一二日に彼の首が届き、(94)人々の前に晒された。

四〇 青年[1]グナエウス・ポンペイウスが殺されると、上述したディディウスは心から喜んで(95)最寄りの砦へ引き揚げ、数隻の艦船を修理のために陸揚げした。どのようなものであれ〈………〉両側から外塁〈を海まで築き始めた〉。[2]戦闘から生き残ったルーシーターニア兵は軍旗のもとに戻り、かなり大規模な部隊を整えてからディディウスに対して立ち向かった。[3]ディディウスは注意を怠ることなく艦船を防護していたけれども、敵の頻繁な襲撃のために何度か砦からおびき出され、ほぼ毎日戦闘〈………〉(96)罠を企んで軍勢を三隊に分けた。[4]艦船に火を放つ任務の部隊、火が放たれた船への救援を撃退する任務の部隊が編成され、これらは誰からも〈見え〉ないところに配置された。そして、〈残りが〉誰からでも見えるところで進撃した。[5]これを撃退すべくディディウスが砦から軍勢を率いて進み出たとき、ルーシーターニア軍のあいだから合図が掲げられ、艦船に火が放たれた。砦から戦いへ進み出ていた兵は、同じ合図で逃げ始めた略奪部隊を追撃するあいだに、背後から喊声を上げて迫った伏兵に取り囲まれた。[6]ディディウスは大いに武勇を示しながらも相当数の配下とともに討ち取られた。この戦闘から、若干の兵は海岸にあった艦載小艇に乗り込み、相当数は泳いで、沖にいた艦船へ逃げ込むと、錨を揚げ、大海を目指して櫂を漕ぎ始めた。これによってこれらの兵の命は救われた。[7]ルーシーターニア軍は戦利品を手中に収めた。カエサルはガーデースからまたヒスパリスへ急いで戻った(97)。

四一 [1]ファビウス・マクシムスはカエサルによってムンダ守備隊の攻略のために残された(98)あと、昼夜兼行で包囲線建設工事を行なった。封鎖されると、町の人々のあいだで戦いが始まり、じつに多数が死傷し〈………〉(99)。[2]わが軍は城市奪還の機会を見逃さず、残りの者たちを生け捕りにした。その数、一万四〇〇〇人であった。[3]わが軍はウルソーへ向けて進発した。この城市は周囲に大規模な防御設備を施していた。防備を固めているだけでなく、地形そのものが敵の攻略を妨げるのに役立った(100)。[4]加えて、

---

(93) 前四五年四月九日とされている。

(94) プルータルコス『対比列伝』「カエサル」五六・六では、ディディウスが首を届けた、と記される。

(95) ディオーン『ローマ史』四三・四〇・二には、ディディウスはポンペイウスの死を知らなかったので、彼と遭遇しようと動き回るあいだに別の軍勢とぶつかって戦死した、と記される。

(96) テキストに欠落があり、「をルーシーターニア軍と交えた。そのうち敵は」といった補いの提案がある。

(97) キケローは、ヒスパリスにいるカエサルから四月三〇日発信の手紙を受け取った、と証言している(『アッティクス宛書簡集』一三・二〇・一)。

(98) 前出三三・一参照。

(99) テキストに欠落があり、「生き残った者は投降した」といった補いの提案がある。

(100) 底本の採用する修正提案(adiutus impediret)に従って訳出する。別の読み(datus apparet)を採って「敵を攻めるのに適していた」とする理解も行なわれている。

水源が城市の中に一個所ある以外は周囲八マイル以内のどこにも見当たらなかった。このことは城市にとってたいへん有利であった。[5]さらには、攻城登坂路を〈………〉また、攻城櫓築造のために常用の資材が六マイル以内に見つからなかった。ポンペイウスが城市攻略に対してさらなる安全を意図して、城市の周囲にある木々をすべて伐採して城内へ運び込んでいた。[6]このため、わが軍はやむをえずいったん引き揚げ、奪取したばかりのムンダから資材を運んでこなければならなくなった。

四二 [1]ムンダとウルソーがこのような状況であるあいだに、カエサルはガーデースからヒスパリスへ戻った翌日、公衆を前に演説した。「最初に財務官として赴任したとき[101]、この属州は私にとってあらゆる属州の中でも特別のものとなり、当時できるかぎりの恩恵を施した。[2]次に職階を高めて法務官として赴任したとき[102]は、メテッルス[103]が課した税金について元老院に要求し、属州からの支払いを免除させた。それと同時に庇護者の役割も担った。多数の使節を元老院に送り込み、公的事案でも私的事案でも、多くの人から敵意を受けてでも、属州を擁護した。[3]執政官のときも、遠くからできるかぎりの便宜を属州に与えた。ところが、これら便宜のすべては忘れられた。私とローマ国民は恩を仇で返された。それが現在の戦争とそれに先立つ機会に判明したことだ」。

[4]諸君は国際法もローマ市民の定めも知りながら、蛮族さながらに、神聖不可侵たるべきローマ国民の政務官に対し何度も暴力を振るった。白日のもと、中央広場のただ中でカッシウスを悪逆非

道に殺害しようとした。（104） [5] そのように諸君がつねに平和を憎悪したがゆえに、この属州にはローマ国民の軍団駐留が途絶えたときがない。諸君のあいだでは、善行が悪行とみなされ、悪行が善行とみなされる。ために諸君は平時の協調も、戦時の武勇も一度として保持できなかった。[6] 私人であり、逃亡中の身である青年グナエウス・ポンペイウスを諸君は受け入れた。彼は儀鉞と命令権を手に入れるや、多数の市民を殺害し、ローマ国民に敵対する戦力を整え、諸君に背中を押されながら属州を荒らし、農地の掠奪を行なった。[7] どんなことに諸君は勝利を収めようとしたのだ。それとも、諸君は気づかなかったのか、私を抹殺したところでローマ国民は一〇個軍団を有するのだということに。それらの軍団は諸君に立ちはだかるのみならず、天さえも引き倒せるのだ。軍団の手柄と武勇によって………（105）

（101）前六九年、属州ヒスパーニア。

（102）前六一年。

（103）クイントゥス・カエキリウス・メテッルス・ピウス。前七九年から前七一年まで外ヒスパーニアで執政官格総督。セルトーリウスの叛乱を鎮圧した。課税はセルトーリウスを支援した町への課徴金と考えられる。

（104）『アレクサンドリア戦記』五二―五三参照。

（105）テキストはここで途切れている。ただ、このあと散逸した部分はさほど大きくないと推測される。

訳者解説

一　三作品の成立と著者

カエサルは、ガリア遠征については前五八年の遠征開始から遠征七年目の前五二年に叛乱軍の最高指揮官ウェルキンゲトリクスを降伏させるまでを『ガリア戦記』第一巻から第七巻に、内乱については前四九年年初の戦争勃発から前四八年に宿敵ポンペイウスがアレクサンドリアで殺害されるまでを『内乱記』全三巻に、書き記した。彼自身が書かずに終わった事績のうち、ガリア遠征八年目と九年目についてはカエサルの副司令官であったヒルティウスが『ガリア戦記』第八巻として記録した。その一方、ポンペイウス死後も続いた内乱が本書に訳出した三作品に記録されることとなった。『アレクサンドリア戦記』はアレクサンドリアとポントスでの勝利を中心とする前四七年の出来事を、『アフリカ戦記』は前四六年におけるアフリカでのスキーピオーとユバ王が率いる軍に対する戦いとその勝利を、『ヒスパーニア戦記』は前四五年における外ヒスパーニアでの(大ポンペイウスの息子の)ポンペイウス兄弟が率いる軍勢に対する戦いと勝利を記す。これら三作品の著者は不詳とされ、どのように公刊されたかも明らかではない。ただ、この問題に関わる重要な古代の証言が二つあり、また、ごく最近、詳細な検討にもとづく一つの見方が提起されているので、この章ではそれらを以下に紹介する。

なお、三作品はカエサル『内乱記』と同じ写本を通じて伝承された。『ガリア戦記』はカエサルの生存中に公刊されたこともあり、写本伝承も良好である。対して、『内乱記』は未完であったことも関係してテキストに欠落があり、写本の乱れも目立つ。三作品の損傷はそれ以上で、とりわけ、『ヒスパーニア戦記』の傷みは著しい。

スエートーニウスの証言

後二世紀初めに著述した伝記史家であるスエートーニウスは、

カエサルはまた、自身の事績の『覚え書き』を残した。ガリアでの戦争とポンペイウスとの内乱に関するものである。というのも、『アレクサンドリア戦記』、『アフリカ戦記』、『ヒスパーニア戦記』の著者は(カエサルではなく)不明だからである。オッピウスであると考える人々もあり、ヒルティウスであると考える人々もある。ヒルティウスについては、『ガリア戦記』の未完であった最後の巻も補ったから、というのである。(『皇帝伝』「カエサル」五六・一)と証言している。ここからは次のことが言える。すなわち、『ガリア戦記』および『内乱記』がカエサル自身の著作と認められる一方、本書の三作品がカエサルの事績を記録したものとして広く認知されてはいても、カエサルの真作とどういう関係にあるか、また、著者が誰であるかはすでに分からなくなっていたこと、著者の候補としてオッピウス(カエサル軍の副司令官で『アフリカ戦記』六八・四に言及がある)とヒルティウスの二人が考えられたこと、そのうち、ヒルティウスについてだけ、『ガリア戦記』第八巻を記したから、という理由が示されていることから推して、ヒルティウスのほうが有力視されていたと考えられることである。

オッピウスについては別に、コルネーリウス・バルブスとともにカエサルの留守中のことを管理していて、カエサルから二人に宛てた手紙が数巻分あるうち、一部には暗号が用いられていたと言われる(ゲッリウス『アッティカの夜』一七・九・一―四)。そこで、カエサルの遺品整理に関わった可能性は高いが、事績を記録した著者として考える学者は多くない。その一方、ヒルティウスを著者とする見方は根強くある。ただ、三作品のあいだには明らかな文体の相違が見られるので、三作品ともヒルティウス一人による著作とは考えられない。ヒルティウスが三作品のいずれかを書いたとすれば、『ガリア戦記』第八巻との比較も考慮に入れて、それは『アレクサンドリア戦記』であろうとされている。

ヒルティウスの証言

ヒルティウス自身は、彼に執筆を要請したコルネーリウス・バルブス(ヒルティウスと同じくカエサルに仕えた士官)に応えた一文(『ガリア戦記』第八巻「序」として伝わるが、『バルブス宛書簡』とも称される)の中で次のように書き残している。

わがカエサルによるガリアでの事績についての『覚え書き』を――彼の著作の先行部分と後続部分がつながっていないので――継ぎ合わせました。そして、最後の未完部分を仕上げました。アレクサンドリアでの事績から最後まで、つまり、内乱は終わりを見ていないので、カエサルの生涯の終わりまでです。……私はカエサルの著作の真ん中に割り込んだのです。……私にはアレクサンドリアとアフリカでの戦争に居合わせる機会はありませんでした。これらの戦争を部分的にはカエサルから聞いて承知していますが、それとは異なる話も聞いています。それは類いのない驚異の出来事で心を虜にするものですし、証言として記述するつもりです。(上掲八・序・二、三、八)

カエサルの「著作の先行部分と後続部分」が『ガリア戦記』第七巻までと『内乱記』を指すと考えられるので、これらの「継ぎ合わせ」が『ガリア戦記』第八巻を意味することは間違いないと思われる。それに対して、そのあとの記述はいくつかの問題をはらむ。「最後の未完部分」は具体的に何を指すのか明瞭ではない。カエサルの「著作の後続部分」と同じだとすれば、『内乱記』のことになるが、違う言葉を用いている以上、別のものを含意する可能性もある。さらに、この「最後の未完部分」は「アレクサンドリアでの事績から最後まで」と言い直され、これをヒルティウスは「仕上げました」と記している。「最後の未完部分」が『内乱記』のことであれば、彼がその続きとして本書の三作品を書き上げたことを述べているかのように見える。しかし、上述のとおり、三作品の著者は一人ではない。加えて、「最後まで」はまた「カエサルの生涯の終わりまで」と説明されているのに、現存の『ヒスパーニア戦記』はヒスパリスでのカエサルの演説(前四五年四月)で終わっているので、それからカエサルが暗殺された前四四年三月までの事績が欠落していることになる。そもそも、この文章が『ガリア戦記』第八巻の「序」として記されたとすると、何のために「アレクサンドリアでの事績から最後まで」あるいは「アレクサンドリアとアフリカでの戦争」に言及する必要があったのか説明がつきにくい。その一方、「内乱は終わりを見ていない」という言及からはカエサル暗殺後の混乱への意識が窺える。そこに、カエサルがポンペイウスに対して踏み切った内乱は、ヒスパーニア平定時に終わったかのように見えたのに、じつはまだ続いているという認識があるとすると、そうした状況とヒルティウスの執筆意図に関係があるのかどうか興味深い。加えて、「部分的にはカエサルから聞いて承知」していた事柄など、「証言として記述するつもり」とされたことは実際に記録されたのか、記録されたとすれば、それは現存テキストのどこであるのか。

一つの見方

これらの問題を踏まえながら、同様の見方は少なくとも部分的に以前からもあったようだが、文体比較も含めてこれまでにない包括的で精緻な議論にもとづく見方(Gaertner/Hausburg (2013). 詳しい書誌は「六　参考文献」を参照)が提起されている。その要点は次のようなものである。

ヒルティウスの証言は『ガリア戦記』第八巻のみ、あるいは、本書の三作品と個別的に関わるものではなく、『内乱記』も含めて、『ガリア戦記』第七巻のあとからカエサルが死ぬまでの彼の事績を記録しようとする試みについてなされている。

この試みの背景には、カエサル暗殺後にカエサルに対する批判が勢いを得たことがある。カエサルのために犠牲を捧げる祭壇が執政官ドラーベッラによって撤去され、ブルートゥスとカッシウスによる暗殺正当化の布告が出されたほか、とくに、キケローがカエサル暗殺を扱う哲学書、および、同時代史を執筆する――実際は実現しなかった――計画があり、キケローがカエサルに否定的論陣を張ることは明らかだった。こうした動きに対抗してヒルティウスはカエサルの事績を書き残そうとし、『内乱記』の公刊にも関わった。

ヒルティウスが「仕上げた」と記した「最後の未完部分」はカエサルの遺品の中に見出された草稿を指し、そこには『アレクサンドリア戦記』第二一章までに当たる部分――この部分はカエサルの記述にヒルティウスの手が加わったものであることが文体比較によって推測される――が含まれていた。ヒルティウスはこれを二つに分け、アキッラース処刑までを『内乱記』の末尾に続ける一方、それ以降について補筆しながら『アレクサンドリア戦記』の冒頭部分として仕上げた。

文体比較はまた、『アレクサンドリア戦記』の叙述に複数の著者が関わっていることを示している。ヒルティウスは、彼と同じくカエサルに仕えた士官であった複数の報告者の記録とカエサル自身から聞いた話の記憶から、『アレクサンドリア戦記』の残りの部分も完成させた。同様にして、『アフリカ戦記』と『ヒスパーニア戦記』についてもヒルティウスがそれぞれの戦争に関する報告をまとめて公刊した。

このような複数の報告の継ぎはぎという成立過程には、作品刊行がきわめて急がれたことが反映されており、そこには二つの面がある。一つは上述の反カエサルの動きに対して迅速に対応するためである。いま一つはヒルティウスの状況である。ヒルティウスは前四四年の夏の終わりから秋にかけて著しく体調を崩したために活動を制限された一方、翌年、前四三年は執政官に指名され、アントーニウスとの戦いが控えていた。執筆に割ける時間はきわめて限られていた。

以上、三作品の成立に関する最近の見解を紹介した。とはいえ、さまざまな問題への出発点がこれによって提起されたというのが妥当なところかもしれない。たとえば、『アレクサンドリア戦記』の第二一章までをカエサルが残していたという推論をすぐに受け入れられる人は少ないと思われる。また、文体比較はきわめて微妙な作業で――本書の三作品のあいだに相違があるというような大きなレベルでは有効に働いても――、細かな区分の場合にどれほど機能しうるものかつねに危うい面がある。

さて次に、三作品について、それぞれ戦争の経過を辿りながら、概観する。

二　『アレクサンドリア戦記』

戦争の発端

カエサルがアレクサンドリアで戦争に巻き込まれた経緯は『内乱記』の末尾に記されていた。ポンペイウスはパルサーロスの戦い（前四八年八月九日）に敗れたのち、エジプトへ逃れた。エジプトはポンペイウス軍の一翼を担い（『内乱記』三・四・四、三・五・一―三）、前王プトレマイオス一二世との縁故もあった（三・一〇三・三、三・一〇六・一）。したがって、シュリアが危険（三・一〇二・六―八）となれば、逃亡先の選択として妥当と思われた。実際、カエサルが追跡の足をエジプトへ向けたのもポンペイウスの立場で推測したからである（三・一〇六・一）。ところが、年少の王プトレマイオス一三世の取り巻きが送った刺客によってポンペイウスは暗殺された（三・一〇四）。前四八年九月二八日のことである。その数日後、カエサルはポンペイウスのあとを追ってエジプトへ渡り、アレクサンドリアで宿敵の死を知った（三・一〇六・四）。このときエジプトは王位継承をめぐる内紛状態にあり、年少の王を操る宦官ポテイノスとプトレマイオス一二世の長女クレオパトラとが争っていた。クレオパトラはいったんシュリアに逃れたが、軍勢を率いてエジプトへ戻ってきたことから、これを迎え撃つため国王軍の主力はナイルデルタの東端の地ペールーシオンへ移動していた（三・一〇三・二、三・一〇八・二）。その地でポンペイウスは殺害され、カエサルはナイルデルタ西端にあり、守備が手薄となっていたアレクサンドリアに上陸できた。カエサルは前王の遺言にもとづいて調停を図ろうとしたが、ポテイノスは軍勢をアレクサンドリアへ差し向け、数を恃んで武力に訴えることを選んだ(三・一〇九・一)。

戦争の経過と結果

こうして戦争が始まったところから『アレクサンドリア戦記』は書き起こされる。カエサル軍は、数的不利に加え、物資の補給、とりわけ水の確保に関わる困難(五・一—九・二)、港湾封鎖をめぐる戦闘での敗走(一八・一—二一・五)、さらに、講和を見せかけたエジプト軍の欺瞞(二三・一—二四・六)など、さまざまな障害と危機を乗り越えなければならなかった。とくに、パロス島からの撤退時にはカエサル自身が海に飛び込み、泳いで逃げる事態となった(二一・二)。しかし、ペルガモンのミトリダーテース率いる援軍の到着(二六・一)が一つの転機となり、迎撃しようとしたエジプト軍を破ったことから、カエサル軍は勢いに乗った(三〇・一)。エジプト軍は敗勢となり、少年王も逃走するあいだに命を落とした(三一・六)。六カ月近くにわたる戦いののちにエジプトを掌握したカエサルは、戦死した王の弟とクレオパトラに王位を継承させた(三三・二)。

『アレクサンドリア戦記』の題名にふさわしい出来事の記述はここまでだが、ことあと、パルサーロスの戦い以後にその他の地域で起きた出来事も記される。すなわち、ポントス王パルナケースのドミティウス軍に対する勝利(三四—四一)、イッリュリクムの状況(四二—四七)、外ヒスパーニアでのカッシウスの悪政(四八―六四)、そして、カエサルの対パルナケース戦勝利(六五―七八)である。

ポントス王パルナケースは内乱を機に漁夫の利を狙った。内乱の当事者双方が対峙するあいだは態度を決めずにおき、ポンペイウスが敗れたと見るや、敗軍に加勢していたデーイオタルスとアリオバルザネースそれぞれの領地である小アルメニアとカッパドキアを占領した(三四・一)。パルナケースは老獪であった。戦略的理由からカッパドキアは放棄して小アルメニアに力を集中し(三五・一―二)、ドミティウスの退去要求を拒み、交渉使節を繰り返し派遣しながら(三五・一、三六・一、三七・一)、ついにはドミティウス軍を打ち破り(四〇)、ポントスを取り戻した(四一)。しかし、カエサルに対しては、王の老獪さ(六九・二―三、七一・一)も奏功せず、ゼーラでの激しい戦闘で敗れた(七四―七六)。ちなみに、「われ来たり、われ見たり、われ勝ちたり」という有名なカエサルの言葉はこの戦闘の迅速な終結についてのものである(スエートーニウス『皇帝伝』「カエサル」三七・二、プルータルコス『対比列伝』「カエサル」五〇・二)。

パルナケースがポントスを取り戻した頃、イッリュリクムでは、パルサーロスから落ち延びたオクターウィウスが大艦隊を率いて拠点を築いていた(四二・三)。これを知ってカエサルが派遣したガビーニウスは困難な戦いに敗れたあと病死した(四二・四―四三・三)。しかし、蛮族とも手を結んだオクターウィウスに対して、属州総督コルニフィキウスの要請に応じ、ウァティーニウスがブルンディシウムから艦隊を率いて駆けつけた(四四・一―四)。海戦の結果、オクターウィウスの五段櫂船を沈める(四六・五)など勝利を収めたウァティーニウスは属州を取り戻してコルニフィキウスに渡したあと、ブルンディシウムへ帰還し、オクターウィウスはアフリカへ落ち延びた(四七・四―五)。

前四九年にカエサルが外ヒスパーニアのウァッロー軍を降伏させたのち、属州総督に据えたクイントゥス・カッシウス・ロンギーヌスは、軍務遂行には長けていても(四八・二、五一・三―四)、安定した統治の維持には不向きで、属州民とのあいだにはなはだしい悪感情があった(四八・一、四九―五〇)。そこで、適格性を欠く人間を任命した点はカエサルの落ち度とも見られる。ただ、ポンペイウスとの決戦を控えて他に人がいなかったのかもしれない。いずれにしても、カエサルは東方でのポンペイウスとの決戦を前に背後の懸念を消そうとして、それを果たしたかにも見えたが、現実にはさほど容易な状況ではなかったことが窺える。実際、そののち外ヒスパーニアはポンペイウス派残党の最後の抵抗拠点となり、最終的決着は前四五年まで持ち越される。その次第が『ヒスパーニア戦記』に記録されることになった。

蛮族との戦争

こうして作品に記される出来事を辿ってみると、始まりはカエサルがアレクサンドリアで戦争に巻き込まれた『内乱記』の末尾を引き継ぐものの、カエサル軍とポンペイウス派残党軍との戦いについての記述は少なく、むしろ、アレクサンドリアとポントスでの勝利にしても、蛮族を破ったカエサルの事績が主要な記述対象であるようにも見える。唯一、はっきりとポンペイウス派残党との戦いと言えるイッリュリクムでの出来事でも、悲運の死を遂げるガビーニウスは「何度も敗北を喫した。そして、蛮族から甚だしい恥辱を蒙ったため、……撤収を余儀なくされ」て大損害を受けたのであり(四三・二―三)、オクターウィウスは「蛮族と盟約を結んだ」うえで、カエサル軍の砦を攻略するため「一部は蛮族の陸上部隊を用いている」と記される(四四・一)。

この点で気づかれるのは、エジプト軍とポントス軍について、『ガリア戦記』でガリア人について見られたと同様の、類型的とも言える蛮族の性向、つまり、狡猾で残忍非道、それだけに手強いという性質が描かれることである。

アレクサンドリアについては、「都はじつに生産力に富み、物資が豊かで、あらゆるものを作り出す備えを用意していた。住民も才覚があり、頭がよく切れる。わが軍がなにか作るのを見ると、決まってそれを、わが軍のほうが彼らの仕事を模倣したかと思われるほど巧妙に作り上げた。また、自分たちも多くの発明をした」(三・一)と記される。また、「私にはアレクサンドリア人を弁護しようがない。欺瞞的でも無謀でもないと言葉をいくら費やしても無駄であろう。実際、彼らの生まれ育ちと本性のいずれをも知れば、この民族の性向がなによりも裏切りに適していることを疑いうる者はない」(七・二―三)とも言い、この性向は少年王がカエサルを騙した演技(二四・二―五)によって如実に示される。

ポントス王パルナケースの場合、狡猾さは、ドミティウスにもカエサルにも表向きは講和を求めるように見せかけながら(三五・一、三六・一、三七・一、六九・二―三)、待ち伏せ(三六・四―五)や約束の不履行(七一・一)を行なうところに、残忍さは敗者への過酷な処罰(四一)に、見られる。

また、戦争の端緒にも『ガリア戦記』での記述との類似点が気づかれる。ガリア遠征が目指したのは、党派的対立を民族的本性とするガリア人のあいだで必然的に絶え間なく起きる部族間紛争の終結であり、ローマの傘の下での「全ガリア」の安定がその成果とされた。アレクサンドリアでも戦争は、王室内の紛争から始まり、擁立された王位継承者がローマ軍によって保護される体制が整うことで完全終結となる(三三)。ポントスでの戦争も、パルナケースによるデーイオタルスの領地への侵入に端を発する(三四・一)点で、やはり蛮族間の紛争から始まり、カエサルは「国内の紛争を解消し、法治を受け入れさせ、外敵の脅威を振り払う」(六五・一)ために、ローマで急を要する懸案があったにもかかわらず、戦争に踏み切り、目的を果たした。

事績の称揚と恥辱の黙秘

このような蛮族との戦いという印象を『アレクサンドリア戦記』の著者が意図的に打ち出そうとしたとすると、その動機を推測することはさほど難しくない。内乱はローマ人同士の殺し合いであるから、勝者となっても、自分の勝利を手放しで喜び、戦果を誇示することは憚られる。それに対して、敵が蛮族であれば、これを征服することは称えられるべき武功である。実際、前四六年の秋には、ガリア(および、このあと勝利を収めるアフリカ)とともに、アレクサンドリアとポントスでの戦勝は凱旋式の栄誉に浴することになる。また、この点に関連して、カエサルが『内乱記』において、ポンペイウス派に東方から加勢した大規模な援軍を列挙し(三・三、三・四・二―三・五・四)、非ローマ的色彩を与えていたことが思い合わされる。

その一方、アレクサンドリア平定後にカエサルがエジプトで過ごした数カ月ほどのあいだのことについてまったく触れられないのは、このことの裏返しであると理解できる。スエートーニウス『皇帝伝』「カエサル」五二・一、アッピアーノス『内乱史』二・九〇に記されるような、滞在中にカエサルがクレオパトラと親密な関係を結び、女王を身籠らせたこと、内乱を忘れたかのように、お供を引き連れながら二人でナイル川を遡ってエジプト見物を楽しんだ次第は省かれた。東方の女王にうつつをぬかすカエサルの姿は、彼の下で数多くの試練を戦い抜いてきた人間にとって恥辱以外の何ものでもなかったと想像され、記述を避けたのももっともと考えられる。この点では、クレオパトラを毒婦とするアウグストゥス期の文学常套も思い合わされる。カエサルとの関わりとともに、彼の暗殺後には、アントーニウスを誘惑して再び地中海世界を戦乱に引き込んだ邪悪な女王のイメージがクレオパトラに付された。ただ、クレオパトラとの関係がカエサルにきわめて大きな影響を及ぼしたことは間違いなく、このあとカエサルの独裁権力への志向が強くなる。その点で、歴史上の重要な転機となる出来事を記録しなかったことは大きな欠落である。

三 『アフリカ戦記』

ポンペイウス派残党

ポンペイウス派の指導者のうち、ドミティウス・アヘーノバルブスはパルサーロスの戦いで討ち死にし、ポンペイウス自身はエジプトで暗殺された。しかし、ポンペイウスの二人の息子グナエウスとセクストゥス、スキーピオー・ナーシーカ、カトー、アフラーニウス、ペトレイウスらは落ち延び、アフリカで態勢を立て直そうとした。それまでの内乱の経過の中で、デュッラキオンでの戦いを別とすれば、アフリカはほとんど唯一、ポンペイウス派がカエサル軍に勝利した地である。すなわち、前四九年にクーリオーの指揮する軍勢がヌミディア王ユバの強力な援軍と老獪な作戦によって殲滅された(『内乱記』二・三九―四二)。この地にいたコンシディウスは引き続きハドルーメートゥムの城市を守り(三・一、『内乱記』二・二三・四)、ウァールスは艦隊をイッリュリクムから到着したオクターウィウスと合流させた(四四・二、『アレクサンドリア戦記』四七・四)。他方、キケローは――カエサルや本書の三作品の著者によってはまったく言及されていないが――これ以上の戦いを拒んだ。そのため、ポンペイウスの息子グナエウスに殺されそうになったが、難を逃れ(プルータルコス『対比列伝』「キケロー」三九・一―二)、同年一〇月半ばにイタリアへ戻った(キケロー『アッティクス宛書簡集』一一・五、『縁者・友人宛書簡集』一四・一二参照)。

カエサルの掃討作戦

前四七年一〇月にローマへ戻ったカエサルは、不在のあいだに起きていた混乱への対処を行なったのち(『アレクサンドリア戦記』六五・一、注(81)参照)、すぐにポンペイウス派残党を掃討すべくローマを発った。『アフリカ戦記』は、カエサルがアフリカへ渡るため一二月一七日にシキリア西端の港リリュバエウムに到着したところから記述を始める。季節は航海に適さず、必ずしも十分な兵力が整ってもいなかったが、迅速さが重要と考えたカエサルは出航を急ぎ(一・二―三)、一二月二八日にハドルーメートゥムに上陸した(三・一、一九・四)。

その後は、ハドルーメートゥム以南の沿岸地域に点在するルスピナ、レプティス、アキュッラ、ウジッタ、アッガル、ゼータ、サルスーラなどの城市とその周辺地域ならびに沖合いにおいて両軍の戦闘が繰り広げられたが、決着は四月六日のタプソスでの戦い(七九―八六)まで持ち越された。上陸したカエサル軍の第一陣は急いだだけに後続部隊の到着を必要としたが(三一・一〇)、第二陣はすぐに到着した(三四・四―六)。なおまだ増援の軍団輸送が欠かせなかったものの、これでカエサルはより積極的な作戦に出る(三七・一)。ウジッタでは、「両軍は、わずか三〇〇パッススの距離をはさんで布陣した。この距離で合戦に至らなかったことは、おそらく、これ以前には一度としてなかったろう」(六一・一)と記されるが、結局、軍団同士の合戦にはならなかった。

三月二一日にカエサルは全軍の清めの儀式を行ない(七五・一)、翌日、スキーピオー軍を合戦に誘い出そうとしたが、敵方は応じることを避けた(七五・二)。この状況が続くあいだに、カエサルのもとへ増援部隊も到着していた(七七・三)。カエサルは四月四日の夜にアッガルを発って、タプソスに向かい、城市の攻略を始めた(七九・一)。四月六日、包囲するカエサル軍と城市に援軍をもたらそうとするスキーピオー軍が衝突し、軍配はカエサルに上がった。

戦いには加わらず、ウティカを守っていたカトーは抵抗しても無益であると覚悟を決め、また、カエサルの慈悲にすがることを潔しとせず、自害した(八八・一―四)。スキーピオー、ペトレイウス、アフラーニウス、ユバはタプソスから逃げる途中に命を落とした(九四―九六)。ヒスパーニアを目指して落ち延びることができた主要な指導者はポンペイウスの二人の息子とラビエーヌスぐらいである。

ユバ王

ポンペイウス派の兵力は「騎兵の数は計り知れず、王の率いる四個軍団、軽武装兵の大兵力、スキーピオー指揮下の一〇個軍団、象一二〇頭、相当数の艦隊」(一・四)と記される。騎兵は軽武装兵とともにほとんどがヌミディア人で、象と並んで軍の強みであり拠り所であったので、王の率いる軍勢が戦力の要《かなめ》をなしていたことが分かる。「実際、敵の軽武装兵は見事なまでにわが軍を不安にし、悩ませていた」(七一・二)し、カエサルは「敵の優秀な騎兵と軽武装兵」と「多数の巨大な象」への対策に腐心した(七二・二―三)。

加えて、威信の点でも王が特別な存在感を示したように『アフリカ戦記』の著者は描く。「スキーピオーは(ユバ)王の騎兵のまかないを属州アフリカからの出費で行なっていた」(八・五)とされ、王は自身の領地を守るためにみずからの出陣を思い止まった(二五)あと、スキーピオーの来援要請の手紙を受け取ると、「自身が合流することでスキーピオー軍の存在感を高めると同時にカエサル軍の恐怖心を大きくしよう」(四八・一)としてこれに応じ、実際、「王の到着はスキーピオー軍の士気を高め、自信を強めた」(四八・四)という。さらに、アクイニウスという若輩の元老院議員が同じ指示について、スキーピオーから伝えられたときは従わなかったのに、ユバ王の意向でもあると聞くと即座に従ったとされ、スキーピオーも王の意向に従って着衣を変えたと記される(五七)。

こうした記述には、『アレクサンドリア戦記』について見た「蛮族との戦争」という捉え方と共通する面、つまり、勝利を狡猾で横暴な王の征伐として誇示しようとする意図を見ることができるかもしれない。

規律の綻び

『アフリカ戦記』には、カエサルであればまず書かなかったと思われる記述が見られる。それはカエサル指揮下全軍の統率に関する記述である。

『内乱記』では、プラケンティアでの命令不服従(ディオーン『ローマ史』四一・二六—三五、アッピアーノス『内乱史』二・四七)について触れられなかった。対して、『アフリカ戦記』では、軍団古参兵の命令不服従がカエサル軍の弱みを示す情報として記され(一九・三)、副司令官に逆らった百人隊長についての記述(二八・二)もある。また、軍紀の緩みや兵卒による略奪行為について、その処罰を下すカエサルの言葉が直接話法で引用されて強調される(五四)。

さらに、作品全体のクライマックスとも言えるタプソスの戦いにおいては、血気に逸《はや》る兵士らがカエサルの命令のないまま進軍ラッパを鳴らし、制止を振り切って進撃を始め(八二・三—四)、カエサルの号令はこれを後追いする形で出された(八三・一)。戦いが勝利に終わったあとも怒りに燃える古参兵らは殺戮の手を緩めず、「スキーピオー軍の兵士全員は、カエサルの保護を求めて嘆願し、カエサル自身もそれを見て兵士らに助命を求めたにもかかわらず、一人残らず殺された」(八五・九)。パルサーロスの戦いの叙述では、戦いにおける兵士の闘魂を燃え立たせることが将軍の務めとされる(『内乱記』三・九二・四—五)一方、戦いのあとで命乞いした敵兵に対して「カエサルは彼らを慰撫して立ち上がるように命じた。自分が寛容であることを手短に話して聞かせ、恐怖心を和らげてから、全員の命を助けた。身柄を配下の兵士らに預け、誰一人暴行される者がないように、何一つ失われる持ち物がないようにせよ、と言いつけた」(同三・九八・二)と記された。兵士を掌握しているか否か、違いすぎるほどに対照が際立っている。

ひょっとすると、『アフリカ戦記』の著者の記述意図は別にあったかもしれない。命令不服従に関しては、指揮官にとってもっとも危機的な事態に直面したとき、カエサルが適切な対処で乗り切り、兵士の忠誠心を強固に保ったことを描こうとしたとも考えられるからである。実際、『ガリア戦記』には、体軀と武勇がけたはずれのゲルマーニア人との戦いを前に兵士らが臆病風に吹かれ、進軍を拒否しかねない事態に至ったとき、カエサルが作戦会議に百人隊長全員を出席させて叱咤することで危機を回避した次第が描かれていた(一・三九・一—一・四一・三)。ただ、『ガリア戦記』の場合、遠征当初の、カエサルもすべての将兵をまだ完全には掌握できていなかったと考えられる時期であるので、これを機に全軍がカエサルの作戦どおりに戦う心構えを固めたことには、それ以後を見据えて、言ってみれば、雨降って地固まる意義があった。対して、『アフリカ戦記』では状況が違い、命令不服従は兵士の気持ちが緩んだか、カエサルから離れたかしたことを示すだけだと思われる。また、兵士の血気や怒りに駆られた行動が放置されたことに関しては、パルサーロスの戦いでのように(『内乱記』三・九二参照)、カエサルが兵士の戦闘意欲を最高度に発揮させた点に叙述の主眼があるのかもしれない。しかし、これも統率が欠如した印象を与えていることは否めない。

終わらない戦争

かつてはカエサルに絶対の忠誠を捧げていた兵士らの規律がそのように綻びを呈した理由の一つに、軍役の長さが考えられる。タプソスの戦いのあと、カエサルがイタリアへ渡る前に古参兵の軍役を解き、再び命令不服従を起こさないようにした、とディオーンは記している(『ローマ史』四三・一四・一)。古参兵は、通常なら、いざというとき頼りになる歴戦の強者である。ところが、もしガリア遠征の当初からカエサルに従っていた兵士があったとすれば、すでに一二年を超える長期の軍務ということになる(四五・三、注(37)参照)。

それと裏腹に、カエサルがポンペイウスを倒したとき、それで戦争が終わるものと誰もが思っていた。ポンペイウスを討つべく、ブルンディシウムから出航するとき、カエサルは「ここまで来れば、労苦や危難の終わりも近い。……勝利を収めれば、私が存分に報いる。諸君のどんな望みも叶うのだ」(『内乱記』三・六・一)と演説した。パルサーロスの戦いで突撃するとき、再役兵クラースティヌスは戦友に向かって「残るはもうこの一戦だけだ。これが終われば、将軍は威信を、われわれは自由を取り戻すだろう」(同三・九一・二)と言った。

ところが、戦争は終わらなかった。一年半以上が経過し、そのあいだに兵士らはテッサリアからアシア、エジプトへ、次いで、シュリアを経てポントスへ、一度ローマへ戻ってからシキリアを経てアフリカへと駆けめぐった。このあとさらにヒスパーニアへ戦場が移ることは間違いない。ローマの広い領土すべてを文字どおり股にかけることになる。どれほど忠実な兵であろうと、これでは話が違うと言って、抗議の声を上げたとしても不思議はなかった。

戦争の果実

それでも、アフリカでの勝利にはそうした不満を和らげる実入りがあった。作品の末尾には、カエサルがポンペイウス派に味方した諸市に対して莫大な懲罰金を科したことが記されている(九七―九八)。この点でアフリカが豊かな穀倉であったことは幸いした。プルータルコスは、カエサルがローマ帰還後の演説で、征服した国は毎年二〇万メディムノス(一万キロリットル以上の量)の穀物と三〇〇万リーブラ(一〇〇〇トン弱)のオリーブ油を国庫に納められる、と語ったと伝えている(『対比列伝』「カエサル」五五・一)。

しかし、ここでも規律の緩みはあった。属州化されたユバ王の領地の統治を任されたサッルースティウス(九七・一)は搾取のかぎりを尽くし、そののち「ついさっきまで父親の住まいすら買い戻せなかったのに、どうやって急に夢のような富をつかんだのか。これ以上はないような高価な庭園、ティーブルにあるガーイウス・カエサルの別荘その他の資産を手にしたのか」(偽キケロー『サッルースティウス弾劾』一九)と非難された。

四 『ヒスパーニア戦記』

前祝い

アフリカでの勝利によってカエサルは内乱全体の帰趨に見通しをつけた。ローマに戻ったのが七月二五日(『アフリカ戦記』九八・二)で、それから年末にヒスパーニアへ出発するまでのあいだ、カエサルは自身の成果を誇示するとともに、戦後の体制構築に関わる布石も打った。

カエサルを勝者として事態の終息へ向かうそうした動きは、しかし、カエサルが帰還する前からすでにローマで始まっていた。元老院はカエサルのために、四〇日間の感謝祈願決議、凱旋式での白馬騎乗を許可、三年任期で風紀取締長官(praefectus moribus. キケロー『縁者・友人宛書簡集』九・一五・五参照)および一〇年連続での独裁官への選出、元老院での第一発言権および政務官の指名権授与などさまざまな権限と栄誉を賦与した(ディオーン『ローマ史』四三・一四・三—七)。

カエサル自身は元老院および国民の前で演説を行なって、人々から粛清への恐怖を取り除いた(ディオーン『ローマ史』四三・一五—一八)のち、「同じ月に四度の凱旋式を数日の間隔を置いて」(スエートーニウス『皇帝伝』「カエサル」三七・一)挙行した。凱旋式はそれぞれガリア、アレクサンドリア、ポントス、アフリカでの勝利を祝うものであった。その他、ローマ市民へ祝宴のふるまい、また、模擬海戦や剣闘士競技などの見世物興行を盛大に行なった。

そうした祝賀の一方で、属州で勢力を築いて自分の対抗勢力となる者が出ないよう、法務官格総督の任期を一年、執政官格総督の任期を二年に制限する法律を施行した(ディオーン『ローマ史』四三・二五・三)。加えて、太陰暦にほぼ相当するそれまでの暦(前ユーリウス暦)を廃し、現在の太陽暦とほとんど違わない新暦(ユーリウス暦)を前四五年から実施することとし、そのために一一月と一二月のあいだに二カ月の閏月(それぞれ二九日と三八日)を挿入した(同四三・二六)。

戦争の経過

カエサルがローマでこうしたことに従事しているあいだに、ヒスパーニアに落ち延びたポンペイウスの二人の息子グナエウスとセクストゥスがラビエーヌスとともに態勢の立て直しを図り、外ヒスパーニアを掌握していた。『ヒスパーニア戦記』の記述はここから始まる。猶予ならない状況と見たカエサルは驚異の速さで外ヒスパーニアへ到着した(注(8)参照)。前四六年一二月初めのことと考えられる。

ポンペイウス軍の拠点は、港湾都市ガーデースと並んで外ヒスパーニア内陸の要衝であるコルドゥバで、ここを弟セクストゥスが守っていた(三・一)。コルドゥバの他にウリア、アテグア、ソリカリア、ウルソーなどの城市をめぐる攻防、および、その周辺地域での両軍勢の交戦が三カ月以上続いた。カエサルは当初から早い決着を目論んでいた(五・七)。それが長引いたのは、ポンペイウス軍が持久戦を望み、地形もその作戦に有利であったからである(八・一—五)。

ムンダの戦い

カエサルが待ち望んだ決戦はムンダの城市近くの平原で交えられることとなった(二七・六)。三月一七日のことである(三一・八)。有利と思われたカエサル軍はポンペイウス軍の激しい応戦に遭い、勝利への自信を失いかけるときもあった(三一・一)。それでも、ラビエーヌスを含めて約三万の敵兵を戦死させ(三一・八)、カエサル軍は勝利を収めた。

残念ながら、このカエサルにとって最後の戦闘、内乱に終止符を打つ勝利について『ヒスパーニア戦記』はあまり詳しく記述していない。けれども、つねに周到なカエサルの予想をも超える激烈な戦闘であったことは間違いない。カエサル自身が死を覚悟する局面もあり、カエサル軍が勝勢をつかんだのは、将軍の必死の鼓舞やみずからの奮戦によってか、あるいは、なにか偶然のきっかけからであったことを他の典拠は伝えている(注(71)参照)。将軍の鼓舞にしても、偶然の作用つまり運の気まぐれにしても、『ガリア戦記』と『内乱記』では出来事の劇的展開を表現するために利用された。その点で、ムンダの戦いほど劇的な叙述に格好の素材もなかったと思われるが、『ヒスパーニア戦記』の著者はその機会を生かすことをしなかった。

戦いのあと

コルドゥバを守っていた弟セクストゥスは、自軍敗北の知らせを聞くや、町を捨てて逃走した(三二・四―五)。ヒルティウスはキケロー宛にナルボーから四月一八日に発信した手紙の中で、セクストゥスが内ヒスパーニアへ逃亡したことを知らせている(キケロー『アッティクス宛書簡集』一二・三七a、五月五日付)。彼は身を隠し、海賊行為によって生き延びたともいう(アッピアーノス『内乱史』二・一〇六)。対して、グナエウス・ポンペイウスは戦場から落ち延びると、海軍基地のあるカルテイアへ逃げ込んだ(三二・六―八)。そこから艦船に乗り込んだものの、物資補給のため上陸したところへ追撃の手が及び(三七・二―三)、結局、身を隠しているところを見つかって殺された。彼の首がヒスパリスの町に晒されたのが四月一二日である(三九・二―三)。

ローマへカエサル勝利の知らせが届いたのは四月二〇日であった。翌二一日は、たまたま、ローマ建都の日ともされるパリーリア祭に当たり、祝祭が戦勝祝賀の彩りを帯びたという(キケロー『アッティクス宛書簡集』一四・一四・一、一九・三、ディオーン『ローマ史』四三・四二・三)。

『ヒスパーニア戦記』の記述は、カエサルがヒスパリスで行なったとされる演説の途中で途切れているが、これがおそらく四月末のことである。カエサルはヒスパリスから四月三〇日付でキケローに宛てて、慰めの手紙を出している(キケロー『アッティクス宛書簡集』一三・二〇・一、七月二日付)。このとき、自分の天下を心から確信していたかもしれない。

ローマに戻ったカエサルは、一〇月にヒスパーニアでの勝利を祝う凱旋式を挙行した。しかし、プルータルコスによれば、異国の敵や蛮族を倒したのではなく、同胞ローマ人を殺害しての勝利であったので、ローマの人々の反感を買ったという(『対比列伝』「カエサル」五五・四)。

五　三作品の構想と表現

最後に三作品の叙述手法について見ておきたい。とはいえ、カエサルが『ガリア戦記』と『内乱記』において示したような作品全体を貫く構想とそれを支える表現をそこに見ることはできない。それは、ヒルティウスが「私はありったけの釈明を連ねてカエサルと比較されることを避けようとするあいだに、まさにこのことによって傲慢だという非難を招いているのです。なぜなら、私がカエサルと比較の対象になりうると判断する人もあろうかなどと考えているのですから」(『ガリア戦記』八・序・九)と記したとおりである。また、上に紹介した最近の見方のとおり、三作品が急ごしらえの継ぎはぎで成立したとすれば、そもそも、それぞれをまとまりある一つの作品として扱うことが適切かどうか分からなくなる。それでも、三作品がいずれもカエサルに忠実な士官たちによって記されたことはほぼ間違いない。この点に関わる特色を全体的な面と個別的な面について次に述べる。

「蛮族」との戦い

本書の三作品に共通する叙述の視点を挙げることができるとすれば、それは「蛮族との戦い」であるように思われる。『アレクサンドリア戦記』と『アフリカ戦記』についてはすでに触れた。前者では、アレクサンドリア軍やポントス王に対する勝利が蛮族平定として描かれるのみならず、イッリュリクムのカエサル軍を蛮族が苦しめたことが記された。後者では、ヌミディア王ユバがポンペイウス派残党軍の枢軸を占めた。『ヒスパーニア戦記』においても、戦争に勝利したあと、カエサルがヒスパリスの住民を前に行なった演説の中で「諸君は国際法もローマ市民の定めも知りながら、蛮族さながらに、神聖不可侵たるべきローマ国民の政務官に対し何度も暴力を振るった」(四二・四)と語ったとされる。すべては蛮族に類する相手との戦いであったかのように総括する記述とも見える。実際、カエサルがローマ帰還後にヒスパーニアでの勝利を祝して凱旋式を挙行したことは、カエサル自身もこの勝利を、前年に凱旋式を挙行したガリア、アレクサンドリア、ポントス、アフリカでの勝利と同列のものと考えていたことを示しているかもしれない。

このように、戦争に「蛮族との戦い」という印象を与えることは、先にも述べたように、武功の称揚や戦果の誇示をしやすくする。しかし、それは同時に内乱、あるいは、戦争という営為の本質に覆いをかけることでもある。

内乱のジレンマ

どのような戦争でも——起きなければはるかによいが——、その終結は早ければ早いほどよい。それだけ犠牲が少なくてすむからである。このことは内乱においてよりいっそう顕著になる。敵味方いずれに犠牲が出ても、それは同じローマ人であり、すべてローマにとって損失となるからである。このことは『内乱記』において明瞭に意識されていた。ヒスパーニアでカエサルが将兵に急き立てられながらも決戦を躊躇したのは、不利な場所での味方の損害を懸念したと同時に、敵方の市民にも憐みを感じたためだった(一・七二・一―四)。このことはまた、目前の戦場だけでなく、戦後の体制構築の問題とも関わる。強い遺恨が残っては安定した統治が危ぶまれるからである。そこで、内乱の当初からカエサルは降伏した相手に対して寛恕の措置で臨んだ。けれども、コルフィーニウムで降伏したドミティウス・アヘーノバルブスは赦免され、解放されたあと、マッシリアで指揮を執り、降伏したマッシリアから逃げ出したあと、パルサーロスで戦った。アフラーニウスとペトレイウスもヒスパーニアで降伏したのちパルサーロスで戦い、そこから敗走したあと、アフリカに戦場を求めた。これでは、敵を全滅させるまで戦争は終わらないかと思えてくる。戦後の平和を考慮した寛恕が戦争を長引かせる、それが結果的に同胞の犠牲をさらに増やす、というジレンマをここに見ることができる。先に『アフリカ戦記』について見た際には、規律の綻びという面から「終わらない戦争」について触れた。戦争の長期化による将兵の苛立ちは、命令不服従として指揮官に向かう場合もある一方、鬱憤を晴らそうと敵に対して爆発する場合もある。後者の場合、相手が降伏してもなお、怒りの矛を収めることが難しい。

こうした内乱のジレンマを本書の三作品の著者がどのように見ていたか窺わせる個所が『アレクサ

ンドリア戦記』にある。アレクサンドリア側が、王を自分たちに返してくれれば王の指導に従って投降する、と申し出たのに対し、「カエサルは、彼らが欺瞞的な民族で、いつも心中の考えと異なる見せかけをすることをよく知っていたが、赦しを乞う者を赦すことは有益であると判断した」(二四・二)。ところが、王はカエサルの激励を聞いて流した涙も乾かないうちに、臣下のもとへ戻るや激しく戦いを始めた。そのため、「この出来事をカエサルの副司令官、友人、百人隊長、兵士の相当数が面白がった。人が好すぎるから子供の謀《たばか》りにしてやられたのだというわけで、まるで、カエサルの動機が人の好さのみにあり、先の先を読んだ思慮ではないかのように見なした」(二四・六)と記される。著者はカエサルの寛恕が平和のために有益であることを知っている一方、それも相手次第であり、二枚舌を使って恥じない相手には逆効果だと考えている。そして、そのような相手を「蛮族」の類いとして捉えていることも間違いないように思われる。

模倣とけれん

三作品の個別的な表現の特色の一つに、カエサルも含めた先行歴史作品の表現をかなり頻繁に借用ないし利用していることを挙げることができる。

たとえば、『アレクサンドリア戦記』で、ロドス艦隊とアレクサンドリア艦隊の戦いを陸から人々が見守る場面(一五・八)は、トゥーキューディデースやカエサルに描かれた同様の場面(注(25)参照)を踏まえると考えられる。

また、先に触れたように、『アフリカ戦記』においてカエサルが軍律違反に対する処罰を下す言葉は、『ガリア戦記』において臆病風に吹かれた兵士らに活を入れ、忠誠心を強固にしたカエサルの叱咤をモデルとしていると思われる。この場合、後者が間接話法であるのに対し、前者には直接話法が用いられていることに留意すべきかもしれない。直接話法は、発話されたとおりの言葉を伝えるので、その場の臨場感を伝えるのに適する。規律徹底に言い訳を許さないカエサルの裁断の迫力を表現しようとしたとも考えられる。

同様のことが『ヒスパーニア戦記』の末尾でのカエサルの演説(四二・四—七)についても見られ、この場合はアフラーニウスの降伏嘆願に答えたカエサルの言葉(『内乱記』一・八五)を想起させる。内外の違いはあっても同じヒスパーニアで、いずれも戦争が終わったあとに敵方の不当性を非難し、自身の正当性を訴えている。違いは、カエサルが自分の言葉を間接話法で示したのに対し、『ヒスパーニア戦記』の著者が直接話法を用いた点である。『ヒスパーニア戦記』の著者は、おそらく自身も居合わせた勝利の高揚感を再現することに主眼を置いたと想像される。対して、カエサルの場合は、そうした感情移入の効果よりもむしろ、客観的な提示によって自分の主張に裏表がないという印象を強めようとしたと思われる。

このように場面の盛り上がり、あるいは、気持ちの高ぶりを表現しようとする傾向も三作品に共通して見られる。ただ、それがうまく機能しているかどうかは疑問であることも多い。

たとえば、『アフリカ戦記』では、タプソスの戦いについての記述の中で「ここで第五軍団の一人の古参兵の武勇を書き漏らすべきではないと思われる」(八四・一)として、手負いの象が従軍商人を襲ったあと、この兵士を鼻で巻き上げたが、兵士が剣で鼻に斬りつけて象を退散させた次第が記される。緊張が連続した場面に息抜きを挿む逸話としてなら機能するかもしれない。けれども、決戦そのものの帰趨をこの逸話とほぼ同じ言葉数で語った直後では、あまりにバランスを欠いていると言わざるをえない。このことは、『内乱記』におけるパルサーロスの戦いの叙述と比べるといっそう際立つ。この決戦ではクラースティヌスという兵士が「もっとも傑出した武勇の士……彼の功績がもっとも優れていた」(三・九九・三)とされたが、その実際の戦いぶりについてカエサルは、真っ先に突撃したこと(三・九一・四)、剣を正面に受けて戦死したこと(三・九九・二)しか記していない。カエサルが記したのは、クラースティヌスの戦いに臨む覚悟と意気込みであった(三・九一・二―四)。勝利の要因としてカエサルが描こうとする全軍兵士の闘志をそこに代表させようとしたためである。

また、『ヒスパーニア戦記』において、平地で合戦を交える勇気のない敵方の中で唯一人例外とされたアンティスティウス・トゥルピオーに対してクイントゥス・ポンペイウス・ニゲルというローマ騎士が進み出て一騎打ちとなった場面が描かれる(二五・三―七)。「一級の戦士同士のいずれが勝利を収めるか予想がつかず、二人の戦いがほとんど戦争の帰趨を決するかにも思われた」ゆえに両軍が見物したという描写(二五・五)も大げさすぎる印象を免れないと思われるが、二人をアキッレウスとメムノーンというギリシア神話の英雄に喩える表現(二五・四)も、比喩のポイントが不明瞭で適切かどうか分からない。ちなみに、この場面は、『ガリア戦記』において籠城戦の中のひとコマとしてプッローとウォレーヌスの活躍が華々しく描かれた挿話(五・四四)を想起させる。そこでも、二人について「いずれの武勇がまさるとも判断できなかった」(五・四四・一三)と記される。けれども、この挿話は、二人が助け合い、最後に窮地を脱して無事陣営内へ戻った点で、籠城戦を耐えて生き抜くという全体の文脈に合致していた。加えて、「運命が手柄争いの中で両人をもてあそんだ結果」(同上)と記され、「運には絶大な力があり、……とくに戦争ではわずかのはずみで局面の大きな変化を引き起こす」(『内乱記』三・六八・一)と考えるカエサルの戦争全般に対する見方に、ごく小さな局面ではあるが、実例を与えていた。そこでは、「挿話」であっても記述の全体的な流れと連携していることが見て取れる。

六　参考文献

訳出に当たって底本とした校本

Klotz, A., *C. Iuli Caesaris Commentarii*. Vol. III. *Commentarii Belli Alexandrini, Belli Africi, Belli Hispaniensis*. Stuttgart/Leipzig 1927.

Diouron, N., *Pseudo-César Guerre d'Espagne*. Paris 1999.

底本以外に参照した校本・対訳本・翻訳

Way, A. G., *Caesar Alexandrian African and Spanish Wars*. Loeb Classical Library 1955.
Townend, G., *Caesar's War in Alexandria. Bellum Civile III. 102–112 & Bellum Alexandrinum 1–33*. Bristol/Wauconda, IL 1988.
Andrieu, J., *César Guerre d'Alexandrie*. Paris 1954.
Schneider, R., *Bellum Alexandrinum*. Berlin 1962.
Bouvet, A., *César Guerre d'Afrique*. Paris 1949.
Bouvet, A./J.-C. Richard, *Pseudo-César Guerre d'Afrique*. Paris 1997.
Carter, J. M., *Julius Caesar The Civil War with the Anonymous Alexandrian, African, and Spanish Wars*. Oxford World's Classics 1996.
Gardner, J. F., *Caesar The Civil War, together with The Alexandrian War, The African War and The Spanish War by Other Hands*. Penguin Books 1967.

本書に関わる主要古代文献（代表的邦訳）

ウェッレイウス・パテルクルス『ローマ世界の歴史』（西田卓生・高橋宏幸訳、京都大学学術出版会、二〇一二年）。

キケロー『デーイオタルス弁護』（『キケロー選集』第二巻、上村健二訳、岩波書店、二〇〇一年）。

キケロー『アッティクス宛書簡集』Ⅰ・Ⅱ（『キケロー選集』第一三・一四巻、根本和子・川崎義和・

高橋英海・大芝芳弘訳、岩波書店、二〇〇〇―二〇〇一年)。

キケロー『縁者・友人宛書簡集』Ⅰ・Ⅱ(『キケロー選集』第一五・一六巻、高橋宏幸・五之治昌比呂・大西英文・兼利琢也訳、岩波書店、二〇〇一―二〇〇二年)。

スエートーニウス『皇帝伝』(=『ローマ皇帝伝』上・下、国原吉之助訳、岩波文庫、一九八六年)。

ストラボーン『地誌』(=『ギリシア・ローマ世界地誌』飯尾都人訳、龍溪書舎、一九九四年)。

プルータルコス『対比列伝』(=『プルターク英雄伝』全一二冊、河野与一訳、岩波文庫、一九五二―一九五六年。『プルタルコス英雄伝』上・中・下、村川堅太郎訳、ちくま学芸文庫、一九九六年。『プルタルコス英雄伝』1―4、柳沼重剛・城江良和訳、京都大学学術出版会、二〇〇七―二〇一五年)。

アッピアーノス『内乱史』(邦訳なし。H. White, *Appian's Roman History*. Vols. III–IV. *The Civil Wars*. Loeb Classical Library 1913)。

ディオーン『ローマ史』(邦訳なし。E. Cary, *Dio's Roman History*. 9 vols. Loeb Classical Library 1914–1927)。

解説等の執筆に当たって参照した文献

ゲルツァー、マティアス『ローマ政治家伝Ⅰ　カエサル』長谷川博隆訳、名古屋大学出版会、二〇一三年。

ゴールズワーシー、エイドリアン『カエサル』上・下、宮坂渉訳、白水社、二〇一二年。

サイム、ロナルド『ローマ革命』上・下、逸身喜一郎ほか訳、岩波書店、二〇一三年。

高橋宏幸『カエサル『ガリア戦記』――歴史を刻む剣とペン』岩波書店、二〇〇九年。

長谷川博隆『カエサル』講談社学術文庫、一九九四年。

モムゼン、テオドール『ローマの歴史Ⅳ　カエサルの時代』長谷川博隆訳、名古屋大学出版会、二〇〇七年。

Adams, J. N., *The Bellum Africum*. In J. N. Adams/M. Lapidge/T. Reinhardt (eds.), *Aspects of the Language of Latin Prose*. Oxford/New York 2005, 73–96.
Cairns, F./E. Fantham (eds.), *Caesar against Liberty? Perspectives on his Autocracy*. Cambridge 2003.
Cluett, R., In Caesar's Wake: the Ideology of the Continuators. In Cairns/Fantham, 118–131.
Corbett, P. B., On Two Items of Colloquial Usage in *BH*. *Eranos* 60 (1962), 74–79.
Damon, C., Review of Gaertner/Hausburg. *Bryn Mawr Classical Review* 2014.09.23.
Gaertner, J. F., The style of the *Bellum Hispaniense* and the evolution of Roman Historiography. In E. Dickey/A. Chahoud (eds.), *Colloquial and Literary Latin*. Cambridge 2010, 243–253.
Gaertner, J. F./B. C. Hausburg, *Caesar and the Bellum Alexandrinum. An Analysis of Style, Narrative Technique, and the Reception of Greek Historiography*. Göttingen 2013.
Griffin, M. (ed.), *A Companion to Julius Caesar*. Malden, MA 2009.
Grosser Historischer Weltatlas. 1. Teil. *Vorgeschichte und Altertum*. Hrsg. vom Bayerischen Schulbuch-Verlag.

München 1978[6].

Hall, L. G. H., Hirtius and the Bellum Alexandrinum. *Classical Quarterly* 46 (1996), 411–415.

Kraner, F./F. Hofmann, *C. Iuli Caesaris Commentarii de Bello Civili*. Dublin/Zürich 1968[16] (Hildesheim 1959).

Marshall, P. K., Mopping Up Operations (Review of Bouvet/Richard and Diouron). *The Classical Review* 51 (2001), 49–51.

Maurach, G., Die drei Fortsetzer. In his *Caesar der Geschichtsschreiber*. Münster 2003, 244–256.

Mayer, M., Caesar and the Corpus Caesarianum. In G. Marasco (ed.), *Political Autobiographies and Memoirs in Antiquity*. Leiden/Boston 2011, 189–232.

Murphy, P. R., Caesar's continuators and Caesar's felicitas. *Classical World* 79 (1986), 307–317.

Patzer, A., Aulus Hirtius als Redaktor des corpus Caesarianum. Eine grammatisch-historische Analyse der *epistula ad Balbum*. *Würzburger Jahrbücher für die Altertumswissenschaft* 19 (1993), 111–130.

Seel, O., *Hirtius. Untersuchungen über die pseudocaesarischen Bella und den Balbusbrief*. Leipzig 1935.

Talbert, R. J. A., *Barrington Atlas of the Greek and Roman World*. Princeton 2000.

Tschiedel, F., Review of Diouron. *Gnomon* 82 (2010), 596–602.

Van Hooff, A. J. L., The Caesar of the *Bellum Hispaniense*. *Mnemosyne* 27 (1974), 123–138.

最後に『カエサル戦記集』全三部を訳し終えての所感を手短かに述べておきたい。

訳者のカエサルとのつきあいが深くなったのは、二〇〇六年秋に岩波書店の「書物誕生」シリーズの一冊として『ガリア戦記』について書くことを引き受けてからである。歴史そのものよりもむしろ文学表現に関心がある訳者にとって、カエサルの著作の奥深さと、直後に黄金期を迎えるラテン文学の中核に及ぶ影響力に目を向けるきっかけとなったことは大きな意味があった。その本が二〇〇九年に刊行されてすぐに、お世話になった編集部の杉田守康氏から、『ガリア戦記』の新訳を、と依頼された。引き受けないわけにはいかないと思うと同時に、『ガリア戦記』の邦訳は、ちょうどその頃に出版されたものも含めて、すでに数種類があったので、それらにまさる訳が出せるか、あまり自信がなかった。そこで、『内乱記』と本書に収めた三作品を一緒にということなら、というわがままを言って認めてもらった。とくに、本書の三作品はこれまで邦訳がなかったので、日本語で読めるようにするだけでも寄与するところがあると考えたためである。当然のことながら、費やす労力は三倍、あるいは、それ以上になったが、自分にとっては収穫のある仕事だったと思っている。それにつけても、杉田氏には刊行までお世話になり続けた。あらためて感謝申し上げたい。

高橋宏幸
1956年，千葉県生まれ．1984年，京都大学大学院文学研究科博士課程修了．2010年，京都大学文学博士．
現在，京都大学大学院文学研究科教授．西洋古典学専攻．
（主要著書）
『カエサル『ガリア戦記』──歴史を刻む剣とペン』（岩波書店）
『ギリシア神話を学ぶ人のために』（世界思想社）
『はじめて学ぶラテン文学史』（編著，ミネルヴァ書房）
『農耕詩の諸変奏』（共著，英宝社）
『セネカ哲学全集5　倫理書簡集Ⅰ』（訳，岩波書店）
『キケロー書簡集』（編，岩波文庫）

カエサル戦記集　アレクサンドリア戦記　アフリカ戦記
ヒスパーニア戦記

2016年7月14日　第1刷発行

訳　者　高橋宏幸《たかはしひろゆき》

発行者　岡本　厚

発行所　株式会社　岩波書店
〒101-8002　東京都千代田区一ツ橋2-5-5
電話案内　03-5210-4000
http://www.iwanami.co.jp/

印刷・法令印刷　カバー・半七印刷　製本・牧製本

ISBN 978-4-00-022092-7　Printed in Japan

『アレクサンドリア戦記』索引

出現個所は「章＋節」で表示.（例）59. 2 ＝第五九章二節

ア 行

アエミリウス・レピドゥス，マルクス　Aemilius Lepidus, M.　前 49 年の法務官，前 46 年にカエサルの同僚執政官.　59. 2; 63. 1–4; 64. 1, 2

アカイア　Achaia　ギリシア本土南部とペロポンネーソス半島からなるローマ属州.　44. 2

アキッラース　Achillas　プトレマイオス 13 世の摂政.　4. 1; 26. 2

アシア　Asia　現在のトルコ西部に相当する領域の属州.　13. 5; 34. 1; 40. 5; 65. 2; 78. 1, 2

アフリカ　Africa　現在のチュニジアとリビア西部沿岸部に相当する領域のローマ属州.　9. 3; 14. 5; 28. 2; 47. 4; 51. 1; 56. 5

アリアラテース　Ariarathes　アリオバルザネースの兄弟.　66. 5

アリオバルザネース（3 世）　Ariobarzanes　カッパドキアの王.　34. 1, 4; 66. 5

アルシノエー　Arsinoe　プトレマイオス（12 世）・アウレーテースの娘，クレオパトラの妹.　4. 1, 2; 33. 2

（小）アルメニア　Armenia Minor　現トルコ北東部の地域.　34. 1, 2; 35. 1, 2; 36. 3; <66. 5>; 67. 1

アレクサンドリア（人）　Alexandria（Alexandrini）　エジプトの首都.　1. 1, 3; 2. 1; 5. 1, 2; 7. 1, 2; 8. 5; 9. 2, 3; 11. 6; 12. 1; 13. 1; 14. 3, 5; 15. 5, 8; 18. 1; 19. 2, 5; 20. 3, 4, 6; 21. 5; 22. 2; 23. 1; 25. 1, 5; 26. 3; 27. 1; 29. 3; 30. 1, 3, 4, 6; 31. 1, 2, 4; 32. 1; 33. 1; 38. 1; 48. 1; 69. 1

アンニウス・スカプラ　Annius Scapula　ヒスパーニア人.　55. 2

イアーデラ（の人々）　Iadestini　イッリュリクムの城市.　42. 3

イタリア　Italia　53. 5; 68. 1; 77. 2; 78. 5

イタリカ（出身者）　Italicensis　外ヒスパーニアの城市.　52. 4; 57. 3

イッサ　Issa　ハドリア海（現アドリア海）の島，現ヴィス（Vis）.　47. 2

イッリュリクム　Illyricum　ローマの属州，旧ユーゴスラヴィア沿岸部に相当．　42. 1, 4; 43. 1; 44. 1, 4
イリパ　Ilipa　外ヒスパーニアの城市，現アルカラ・デル・リオ（Alcalá del Río）．　57. 1
ウァーシウス，ティトゥス　Vasius, T.　カッシウス・ロンギーヌスの仇敵．　52. 4
ウァッロー　→テレンティウス・ウァッロー
ウァティーニウス，プブリウス　Vatinius, P.　カエサル軍の副司令官．　43. 4; 44. 1; 45. 1, 2, 4; 46. 1, 4; 47. 1, 4
ウァレリウス・トリアーリウス，ガーイウス　Valerius Triarius, C.　ミトリダーテース6世との戦争で前67年に敗北を喫したローマ軍指揮官．　72. 2; 73. 2
ウィーニキアーヌス　→コエリウス・ウィーニキアーヌス
ウリア　Ulia　外ヒスパーニアの城市，現モンテマヨール（Montemayor）．　61. 2–5; 63. 1, 3
運の女神　Fortuna　10. 3; 25. 4; 43. 4; 62. 3
エウプラーノール　Euphranor　カエサル軍のロドス艦隊指揮官．　15. 1; 25. 3–5
エジプト　Aegyptus　2. 1; 3. 3; 8. 2; 13. 5; 26. 2; 33. 1; 34. 1, 3; 65. 1; 78. 2
エピダウルム　Epidaurum　ダルマティアの城市，現ツァヴタット（Cavtat）．　44. 5
オクターウィウス，マルクス　Octavius, M.　ポンペイウス軍の指揮官．　42. 3; 43. 4; 44. 1, 3, 4; 45. 1, 4; 46. 1, 2, 5, 6; 47. 1–4
オブクラ　Obucula　外ヒスパーニアの城市．　57. 3

カ　行

カエサル　→ユーリウス・カエサル
カッシウス・ロンギーヌス，クイントゥス（1）　Cassius Longinus, Q.　前49年の護民官．前49–47年の外ヒスパーニア属州総督．　48. 1; 49. 1, 2; 50. 1, 2; 51. 4; 52. 2, 4; 53. 1, 3–5; 54. 1; 55. 1, 4; 57. 6; 58. 1, 4; 59. 1, 2; 60. 3, 4; 61. 1, 2, 4–6; 62. 1, 2; 63. 1–5; 64. 1, 2
カッシウス・ロンギーヌス，クイントゥス（2）　Cassius Longinus, Q.　前項の人物の副司令官．　52. 3; 57. 1, 4

カッパドキア　Cappadocia　属州アシア中央部の地方.　34. 1, 2; 35. 1–3; 40. 5; 66. 3, 4
ガッログラエキア　Gallograecia　ガラティア(Galatia: 現トルコ中央部の地域)に同じ.　67. 1; 78. 1, 3
ガニュメーデース　Ganymedes　エジプトの宦官.　4. 1, 2; 5. 3; 12. 2; 23. 2; 33. 2
カノーポス　Canopus　エジプトの城市.　25. 2, 5
ガビーニウス，アウルス　Gabinius, A.　前 58 年の執政官. シュリア総督在任中にプトレマイオス 12 世のエジプト王復位に関与. のちカエサル軍の副司令官.　3. 3; 42. 4; 43. 1
ガリア人　Galli　現在のフランス，スイス，ベルギーに相当する地域の人々.　17. 3
カルウィーヌス　→ドミティウス・カルウィーヌス
カルプルニウス・サルウィアーヌス　Calpurnius Salvianus　カッシウス・ロンギーヌスの仇敵.　53. 2; 55. 3, 5
カルフレーヌス，デキムス　Carfulenus, D.　カエサル軍の指揮官. のちにオクターウィアーヌスを熱烈に支持，ムティナの戦いで戦死.　31. 1
カルモー　Carmo　外ヒスパーニアの城市，現カルモーナ(Carmona).　57. 2; 64. 1
カレーヌス　→フフィウス・カレーヌス
キリキア　Cilicia　現トルコの東南沿岸部に相当する領域の属州.　1. 1; 13. 5; 25. 1; 26. 1; 34. 5; 65. 2; 66. 1, 2
ギリシア(人)　Graecia(Graeci)　15. 1; 44. 4; 47. 4
クラウディウス・ネロー，ティベリウス　Claudius Nero, Ti.　カエサル軍の艦隊指揮官.　25. 3
クラウディウス・マルケッルス，ガーイウス　Claudius Marcellus, C.　前 49 年の執政官.　68. 1
クラウディウス・マルケッルス，マルクス　Claudius Marcellus, M.　カッシウス・ロンギーヌス軍の財務官.　57. 4, 5; 59. 1; 60. 1–5; 61. 1, 2, 4, 6; 62. 2, 3; 63. 1–3, 5; 64. 1, 2
クレオパトラ　Cleopatra　プトレマイオス(12 世)・アウレーテースの長女.　33. 2
クレータ　Creta　現クレタ島.　1. 1
ケルソネーソス　Chersonesus　アレクサンドリア近辺の岬.　10. 2

ゲルマーニア人　Germani　現在のドイツに相当する地域の人々.　29. 4
コエリウス・ウィーニキアーヌス　Coelius Vinicianus　カエサル軍の指揮官.　77. 2
コマーナ　Comana　(1)カッパドキアの城市.　66. 3　(2)ポントスの城市.　34. 5; 35. 3
コルドゥバ(の住民)　Corduba(Cordubenses)　外ヒスパーニアの城市，現コルドバ(Córdoba).　49. 1; 52. 1, 2; 54. 2; 57. 4, 5; 58. 1, 4; 59. 1, 2; 60. 1; 61. 4; 64. 1
コルニフィキウス，クイントゥス　Cornificius, Q.　カエサル軍の財務官.　42. 2, 4; 43. 4; 44. 1; 47. 5
コルネーリウス・レントゥルス・クルース，ルーキウス　Cornelius Lentulus Crus, L.　前 49 年の執政官.　68. 1

サ　行

サルウィアーヌス　→カルプルニウス・サルウィアーヌス
サローナ(サローナエ)　Salona(Salonae)　ダルマティアの城市，現スプリト(Split).　43. 2, 3
シキリア　Sicilia　現シチリア島.　47. 4
シュリア　Syria　地中海東端沿岸部のローマ属州.　1. 1; 13. 5; 25. 1; 26. 1, 2; 33. 5; 34. 3; 38. 1; 65. 1, 2; 66. 1
シロー　→ミヌキウス・シロー
シンギリス川　Singiliense flumen　外ヒスパーニアの川.　57. 6
スカプラ　→アンニウス・スカプラ
スクイッルス　→リキニウス・スクイッルス
セゴウィア　Segovia　外ヒスパーニア，シンギリス河畔の城市.　57. 6
セスティウス，プブリウス　Sestius, P.　ドミティウス・カルウィーヌス配下の士官.　34. 5
ゼーラ　Zela　ポントスの城市.　72. 1, 2

タ　行

タウリス　Tauris　ハドリア海の島.　45. 1, 2
タルソス　Tarsus　キリキアの城市.　66. 2

デーイオタルス　Deiotarus　ガラティア(ガッログラエキア)の四分領太守.
34. 1, 4; 40. 2, 4; 67. 1; 68. 1, 2; 69. 1, 3; 70. 2; 77. 2; 78. 3
ティティウス，ルーキウス　Titius, L.　カエサル軍の軍団士官.　57. 1
ティベリウス・ネロー　→クラウディウス・ネロー
デュッラキオン　Dyrrachium　イッリュリクムの城市，現ドゥラス(Durrës).　48. 1
デルタ　Delta　ナイル河口近くの三角州.　27. 1, 4
テレンティウス・ウァッロー，マルクス　Terentius Varro, M.　ポンペイウス軍の副司令官.　58. 2
トゥスクルス　→マーニーリウス・トゥスクルス
ドミティウス・カルウィーヌス，グナエウス　Domitius Calvinus, Cn.　カエサル軍の指揮官.　9. 3; 34. 1, 2, 4, 5; 35. 2; 36. 1, 5; 37. 1–3, 5; 38. 1, 2; 39. 1; 40. 5; 65. 3; 69. 1; 74. 3
トリアーリウス　→ウァレリウス・トリアーリウス
トリウス，ティトゥス　Torius, T.　イタリカ出身のカエサル軍指揮官.
57. 3; 58. 1, 2
トレボーニウス，ガーイウス　Trebonius, C.　カエサル軍の副司令官.
64. 2

ナ　行

ナイル　Nilus　エジプトの川.　5. 1, 2; 13. 1; 27. 1; 28. 2, 3; 29. 1; 30. 5
ナエウァ　Naeva　外ヒスパーニアの城市，現ビジャベルデ・デル・リオ(Villaverde del Río).　57. 2
ナバタエイー　Nabataei　現ヨルダン南部に王国を築いた民族.　1. 1
ニーコポリス　Nicopolis　小アルメニアの城市.　36. 3; 37. 3
ヌミディア　Numidia　アフリカ北岸の地域，現アルジェリア東部に相当.
51. 1
ネロー　→クラウディウス・ネロー

ハ　行

バエティス　Baetis　ヒスパーニアの川，現グアダルキビル(Guadalquivir).
59. 2; 60. 2, 5

パティシウス，クイントゥス　Patisius, Q.　ドミティウス・カルウィーヌス配下の士官．　34. 5
パライパルサーロス　Palaeparsalus　テッサリアの城市．パルサーロスとして知られる戦場の，おそらく正式な名称．　48. 1
パラトニウム　Paratonium　エジプトの城市．　8. 2
パルサーロスの戦い　Pharsalicum proelium　カエサルとポンペイウスの決戦．　42. 3
パルナケース(2 世)　Pharnaces　ポントスの王．ミトリダーテース 6 世の息子．　34. 1, 2; 35. 1; 36. 1, 4; 37. 2, 3; 38. 1, 2; 40. 3; 41. 1; 65. 3; 69. 1–3; 70. 1, 4, 5, 8; 71. 1; 72. 3; 74. 1, 3, 4; 76. 3; 78. 2
パロス(の住民)　Pharus(Pharitae)　アレクサンドリア近くの島と灯台．　14. 1; 17. 5; 19. 1, 2; 26. 2
ヒスパーニア(人)　Hispania(Hispani)　現在のイベリア半島に相当する地域(の人々)．　48. 1; 52. 1; 62. 1, 2
内ヒスパーニア　Hispania citerior　ヒスパーニア東側部分のローマ属州．　59. 2
外ヒスパーニア　Hispania ulterior　ヒスパーニア西側部分のローマ属州．　48. 1; 49. 1; 50. 3; 53. 5; 56. 6; 57. 6; 58. 1; 64. 2
ヒスパリス　Hispalis　外ヒスパーニアの城市，現セビリア(Sevilla)．　56. 6; 57. 4
ビテューニア(人)　Bithynia(Bithynus)　黒海西南岸のローマ属州．　65. 2; 66. 4; 78. 1
ヒベールス　Hiberus　内ヒスパーニアの川，現エブロ(Ebro)．　64. 3
プトレマイオス(12 世)・アウレーテース　Ptolemaeus Auletes　エジプト王．　4. 1; 33. 1
プトレマイオス(13 世)　Ptolemaeus　エジプト王．　23. 1–25. 1; 28. 1–29. 2, 5; 30. 1, 3; 31. 6; 33. 2
プトレマイオス(14 世)　Ptolemaeus　前項の人物の弟．　33. 2
フフィウス・カレーヌス，クイントゥス　Fufius Calenus, Q.　カエサル軍の副司令官．　44. 2
プラエトーリウス，ガーイウス　Plaetorius, C.　ドミティウス・カルウィーヌスの財務官．　34. 5
フラックス　→ムナーティウス・フラックス
ブルンディシウム　Brundisium　南イタリアの城市，現ブリンディジ(Brin-

disi）．　44. 1, 4; 47. 5
ベッローナ　Bellona　戦争の女神．　66. 3
ペルガモン　Pergamum　属州アシアの城市，現ベルガマ（Bergama）．　78. 2
ペールーシオン　Pelusium　シュリアとの境界に位置するエジプトの城市，現ポート・サイード（Port Said）．　26. 2
ヘルミニウス山　mons Herminius　ルーシーターニアの山．　48. 2
ベーローネス　Berones　ヒスパーニアの部族．　53. 1
ボグス（ボグド）　Bogus（Bogud）　マウレーターニアの王．　59. 2; 62. 1, 3
ボスポロス　Bosphoros　現ボスポラス海峡東岸の城市．　78. 2
ポントス　Pontus　黒海南岸東部の地域．　13. 5; 14. 1; 34. 5; 35. 3; 39. 1; 40. 2, 4; 41. 1, 2; 65. 2, 3; 67. 1; 69. 1; 70. 5; 72. 1; 77. 2
ポンペイウス・マグヌス，グナエウス　Pompeius Magnus, Cn.　前 70, 55, 52 年の執政官．カエサルの宿敵．　3. 3; 9. 3; 42. 4, 5; 48. 1; 51. 1; 56. 1; 58. 1–3; 59. 1; 67. 1; 69. 3; 70. 2

マ　行

マウレーターニア　Mauretania　アフリカ北岸の地域，現モロッコ沿岸部に相当．　51. 1; 52. 1; 59. 2
マケドニア　Macedonia　ギリシア北部の地方，ローマ属州．　42. 4
マザカ　Mazaca　カッパドキアの町．　66. 3
マーニーリウス・トゥスクルス　Manilius Tusculus　カッシウス・ロンギーヌスの仇敵．　53. 2
マラカ　Malaca　外ヒスパーニアの城市．　64. 2
マルクス　Malchus　ナバタエイー人の王．　1. 1
マルケッルス　→クラウディウス・マルケッルス
ミトリダーテース（6 世）　Mithridates　ポントスの王．　72. 2; 73. 2; 78. 2
ミトリダーテース（ペルガモンの）　Mithridates　前項人物の息子（実子説と養子説あり）．　26. 1; 27. 2, 4, 5, 7; 28. 1, 2; 78. 2
ミヌキウス・シロー　Minucius Silo　ラキリウスの子分．　52. 2; 53. 3; 55. 2, 3
ムナーティウス・フラックス　Munatius Flaccus　イタリカ出身者．　52. 3, 4
メドブリガ（の住民）　Medbriga（Medobrigenses）　ルーシーターニアの城

市．　48. 2
メルケッロー，ルーキウス　Mercello, L.　イタリカの住人．　52. 4; 55. 3

ヤ　行

ユウェンティウス・ラテレンシス，ルーキウス　Iuventius Laterensis, L.　カッシウス・ロンギーヌスの仇敵．　53. 4; 54. 1; 55. 2
ユバ　Iuba　ヌミディア王．　51. 1
ユーリウス・カエサル，ガーイウス　Iulius Caesar, C.　前 59, 48 年の執政官．　本書の各所．
ユーリウス・カエサル，セクストゥス　Iulius Caesar, Sex.　カエサル軍の副司令官．　66. 1

ラ　行

ラキリウス，ルーキウス　Racilius, L.　カッシウス・ロンギーヌスの仇敵．　52. 2; 53. 3; 55. 2
ラテレンシス　→ユウェンティウス・ラテレンシス
リキニウス・スクイッルス，ルーキウス　Licinius Squillus, L.　カッシウス・ロンギーヌスの仇敵．　52. 4; 55. 4, 5
リュコメーデース　Lycomedes　ビテューニア人貴族．　66. 4
ルーシーターニア　Lusitania　外ヒスパーニア南西部の地方．　48. 2; 51. 3
レピドゥス　→アエミリウス・レピドゥス
レントゥルス　→コルネーリウス・レントゥルス・クルース
ロドス(人)　Rhodus(Rhodii)　現ロードス島．　1. 1; 11. 1, 3; 13. 5; 14. 1; 15. 1, 2, 5
ローマ　Roma　65. 1
ローマ騎士　eques Romanus　ローマ人の階級の一つ．元老院階級の次に位する．　40. 5; 56. 4
ローマ軍　Romani　23. 1; 25. 1
ローマ国民　populus Romanus　3. 2; 24. 2; 33. 1; 34. 2; 36. 2; 65. 4; 67. 2; 68. 1; 78. 2
ローマ市民　cives Romani　41. 1; 43. 2; 70. 5–7
ロンギーヌス　→カッシウス・ロンギーヌス

『アフリカ戦記』索引

ア　行

アウィエーヌス，ガーイウス　Avienus, C.　カエサル軍の軍団士官.　54. 1, 4

アエギムールス　Aegimurus　カルターゴー近辺の島.　44. 2

アキュッラ　Acylla　アフリカの自由自治市.　33. 1–4; 43. 1; 67. 1

アクイニウス，マルクス　Aquinius, M.　ポンペイウス派の元老院議員.　57. 1, 2, 4; 89. 5

アクイラ，クイントゥス　Aquila, Q.　カエサル軍の副司令官.　62. 2, 3; 63. 1; 67. 1

アスクルム　Ascurum　マウレーターニアの城市.　23. 1

アスプレナース　→ノーニウス・アスプレナース

アッガル　Aggar　アフリカの城市.　67. 1; 76. 2; 79. 1

アッティウス・ウァールス，プブリウス　Attius Varus, P.　ポンペイウス軍の指揮官.　44. 2; 62. 1, 5; 63. 2; 64. 1, 2; 90. 1

アッリエーヌス，アウルス　Allienus, A.　前 49 年の法務官．前 48–46 年，シキリアで執政官格総督.　2. 3; 26. 3; 34. 4; 44. 1

アテイウス，ガーイウス　Ateius, C.　ポンペイウス軍の士官.　89. 5

アトリウス，プブリウス　Atrius, P.　ポンペイウス派のローマ騎士.　68. 4; 89. 5

アフラーニウス，ルーキウス　Afranius, L.　ポンペイウス軍の副司令官.　69. 1; 95. 1, 3

アフリカ　Africa　現在のチュニジアとリビア西部沿岸部に相当する領域のローマ属州.　2. 5; 3. 5; 8. 5; 10. 3; 19. 3, 4; 20. 3, 4; 22. 2; 24. 3; 26. 1, 3; 34. 4; 47. 4; 54. 4, 5; 64. 1; 65. 1; 77. 3

アポニアナ　Aponiana　リリュバエウム沖の島.　2. 2

イタリア　Italia　22. 2; 36. 2; 54. 1, 4; 72. 4

イテュ(トゥ)ーラエア(人)　Ity(u)raei　シュリアの部族．　20. 1
ウァガ　Vaga　アフリカの城市．　74. 1
ウァティーニウス，プブリウス　Vatinius, P.　カエサル軍の副司令官．　10. 1
ウァールス　→アッティウス・ウァールス
ウァレリウス・メッサーラ，マルクス　Valerius Messala, M.　カエサル軍の副司令官．前 53 年の執政官．　28. 2; 86. 3; 88. 7
ウェストリウス，プブリウス　Vestrius, P.　ローマ騎士．　64. 1, 2
ウェルギリウス，ガーイウス　Vergilius, C.　前 62 年の法務官．ポンペイウス軍の指揮官．　28. 1, 3; 44. 1; 79. 1, 2; 86. 1, 2; 93. 3
ウジッタ　Uzitta　アフリカの城市．　41. 2; 51. 2; 53. 1; 56. 3; 58. 4; 59. 4; 89. 1
(ウッセータ　Usseta　アフリカの城市．　89. 1)
ウティカ(の住民)　Utica(Uticenses)　アフリカの城市．　7. 3; 22. 1; 23. 1; 24. 1; 36. 1; 62. 1; 68. 4; 86. 3; 87. 1–3, 5, 6, 8; 88. 1, 5, 7; 89. 3, 5; 90. 1; 92. 1, 2; 93. 3; 95. 1; 97. 1; 98. 1
運の女神　Fortuna　61. 5
エッピウス，マルクス　Eppius, M.　ポンペイウス軍の士官．　89. 5
オクターウィウス，マルクス　Octavius, M.　ポンペイウス軍の指揮官．　44. 2
オケッラ，ルーキウス　Ocella, L.　(1)ポンペイウス軍の士官．　89. 5　(2)(1)の息子．　89. 5
オッピウス　Oppius　カエサル軍の副司令官．　68. 4

カ　行

カエキーナ　Caecina　ポンペイウス軍の士官．　89. 5
カエキリウス・メテッルス・ピウス・スキーピオー・ナーシーカ，クイントゥス　Caecilius Metellus Pius Scipio Nasica, Q.　ポンペイウスの岳父．前 52 年にポンペイウスと同僚執政官．　1. 4; 4. 4; 8. 5; 20. 2; 24. 1; 25. 4, 5; 27. 1; 28. 3; 30. 1, 2; 32. 1, 3; 35. 1, 4, 6; 36. 1; 37. 5; 38. 3; 40. 4, 5; 41. 1–3; 42. 1; 43. 1; 44. 1, 2; 45. 1, 2; 46. 1; 48. 1, 2, 4; 49. 1; 51. 2; 52. 1, 5; 57. 1–6; 58. 4, 5; 59. 1, 5; 61. 4, 7; 67. 3; 68. 1, 3, 4; 69. 1; 70. 7; 75. 1, 2; 76. 1, 2; 77. 4; 78. 1, 3; 79. 2; 80. 1, 3; 81. 1; 85. 3, 9; 87. 1; 88. 1; 89. 1; 90. 1; 96.

1, 2
カエサル →ユーリウス・カエサル
ガエトゥーリア人 Gaetuli アフリカの民族. 25. 2; 32. 3; 35. 2, 4, 6; 43. 1; 55. 1, 2; 56. 3; 61. 2, 3, 5;62. 1; 67. 1; 93. 1, 2
カトー →ポルキウス・カトー
カニーニウス・レビルス，ガーイウス Caninius Rebilus, C. カエサル軍の副司令官. 86. 3; 93. 3
カラリス Caralis サルディニアの首都，現カリアリ(Cagliari). 98. 1, 2
ガリア(人) Gallia(Galli) 現在のフランス，スイス，ベルギーに相当する地域. 20. 1; 40. 5; 73. 2
ガリア人騎兵 Galli equites カエサル軍の部隊. 6. 3; 19. 3, 4; 34. 4; 40. 3, 5
カルプルニウス・ピーソー，グナエウス Calpurnius Piso, Cn. ポンペイウス軍の指揮官. 3. 1; 18. 1
キスピウス，ルーキウス Cispius, L. カエサル軍の艦隊指揮官. 62. 2, 3; 67. 1
キルタ Cirta ヌミディアの城市. 25. 2
クラッスス →リキニウス・クラッスス・ダマシップス
クーリオー →スクリーボーニウス・クーリオー
クリスプス →サッルースティウス・クリスプス，マルキウス・クリスプス
クルーシーナース，ガーイウス Clusinas, C. カエサル軍の百人隊長. 54. 5
クルペア Clupea アフリカの城市，現ケリビア(Kelibia). 2. 6; 3. 1
ケルキーナ Cercina アフリカ沖の島. 8. 3; 34. 1, 3
ゲルマーニア人 Germani 現在のドイツに相当する地域の人々. 19. 3, 4; 29. 1; 40. 3, 5
コミニウス，クイントゥス Cominius, Q. カエサル派のローマ騎士. 44. 1; 46. 3
コルネーリウス・スッラ・ファウストゥス，ルーキウス Cornelius Sulla Faustus, L. 次項の人物の息子. 87. 8; 95. 1–3
コルネーリウス・スッラ・フェーリクス，ルーキウス Cornelius Sulla Felix, L. 前 82–80 年の独裁官. 56. 3

コルネーリウス，プブリウス　Cornelius, P.　スキーピオー・ナーシーカ軍の再役兵．　76. 1
コンシディウス・ロングス，ガーイウス　Considius Longus, C.　(1)スキーピオー・ナーシーカ軍の副司令官．　3. 1; 4. 1–4; 5. 1; 33. 3, 5; 43. 1; 76. 1; 86. 3; 93. 1　(2)(1)の息子．　89. 2

サ　行

サセルナ，ガーイウス　Saserna, C.　カエサル軍の指揮官．　9. 1; 29. 2; 57. 1, 2
サセルナ，プブリウス　Saserna, P.　前項の人物の兄弟．　10. 1
サッルースティウス・クリスプス，ガーイウス　Sallustius Crispus, C.　カエサル軍の指揮官．『カティリーナ戦記』『ユグルタ戦記』などを著した歴史家．　8. 3; 34. 1, 3; 97. 1
サブッラ　Saburra　ヌミディア軍の指揮官．　48. 1; 93. 3; 95. 1
ザマ(の住民)　Zama(Zamenses)　ヌミディアの城市．　91. 1–4; 92. 1, 4; 97. 1
サリエーヌス，ティトゥス　Salienus, T.　カエサル軍の百人隊長．　(1) 28. 2　(2) 54. 5
サルスーラ(サッスーラ)　Sarsura(Sassura)　アフリカの城市．　75. 2; 76. 1
サルディニア　Sardinia　ティレニア海の島でローマ属州，現サルデーニャ．　8. 1; 24. 3; 98. 1
シキリア　Sicilia　現シチリア島．　2. 3; 8. 1; 20. 3; 22. 2; 24. 3; 26. 3, 4; 44. 1; 47. 3; 53. 1; 54. 1; 62. 1
シッティウス，プブリウス　Sittius, P.　カエサル軍の指揮官．　25. 2; 36. 4; 48. 1; 93. 3; 95. 1; 96. 2
シュリア(人)　Syri　地中海東端沿岸部のローマ属州．　20. 1
「勝運」　Felicitas　83. 1
スキーピオー　→カエキリウス・メテッルス・ピウス・スキーピオー・ナーシーカ
スクリーボーニウス・クーリオー，ガーイウス　Scribonius Curio, C.　前50年の護民官，カエサル軍の副司令官．　19. 2; 40. 5
スッラ　→コルネーリウス・スッラ

スルキー　Sulci　サルディニアの城市.　98. 2
スルピキウス・ルーフス，プブリウス　Sulpicius Rufus, P.　カエサル軍の副司令官.　10. 1
ゼータ　Zeta　アフリカの城市.　68. 1; 74. 1

タ　行

タプソス(の住民)　Thapsus(Thapsitani)　アフリカの城市，現ラス・ディマス(Rass Dimasse).　28. 1; 44. 1; 46. 4; 53. 1; 62. 2; 67. 1; 79. 1, 2; 80. 1, 2, 5; 85. 1; 86. 1, 3; 89. 1; 97. 2
タベナ(の住民)　Thabena(Thabenenses)　ヌミディアの城市.　77. 1, 2
ダマシップス　→リキニウス・クラッスス・ダマシップス
ティキダ，ルーキウス　Ticida, L.　ローマ騎士，カエサル軍の士官.　44. 1; 46. 3
ティティウス(兄弟)　Titius　カエサル軍のヒスパーニア人軍団士官.　28. 2, 4
ティーロー，マルクス　Tiro, M.　カエサル軍の百人隊長.　54. 5
デキミウス，ガーイウス　Decimius, C.　ポンペイウス軍の財務官経験者.　34. 2
テゲア　Tegea　アフリカの城市.　78. 1
テュスドラ(の住民)　Thysdra(Thysdratani)　アフリカの城市，現エル・ジェム(El Djem).　36. 2; 76. 1; 86. 3; 93. 1; 97. 4
トゥッリウス・ルーフス　Tullius Rufus　カエサル軍の財務官経験者.　85. 7
ドミティウス・カルウィーヌス，グナエウス　Domitius Calvinus, Cn.　カエサル軍の指揮官.　86. 3; 93. 1
トルクアートゥス　→マンリウス・トルクアートゥス

ナ　行

ナシディウス，ルーキウス　Nasidius, L.　ポンペイウス軍の艦隊指揮官.　64. 2; 98. 2
ヌミディア(人)　Numidia(Numidae)　アフリカ北岸の地域，現アルジェリア東部に相当.　6. 6; 13. 1; 14. 2; 15. 1; 18. 1; 19. 3, 4; 22. 2; 32. 3; 35.

4; 36. 4; 38. 2; 39. 3; 40. 2; 42. 1; 43. 1; 48. 1; 52. 3; 59. 2, 3, 5; 61. 2, 5; 66. 4; 69. 4; 70. 3, 4; 75. 2; 78. 7
ネアーポリス　Neapolis　アフリカの城市．　2. 6
ノーニウス・アスプレナース，ルーキウス　Nonius Asprenas, L.　カエサル軍の指揮官．前 46 年にアフリカで執政官格総督．前 36 年の執政官．80. 4

ハ　行

パーキデイウス(兄弟)　Pacideius　ポンペイウス軍の指揮官．　13. 1; 78. 4, 10
ハドルーメートゥム　Hadrumetum　アフリカの城市，現スース(Sousse)．3. 1; 21. 2; 24. 1; 33. 3, 5; 43. 1; 62. 1, 2, 5; 63. 2, 4, 5; 67. 1; 89. 2, 3; 97. 2
パラダ　Parada　アフリカの城市．　87. 1
バレアーレス　Baleares　ヒスパーニア東方沖の諸島．　23. 3
ヒエンプサル　Hiempsal　ヌミディア王．ユバの父．　56. 3
ヒスパーニア(人)　Hispania(Hispani)　現在のイベリア半島に相当する地域(の人々)．　28. 2; 39. 2; 64. 1; 95. 2; 96. 1
ピーソー　→カルプルニウス・ピーソー
ヒッポー・レーギウス　Hippo Regius　ヌミディアの城市．　96. 1
ファウストゥス　→コルネーリウス・スッラ・ファウストゥス
フォンテイウス，アウルス　Fonteius, A.　カエサル軍の軍団士官．　54. 4
ブートロートン　Buthrotum　エーペイロスの町，現ブトリント(Butrint)．19. 3
プラエトーリウス・ルスティアーヌス　Plaetorius Rustianus　ポンペイウス軍の士官．　96. 1
プランクス　→ムナーティウス・プランクス
(ブルンディシウム　Brundisium　イタリア南部の港町，現ブリンディジ(Brindisi)．　19. 3)
ペトレイウス，マルクス　Petreius, M.　ポンペイウス軍の副司令官．18. 1; 19. 4; 20. 2; 24. 1; 91. 1, 4; 94; 97. 2
ベーリカ門　Belica porta　ウティカの城門．　87. 3
ボグス(ボグド)　Bogus(Bogud)　マウレーターニアの王．　23. 1

ポストゥムス　→ラビーリウス・ポストゥムス
ボックス　Bocchus　マウレーターニアの王.　25. 2
ポルキウス・カトー，マルクス　Porcius Cato, M.　次項の人物の息子.　89. 5
ポルキウス・カトー・ウティケンシス，マルクス(小カトー)　Porcius Cato Uticensis, M.　前 54 年の法務官.　22. 1; 36. 1; 87. 3, 7; 88. 1; 93. 3
ポンペイア　Pompeia　ポンペイウスの娘，コルネーリウス・スッラ・ファウストゥスの妻.　95. 3
ポンペイウス・ストラボー，グナエウス　Pompeius Strabo, Cn.　前 89 年の執政官．次項(1)の人物の父.　22. 2
ポンペイウス・マグヌス，グナエウス　Pompeius Magnus, Cn.　(1)前 70, 55, 52 年の執政官．カエサルの宿敵.　19. 3; 22. 1; 23. 3; 64. 1　(2)(1)の長男.　22. 1; 23. 1–3
ポンペイウス・ルーフス，クイントゥス　Pompeius Rufus, Q.　ポンペイウス軍の士官.　85. 7

マ　行

マウリー人　Mauri　マウレーターニアの人々.　3. 1; 6. 3; 7. 5; 83. 3
マウレーターニア　Mauretania　アフリカ北岸の地域，現モロッコ沿岸部に相当.　22. 2; 23. 1; [95. 1]
マリウス，ガーイウス　Marius, C.　前 107, 104–100, 86 年の執政官.　32. 3; 35. 4; 56. 3
マルキウス・クリスプス　Marcius Crispus　カエサル軍の軍団士官.　77. 2
マンリウス・トルクアートゥス，ルーキウス　Manlius Torquatus, L.　前 49 年の法務官.　96. 1
ミヌキウス・レーギーヌス，ガーイウス　Minucius Reginus, C.　ローマ騎士でポンペイウス軍の指揮官.　68. 4
ムナーティウス・プランクス，ルーキウス　Munatius Plancus, L.　カエサル軍の副司令官.　4. 1
メッサーナ　Messana　シキリア北東端の城市，現メッシーナ(Messina).　28. 2

メッサーラ　→ウァレリウス・メッサーラ
メッシウス，ガーイウス　Messius, C.　カエサル軍の指揮官.　33. 2, 4; 43. 1
メテッルス　→カエキリウス・メテッルス・ピウス・スキーピオー・ナーシーカ

ヤ　行

ユバ　Iuba　ヌミディア王.　6. 1; 19. 3(?); 25. 1, 2, 4; [30. 2]; 36. 4; 43. 1; 48. 1, 3; 52. 1, 4; 55. 1, 2; 57. 2–6; 59. 2; 66. 4; 74. 2; 77. 1; 91. 1, 3; 94; 95. 1; 97. 2, 3
ユーリウス・カエサル，ガーイウス　Iulius Caesar, C.　前 59, 48, 46 年の執政官.　本書の各所.
ユーリウス・カエサル，ルーキウス　Iulius Caesar, L.　カトー軍の財務官.　88. 3, 6; 89. 4

ラ　行

ラビエーヌス，ティトゥス　Labienus, T.　ポンペイウス軍の指揮官.　13. 1; 15. 2; 16. 1–3; 19. 3, 4; 20. 2; 21. 2; 24. 1; 29. 1, 2; 33. 5; 38. 3; 39. 4, 5; 40. 1; 49. 2; 50. 2–4; 52. 1, 4; 61. 2; 65. 3; 66. 1–3; 69. 1; 70. 6; 75. 3–6; 78. 6
ラビーリウス・ポストゥムス，ガーイウス　Rabirius Postumus, C.　カエサル軍の指揮官.　8. 1; 26. 3
リーウィネイウス・レーグルス，ルーキウス　Livineius Regulus, L.　カエサル軍の副司令官.　89. 3
リガーリウス，クイントゥス　Ligarius, Q.　ポンペイウス軍の副司令官.　89. 2
リガーリウス，プブリウス　Ligarius, P.　アフラーニウス軍の士官.　64. 1
リキニウス・クラッスス・ダマシップス　Licinius Crassus Damasippus　ポンペイウス派の元老院議員.　89. 5; 96. 1
リリュバエウム　Lilybaeum　シキリア西端の城市.　1. 1; 2. 2; 34. 4; 37. 1
ルスティアーヌス　→プラエトーリウス・ルスティアーヌス

ルスピナ　Ruspina　アフリカの城市．　6. 7; 9. 1, 2; 10. 1; 11. 3; 20. 1; 28. 1; 33. 1; 34. 5; 36. 1; 37. 2; 53. 1; 67. 1
ルーフス　→スルピキウス，トゥッリウス，ポンペイウス
レーギーヌス　→ミヌキウス・レーギーヌス
レーグルス　→リーウィネイウス・レーグルス
レビルス　→カニーニウス・レビルス
（小）レプティス　Leptis（Minor）　アフリカの自由自治市，現ラムタ（Lamta）．　7. 1; 9. 1; 10. 1; 29. 2; 61. 5; 62. 4, 5; 63. 1; 67. 1; 97. 3
ロドス（人）　Rhodii　現ロードス島．　20. 1
ローマ　Roma　19. 3; 22. 2; 64. 2; 98. 2
ローマ騎士　eques Romanus　ローマ人の階級の一つ．元老院階級の次に位する．　22. 3; 44. 1; 64. 1; 68. 4; 85. 8
ローマ国民　populus Romanus　4. 4; 54. 4; 57. 3; 77. 1; 90. 3; 91. 2; 97. 1
ローマ市民　cives Romani　35. 4; 57. 3; 90. 1; 97. 1
ロングス　→コンシディウス・ロングス

『ヒスパーニア戦記』索引

ア　行

アキッレウス　Achilles　トロイア戦争を戦ったギリシア軍中随一の英雄.　25. 4
アスパウィア　Aspavia　ウクビス近辺の砦.　24. 2
アスプレナース　→ノーニウス・アスプレナース
アッティウス・ウァールス，プブリウス　Attius Varus, P.　ポンペイウス軍の指揮官.　27. 2; 31. 9
アテグア　Ategua　外ヒスパーニアの城市，コルドゥバの南東約 20 キロメートル.　6. 1, 3; 7. 1, 3; 8. 6; 22. 1, 3, 7
アフラーニウス，ルーキウス　Afranius, L.　ポンペイウス軍の副司令官.　7. 4
アルクイティウス　→クローディウス・アルクイティウス
アルグエーティウス　Arguetius　カエサル軍の指揮官.　10. 1
アンティスティウス・トゥルピオー　Antistius Turpio　ポンペイウス軍の戦士.　25. 3, 5
イタリア　Italia　1. 1, 5; 10. 1, 2
イタリカ(出身者)　Italicensis　外ヒスパーニアの城市.　25. 4
インドー　Indo　ヒスパーニア人王.　10. 3
ウァルギウス　Valgius　ポンペイウス軍の士官で次項の人物の兄弟.　13. 2
ウァルギウス，アウルス　Valgius, A.　カエサル軍の士官で元老院議員の息子.　13. 2
ウァールス　→アッティウス・ウァールス
ウァレリウス　Valerius　ポンペイウス軍の青年士官.　32. 4
ウィービウス・パキアエクス，ルーキウス　Vibius Paciaecus, L.　カエサル軍のヒスパーニア人指揮官.　3. 4

ウェンティポー　Ventipo　ムンダ近くの城市，現カサリチェ(Casariche).　27. 5
ウクビス(の住民)　Ucubis(Ucubenses)　外ヒスパーニアの城市，現エスペホ(Espejo).　7. 1; 8. 6; 20. 1, 2; 24. 2; 27. 4
ウリア　Ulia　外ヒスパーニアの城市，現モンテマヨール(Montemayor).　3. 1; 4. 1, 4; 6. 1
ウルソー(ウルサオー)(の住民)　Urs(a)o(Ursaonenses)　外ヒスパーニアの城市，現オスナ(Osuna).　26. 3; 28. 2; 41. 3; 42. 1
エンニウス，クイントゥス　Ennius, Q.　ローマの詩人(前 239–169).代表作である歴史叙事詩『年代記』18 巻は相当量の断片が伝存する.他に悲劇や喜劇も著した.　23. 3; 31. 7

カ　行

カウキリウス，プブリウス　Caucilius, P.　ポンペイウス軍の指揮官.　32. 7
カエキリウス・ニゲル　Caecilius Niger　ポンペイウス派のルーシーターニア人部隊長.　35. 3
カエキリウス・メテッルス・ピウス，クイントゥス　Caecilius Metellus Pius, Q.　前 80 年の執政官.前 79–71 年の外ヒスパーニア総督.　42. 2
カエサル　→ユーリウス・カエサル
カッシウスの騎兵部隊　turma Cassiana　カエサル軍の騎兵部隊.　26. 1
カッシウス・ロンギーヌス，クイントゥス　Cassius Longinus, Q.　外ヒスパーニアにおけるカエサル軍の副司令官.　42. 4
カッルカ　Carruca　ムンダ近くの城市.　27. 5
ガーデース　Gades　外ヒスパーニアの城市，現カディス(Cádiz).　37. 2; 39. 3; 40. 7; 42. 1
カトー　Cato　ポンペイウス派のルーシーターニア人.　17. 1; 18. 1
カニーニウス・レビルス，ガーイウス　Caninius Rebilus, C.　カエサル軍の副司令官.　35. 1
カルテイア　Carteia　外ヒスパーニアの軍港，現ジブラルタルのグアダランケ(Guadarranque)河口付近.　32. 6, 8; 36. 1; 37. 1, 3
クインクティウス・スカプラ，ティトゥス　Quinctius Scapula, T.　ポンペ

イウス軍の指揮官．　33. 3
クローディウス・アルクイティウス　Clodius Arquitius　カエサル軍の士官．　23. 8
コルドゥバ（の住民）　Corduba（Cordubenses）　外ヒスパーニアの城市，現コルドバ（Córdoba）．　2. 1; 3. 1; 4. 1–4; 6. 2; 10. 2; 11. 1; 12. 3; 32. 4, 6; 33. 1, 3

サ　行

サグンティア（の住民）　Saguntini　内ヒスパーニアの城市，現シグエンサ（Sigüenza）．　10. 1
サルスム　Salsum　外ヒスパーニアの川，現グアダホス（Guadajoz）．　7. 1, 3; 9. 1; 13. 1; 14. 1; 16. 2; 23. 1
スカプラ　→クインクティウス・スカプラ
スパリス　Spalis　ムンダ近くの城市．　27. 3
ソリカリア　Soricaria　外ヒスパーニアの城市．　24. 1; 27. 2

タ　行

ディディウス，ガーイウス　Didius, C.　カエサル軍の艦隊指揮官．　37. 2; 40. 1, 2, 5, 6
トゥッリウス，ティベリウス　Tullius, Ti.　ポンペイウス軍の士官．　17. 1; 18. 1, 2
トゥルピオー　→アンティスティウス・トゥルピオー
トレベッリウス，アウルス　Trebellius, A.　ハスタ出身のローマ騎士．　26. 2
トレボーニウス，ガーイウス　Trebonius, C.　カエサル軍の副司令官．　7. 4; 12. 2

ナ　行

ノーニウス・アスプレナース，ルーキウス　Nonius Asprenas, L.　カエサル軍の副司令官．　10. 2

ハ　行

バエティス　Baetis　ヒスパーニアの川，現グアダルキビル(Guadalquivir).
5. 1; 36. 3
バエトゥーリア　Baeturia　外ヒスパーニア北西部の山岳地方.　22. 7
バエビウス，アウルス　Baebius, A.　ハスタ出身のローマ騎士.　26. 2
パキアエクス　→ウィービウス・パキアエクス
ハスタ　Hasta　外ヒスパーニアの城市，現メサス・デ・アスタ(Mesas de Asta).　26. 2; 36. 4
パルナケース　Pharnaces　ポントスの王.　1. 1
(バレアーレス　Baleares　ヒスパーニア東方沖の諸島.　1. 1)
ヒスパーニア　Hispania　現在のイベリア半島に相当する地域.　2. 1; 8. 5
外ヒスパーニア　Hispania ulterior　ヒスパーニア西側部分のローマ属州.
1. 1; 8. 2
ヒスパリス　Hispalis　外ヒスパーニアの城市，現セビリア(Sevilla).
35. 1, 4; 36. 1; 39. 3; 40. 7; 42. 1
ピロー　Philo　ポンペイウス派のヒスパリス住民.　35. 2, 4
ファビウス・マクシムス，クイントゥス　Fabius Maximus, Q.　カエサル軍の副司令官.　2. 2; 12. 2; 41. 1
フラウィウス，ガーイウス　Flavius, C.　ハスタ出身のローマ騎士.　26. 2
ブルサウォー(の住民)　Bursavonenses　外ヒスパーニアの城市.　22. 1
フンダーニウス，ガーイウス　Fundanius, C.　ローマ騎士.　11. 3
ペディウス，クイントゥス　Pedius, Q.　前48年の法務官，カエサル軍の副司令官.　2. 2; 12. 2
ポストゥミウス陣営　Castra Postumia　外ヒスパーニア，ルーキウス・ポストゥミウス・アルビーヌスが前179年に陣営を置いた高台.　8. 6
ポンペイウス・ニゲル，クイントゥス　Pompeius Niger, Q.　イタリカ出身のローマ騎士.　25. 4
ポンペイウス・マグヌス，グナエウス　Pompeius Magnus, Cn.　(1)前70, 55, 52年の執政官．カエサルの宿敵.　1. 4　(2)(1)の長男.　1. 1, 5; 2. 1; 3. 1, 2, 5; 4. 1, 4; 5. 2, 3; 6. 1–4; 7. 1, 3; 8. 1, 6; 9. 1; 10. 2; 11. 1, 2;

12. 3; 13. 1, 2, 5; 14. 1; 16. 2; 17. 1, 2; 18. 3, 4, 6, 9; 19. 4; 20. 1, 2; 21. 3; 22. 1; 24. 2; 26. 2, 3; 27. 3–6; 28. 1–3; 39. 1, 2; 40. 1; 41. 5; 42. 6
ポンペイウス・マグヌス，セクストゥス　Pompeius Magnus, Sex.　前項(2)の人物の弟.　3. 1; 4. 3; 32. 4; 34. 2
ポンペイウス軍第二軍団　legio II Pompeiana　13. 3
ポンペイウス派　Pompeianae partes　35. 2; 37. 1

マ　行

マルキウス，クイントゥス　Marcius, Q.　ポンペイウス軍の軍団士官.　11. 2
ムナーティウス・フラックス，ルーキウス　Munatius Flaccus, L.　ポンペイウス軍の副司令官.　19. 4
ムンダ(の住民)　Munda (Mundenses)　外ヒスパーニアの城市.　27. 6; 32. 1; <33. 1>; 41. 1, 6; 42. 1
メテッルス　→カエキリウス・メテッルス・ピウス
メムノーン　Memnon　曙の女神アウローラの息子でエチオピアの伝説的王.　25. 4

ヤ　行

ユーニウス　Iunius　ポンペイウス軍の兵士.　16. 4
ユーリウス・カエサル，ガーイウス　Iulius Caesar, C.　前 59, 48, 46, 45 年の執政官.　本書の各所.

ラ　行

ラビエーヌス，ティトゥス　Labienus, T.　ポンペイウス軍の指揮官.　18. 9; 31. 9
リーベラーリア祭　Liberalia　3 月 17 日，豊穣神リーベルに捧げるローマの祝祭.　31. 8
ルーシーターニア(人)　Lusitania (Lusitani)　外ヒスパーニア南西部の地方(の人々).　17. 1; 18. 6; 35. 2, 3; 36. 1, 2; 38. 3; 40. 2, 5, 7
レピルス　→カニーニウス・レピルス

用語説明

外塁　bracchium　陣営から外へ延ばして他の拠点と繋ぐ防壁.
儀鉞　fasces　薪の束に斧を挿したもので，命令権を象徴する.
徽章　insignia　兜の飾り，勲章など，将兵の位階や手柄を示すもの.
亀甲車　testudo　鎧車の先頭に破城鎚を装備したもの.
騎兵　equitatus(equites)　補助軍で構成されることが多い．10騎からなる騎兵小隊(decuria)を最小単位とし，3小隊が中隊(turma)，10中隊が大隊(ala)を形成する.
騎兵隊長　praefectus equitum　騎兵隊の指揮官.
軍船　naves longae　全長30メートル前後の大きさで，舳先に衝角を備え，左右の舷側に並ぶ漕ぎ座は段重ねに複数ある．→二段櫂船，三段櫂船，四段櫂船，五段櫂船
軍団　legio　ローマ正規軍の編制単位．1個軍団は10個大隊，1個大隊は3個中隊，1個中隊は2個の百人隊からなる．したがって，1個軍団の通常兵員は6000．軍団兵は原則としてローマ市民.
軍団士官　tribunus militum　軍団の下級士官．貴族の子弟が軍隊経験を積むためにこの位階で軍団に加わることが多い.
軽量軍船　myoparon　海賊がよく用いたという軍船.
現地出身者軍　legio vernacula　ヒスパーニアで編成された属州生まれの兵士からなる軍団.
行軍隊形　agmen　縦列の隊形で，騎兵が先乗りの偵察や見張りをする.
攻城登坂路　agger　攻城戦において敵城市とのあいだにある起伏を克服して，鎧車や攻城櫓など攻城装備を城壁まで導く接近路．木材や土砂を用いて築き，城壁との高低差を相対的に減殺する.
攻城櫓　turris　攻城戦に用いられる可動式の櫓.
古参兵　veteranus(miles)　軍役期間の長い兵卒.
五段櫂船　quinqueremis　軍船の一種．上中下3段の漕ぎ座が両舷に連なり，上中下3本の櫂を1組として5人の漕ぎ手で漕いだと考えられる．5人の配置は上から2・2・1，あるいは，2・1・2という説がある.

小ネズミ　musculus　攻城具の一つ．矢玉を防ぐ箱形の移動式装備の中に兵士が入って敵の城壁へ近づくもの．

再役兵　evocatus (miles)　いったん退役したあと現役復帰した兵士．

作戦会議　consilium　通常，最高指揮官，および，各軍団から副司令官，軍団士官 6 名，首位百人隊長 6 名が参加した．

サソリ型弩砲　scorpio　ローマ軍が用いたサソリに形が似た弩砲．

三段櫂船　triremis　軍船の一種．上中下 3 段の漕ぎ座が両舷に連なり，1 本の櫂をそれぞれ 1 人ないし 2 人の漕ぎ手が漕ぐ．

侍従士官　apparitor　高位指揮官つきの士官．

自治市　municipium　自治権を有する行政単位．

輜重　impedimenta　食糧，野営具，工具，兵器などの軍需物資の総称．

従軍奴隷　calo　将兵の世話をする奴隷．

自由自治市　civitas libera et immunis　属州内でローマへの貢税を免除された自治体．

衝角　rostrum　敵船に体当たりして損害を与えるために軍船の舳先に装備した突起．

将軍　imperator　軍事的成功を収めた指揮官に対して兵士らから歓呼とともに贈られる称号．

城市　oppidum　地域の拠点をなす防御設備に護られた居住地．文脈により「町」と訳した場合もある．周辺の村，人里と対をなす．

城壁　murus　城市の周囲にめぐらされた防衛のための障壁．

税金　vectigal　徴税の権利は入札で徴税請負人に売却され，入札額が国庫に入る一方，徴税請負人は入札額を上回る税金を徴収することで利ざやを稼いだ．

先駆警吏　litores　高位政務官の露払いをする吏官．

先鋒兵　antesignani　字義どおりには「軍旗の前を進む兵」で，軍団の最前列に立つ兵士を意味したが，カエサルは通常の戦列に入らない特別部隊として用いた．

属州　provincia　第 1 次ポエニー戦争(前 264–241 年)以降にローマが獲得した海外領地．

属州総督　proconsul, propraetor　軍隊の指揮権をもって属州の統治に当たる役職．前 52 年以前は，執政官もしくは法務官が元老院によってあらかじめ任期前に任地属州を割り当てられ，任期後に赴任した．それぞれ執政官格総督(proconsul)，法務官格総督(propraetor)と呼ばれる．

前52年のポンペイウス法により，任期後5年経過してからの赴任となった．

昼間時　hora　日の出から日没までを12等分して区切った時間．→夜警時

徴税請負人　publicani　属州において徴税業務を国家から請け負う者．主にローマ騎士からなる．

冬期陣営　hiberna　軍隊が冬越しする陣営．ローマでは冬のあいだ戦闘を休止するならいで，そのあいだの駐留場所．

投石兵　funditor　投石を主たる武器とする軽武装兵．→補助軍

投石砲　ballista　大岩や長大な杭などを発射するカタパルト型の兵器．

独裁官　dictator　非常時に1人で国家権力のすべてを掌握する官職．通例では，元老院決議にもとづいて2人の執政官のうち一方が他方を指名する．

弩砲　tormentum　巨大な石弓型の兵器．重量のある矢や槍を水平方向へ発射する．

二段櫂船　biremis　軍船の一種．上下2段の漕ぎ座が両舷に連なり，1本の櫂をそれぞれ1人ないし2人の漕ぎ手が漕ぐ．

破城鎚　aries　攻城櫓や鎧車に装備される撞木のような構造の木槌で，大きな角を持つ羊の頭を象った青銅製の先端を城壁に打ちつける．

パッスス　→マイル

百人隊長　centurio　百人隊を指揮する兵卒．

副司令官　legatus　最高指揮官に代わって個別の軍団を指揮する資格を有する士官．

分隊長　decurio　10騎からなる騎兵分隊の隊長．

ペース　→マイル

防御設備　munitiones　自陣の防御もしくは敵陣の封鎖を目的とする構築物の総称．目的によって，「防御線」ないし「封鎖線」と訳している場合もある．一般に，壕(fossa)と防壁(vallum)からなり，防壁は土塁(agger)の上に柵を築く．

補助軍　auxilium(milites alarii)　ローマの正規軍以外の軍勢．属州からの徴募や同盟国からの提供による．騎兵の場合が多く，歩兵は(正規軍が重装であるのに対し)投石兵や弓兵などの軽武装兵である．戦闘では，戦列中央を占める正規軍の両翼に配される．

マイル　mille passuum　ローマン・マイル．1マイル＝1000パッスス(pas-

sus)，約 1500 メートル．1 パッスス＝5 ペース(pes)，約 1.5 メートル．1 ペース＝16 ディギトゥス(digitus)，約 30 センチメートル．

村　vicus　地方の集落．城市より小さく，防御設備をもたない．

命令権　imperium　執政官と法務官，もしくは，同等の権限を認められた者(属州総督など)に授けられる包括的軍事指揮権．

夜警時　vigilia　4 交代制による兵士の夜間勤務時間．日没から日の出までを 4 等分した．したがって，夏至には各夜警時がもっとも短くなる．→昼間時

弓兵　sagittarius　弓矢を主たる武器とする軽武装兵．→補助軍

四段櫂船　quadriremis　軍船の一種．両舷に連なる上下 2 段の櫂を 4 人 1 組(したがって，1 本の櫂に 2 人)の漕ぎ手で漕ぐ．

鎧車　vinea　攻城戦において城壁に近づく兵士を矢玉から防ぐための箱状の可動式装備．通廊を形成するように連結して用いることもある．

四分領太守　tetrarches　部族内で統治権限を分有する首長．

ローマ騎士　eques Romanus　元老院階級に次ぐローマ市民の身分．

ローマ市民協会　conventus civium Romanorum　外地に居住するローマ市民の互恵組織．

鷲旗　aquila　軍団全体を統率する軍旗で，旗先に鷲を象る．

ローマ内乱関連略年表

年号はすべて紀元前．前46年以前の日付は前ユーリウス暦(ほぼ太陰暦に相当し，現在の暦より2カ月ほど進んでいる)，以後はユーリウス暦(ほぼ現在の暦と同じ)による．

106	9月29日，ポンペイウス誕生．
100	7月13日，カエサル誕生．
91	同盟市戦争勃発(～87)．
87	マリウスとキンナ，ローマを占拠し市民を虐殺．
82	スッラ，内乱に勝利，12月に独裁官就任．翌年にかけて大粛清，元老院体制の回復．
74	第3次ミトリダーテース戦争(～63)．
70	ポンペイウス，クラッススとともに執政官就任(第1回)．
69	カエサル，財務官として属州ヒスパーニアに赴任．
67	ポンペイウス，大権を付与されて地中海の海賊討伐(～66)．
66	ポンペイウス，大権を付与されて対ミトリダーテース戦争を指揮(～63)．
62	カエサル，法務官就任．
61	カエサル，法務官格総督として属州ヒスパーニアに赴任．
60	カエサル，ローマに戻り，執政官選挙出馬．ポンペイウスおよびクラッススと組んだ三頭政治体制を背景に当選．イッリュリクム，内ガリア両属州と3個軍団を確保．
59	カエサル，執政官就任．外ガリア属州を確保．カエサルの娘ユーリアがポンペイウスに嫁ぐ．
58	カエサル，5年の任期で属州に出発，ガリア遠征を開始．
56	4月中旬，カエサル，クラッススとポンペイウスとそれぞれ個別に会談，三頭政治体制を更新．
55	ポンペイウス，クラッススとともに執政官就任(第2回)．それぞれヒスパーニアとシュリアを赴任属州として5年の任期で確保．カエサルの属州総督任期を5年間延長．
54	9月，カエサルの娘でポンペイウスの妻ユーリアが死去． 11月，クラッスス，シュリアへ出発．

53	6月12日，クラッスス，シュリアで敗死.
52	年初にローマでクローディウス殺害に絡む政情不安.
	ポンペイウス，8月まで単独執政官.
	カエサル，アレシアの決戦に勝利，20日間の感謝祈願祭を元老院が決議.
50	3月1日，カエサルの後任総督について元老院で審議，クーリオーが拒否権行使.
	12月1日，カエサルとポンペイウス双方の武装解除を求める元老院決議.
49	1月10/11日夜，カエサルのルビコーン渡河，内乱勃発.
	2月21日，コルフィーニウム降伏.
	3月17日，ポンペイウス，イタリアを去る.
	4月1–3日，ローマに戻ったカエサル，元老院を招集.
	4月7日，カエサル，ヒスパーニアへ出発.
	8月2日，イレルダ近郊でアフラーニウス・ペトレイウス軍降伏.
	8–9月，クーリオー，アフリカ戦線を指揮し，バグラダース河畔の戦いで敗死.
	10/11月，マッシリア降伏.
	12月，カエサル，ローマに戻り独裁官として執政官選挙実施，前48年の執政官に選出される.
48	1月4日，カエサル，ブルンディシウムから出航，翌日パライステーに上陸.
	3月末，アントーニウス率いる後続部隊，ニュンパイオンに上陸.
	4月中頃，カエサル，デュッラキオン近郊でポンペイウスを包囲.
	7月初旬，ポンペイウス，カエサルの封鎖線を突破.
	7月下旬，カエサル，パルサーロス近郊に陣営を構え，ポンペイウスと対峙.
	8月9日，カエサル，パルサーロスの戦いでポンペイウス軍に勝利.
	9月28日，ポンペイウス，エジプトで殺害される.
	10月2日，カエサル，アレクサンドリアに到着.
47	3月27日，カエサル，エジプトでの戦いに勝利.

	6月末，カエサル，エジプトを出発.
	8月2日，カエサル，ゼーラの戦いでポントス王パルナケースに勝利.
	10月，カエサル，ローマに戻る.
	12月28日，カエサル，アフリカに上陸. ルスピナに陣営を構築.
46	1–3月，アフリカ東岸部を戦場とした戦闘.
	4月6日，カエサル，タプソスでの戦いに勝利.
	4月12日，カトー，ウティカで自害.
	7月25日，カエサル，ローマに戻る.
	9月，カエサル，凱旋式挙行.
	11月，カエサル，ヒスパーニアへ出発.
45	3月17日，カエサル，ムンダでの戦いに勝利.
	10月，カエサル，ローマに戻り，凱旋式挙行.
44	3月15日，カエサル暗殺.

図版出典一覧

詳しい書誌は訳者解説を参照.

x 頁「東方地域」 *Grosser Historischer Weltatlas*, p. 39 および Talbert, *Barrington Atlas of the Greek and Roman World*, pp. 20, 49, 52–54, 64, 66, 69–70, 73–74, 76, 87 を参考に高橋が作成.

xi 頁「ヒスパーニアとアフリカ」 *Grosser Historischer Weltatlas*, p. 39 および Talbert, *Barrington Altas of the Greek and Roman World*, pp. 15–16, 24–27, 32–33, 48 を参考に高橋が作成.

4 頁「アレクサンドリア」 Kraner/Hofmann, *C. Iuli Caesaris Commentarii de Bello Civili* 巻末付図 No. 3.

74 頁「アフリカ」 Way, *Caesar Alexandrian African and Spanish Wars* 巻末付図 3.

158 頁「外ヒスパーニア」 Way, *Caesar Alexandrian African and Spanish Wars* 巻末付図 6.